清末民初文獻叢刊

許竹篔先生出使函稿

［清］許景澄 撰

朝華出版社
BLOSSOM PRESS

U0877641

圖書在版編目（CIP）數據

許竹篔先生出使函稿 / (清) 許景澄撰. -- 北京 : 朝華出版社, 2019.1
(清末民初文獻叢刊)
ISBN 978-7-5054-4338-9

Ⅰ. ①許… Ⅱ. ①許… Ⅲ. ①外交史－史料－中國－清後期 Ⅳ. ①D829

中國版本圖書館CIP數據核字(2018)第238661號

許竹篔先生出使函稿

作　　者　[清]許景澄

選題策劃　楊麗麗　尚論聰
責任編輯　劉小磊
特約編輯　王春蕾
責任印制　張文東　陸競贏
封面設計　劉敬偉

出版發行　朝華出版社
社　　址　北京市西城區百萬莊大街24號　**郵政編碼**　100037
訂購電話　（010）68996618　68996050
傳　　真　（010）88415258（發行部）
聯系版權　j-yn@163.com
網　　址　http://zhcb.cipg.org.cn
印　　刷　藝堂印刷（天津）有限公司
經　　銷　全國新華書店
開　　本　880mm × 1230mm　1/32　**字　　數**　225千字
印　　張　17.75
版　　次　2019年1月第1版　2019年1月第1次印刷
裝　　別　精
書　　號　ISBN 978-7-5054-4338-9
定　　價　135.00元

版權所有　翻印必究・印裝有誤　負責調換

出版前言

中國自一八四〇年鴉片戰争以來，傳統的農業文明在西方的堅船利炮轟擊之下徹底被顛覆，有擔當的知識分子苦苦追尋，思索社會改革的途徑。從最初的『師夷長技以制夷』到『民主制度，天下之公理』（梁啓超語），他們發現要『强國富民』，首先要『開啓民智』，祇有民衆擁有了獨立思想和批判精神，國家纔能實現真正的强大。在此後一百年的時間裏（一八四〇—一九四九），思想者們從社會變革深入到國民性的改造，用每一部作品見證着中國近代化的遞變歷程。這是一個極其重要的時代，《清末民初文獻叢刊》正是收録了這一時期的作品，大部分書籍都是早期版本，有着極高的文獻研究價值。

清末的中國經歷了『三千年來未有之大變局』（李鴻章語），大清王朝面對西方列强的艦炮，表現得驚慌失措。尤其是鴉片戰争，使『天朝帝國萬世長存的迷信受到了致命的打擊，野蠻的、閉關自守的、與文明世界隔絶的狀態被打破了』（《馬克思恩格斯選集》）。一批士大夫知識分子，尤其是在歐美諸國擔任使臣或者游歷的知識分子最先覺醒，着眼于對西方國家的考察，進而反省本國政治制度的劣勢，可以視作『啓蒙』的端倪。如曾擔任駐英公使（兼任駐法公使）的郭嵩燾在《使西紀程》中以日記的形式記録了自己對歐西諸國的觀感，他在考察了英國的政治制度之後，發現英國政府官員收入超過三百磅者與普通老百姓一樣同等納税，他説：『此法誠善，然非民主之國，則勢有所不行。西洋所以享國長久，君民兼主國政故也。』他明確提出了『民主』，在國家的管理問題上，人民也有參與的權利。他在該書中所披露的西方政治、經濟、文化等領域優于大清帝國這一事實觸動了保守派的神經，立刻遭到保守派群起而攻之，進士何金壽彈劾他『有二心于英國，欲中國臣事之』，他家鄉湖南的民衆對他更是痛加詆毁，以至于滿城揭帖，誣蔑他『溝通洋人』，在這種群情洶洶的情况下，朝廷最後下旨將《使西紀程》毁版，從而使該書成了禁書。然而，書雖被毁版，却不能堵死民衆的傳播與閲讀的途徑，上海的《萬國公報》依舊連載該書，張佩綸曾説：『朝廷禁其書，而新聞紙接續刊刻，中外傳播如故也。』從某種意義上來説，啓蒙是時代的需要，盡管清政府發諭旨禁了該書，民衆乃至一些朝廷大員却依舊在私下閱讀，以便瞭解外部的世界。進步的社會是開放性的，任何企圖『閉關鎖國』的努力都意味着歷史的倒退，衹有開放，與整個世界文明保持同等的步伐，纔能實現真正的强國之夢。當大批知識分子走出閉鎖的國門，親歷了文明的洗禮之後，也就把啓蒙的智識帶回了中華大地。容閎的《西學東漸記》，梁啓超的《新大陸游記》，崔國因的《出使美日秘日記》等一大批作品介紹了海外諸國的政治、經濟、軍事、外交、文化。雖然這些作品在認識上仍然帶有時代的局限性，然而却是那時最爲珍貴的聲音。

另一方面，在學術上，中國文化母體内『經世致用』思想與資産階級思想相結合，也唤起了變革，以康有爲、梁啓超爲首的改良派試圖通過自上而下的革新以實現變革。康有爲的《新學僞經考》《孔子改制考》就是借經學之表論資産階級學説之裏的著作，康有爲的弟子梁啓超更是通過《新民説》一書提出國民性改造。與早期啓蒙者『師夷長技』的器物文明引進不同，梁啓超上升到形而上的精神領域，從文化心理上更加徹底地進行變革。梁氏是清朝末年到民國初年一個橋梁式的人物，被譽爲『輿論之驕子，天縱之文豪』，其影響力不但在學術領域，同時還在文學領域，他所倡導的『詩界革命』得到了譚嗣同、黄遵憲、丘逢甲等人的響應，黄遵憲的《日本雜事詩》，丘逢甲的《嶺雲海日樓詩鈔》都體現了這種主張。這一主張要求反映新的時代和新的思想，用『我手寫我口』（黄遵憲語）的方式直抒胸臆，對長期占詩壇主流的擬古主義、形式主義産生了巨大的衝擊，解放了寫作者的心靈和頭腦。

與社會變革同步的是早期對西方思想著作的翻譯，這裏面影響最大的是嚴復，他翻譯的《天演論》《社會通詮》等書直接孕育了民國一代的知識階層。魯迅、胡適等人在文章中都曾提到《天演論》對他們思想所産生的震撼。與嚴復略有不同的另一位翻譯家是林紓，他的譯作雖然參差不齊，但却在更細膩的心靈層次對讀者産生影響，許壽裳曾回憶，他和魯迅都熱衷于林譯的小説，如《巴黎茶花女遺事》《黑奴籲天録》《迦茵小傳》等作品。

辛亥革命之後，進步社會思潮成爲主流，比之清末思想啓蒙者『求存』的追求，民國以來的知識階層深入到了更加細微的肌理，一方面呼喚社會變革，另一方面進行點滴的建設，革命并不能使所有的一切一蹴而就，在更加深廣的領域，事物的改變是由微觀而宏觀。通俗地説，比之于革命，建設的意義更大。如《中國商業史》《中國教育史》《中國倫理學史》《中國哲學史大綱》《中國小説史略》等一大批作品都是進行系統的梳理與建設的理論作品。其中，以胡適和魯迅二人的影響最大，他們的作品一紙風靡，從而成爲新文化運動的主力人物。

《清末民初文獻叢刊》收録的文獻大致上可以分爲三個階段，其中龔自珍、張之洞、魏源、郭嵩燾、薛福成等人的作品可視爲『早期啓蒙』，康有爲、梁啓超、黄遵憲、嚴復、林紓等人的作品可視爲『中期啓蒙』，胡適、魯迅、蔡元培等人的作品可視爲『晚期啓蒙』。當然，這種劃分并非嚴格意義上的，大部分啓蒙思想者隨着時代的變化，其思想在不斷進步。縱觀整個近現代史，可以發現，要求變革不是在某一個領域，由某一類人發起和完成的，而是全社會的要求。

變革，已經成爲全社會的共識。

從清末民初的文獻中，我們能够發現一種豐富性。這些作品涉及政治、經濟、軍事、教育、外交、宗教、心理、情感等方方面面，從内而外地净化着中國兩千年以來的封建積習。它不衹是對社會的改造，更是對人心靈的重塑；它首重國家社會之建設，同時亦重靈魂心智之唤醒；它是宏大的，也是微觀的；它是嚴肅莊重的，也是活潑靈動的；這些作品結構精巧，思想内容深刻，擁有濃厚的人文主義色彩，對推動社會主義建設，實現中國夢有重大意義，是近現代中國一百年來最宏富的智識與情感的寶藏。因此，整理這些文獻作品，無論是出于資料保存的目的，還是爲圖書館提供資料副本，都有不可估量的意義。

特定時代下的文獻，當它一旦形成（既指草擬，創作的完成，也指其成爲一個載體），就不可再複製了，也就意味着它將面對消亡。對于文獻資料而言，越接近歷史事件發生的時代記録，越具有研究價值。文獻本身具有不可再生性，它衹會消亡，而不會增多。盡管文獻本身的文字可以保留下來，并進行傳播，却失去了當時的時代氣息。當時的作品可能在技巧上，文字的成熟度上不及當代，但它所負載的信息，創作者的情感都反映了當時的歷史，也就是説，它具有不可替代的歷史意義。

影印的版本有三個特點，第一是擁有文獻的『原始性』；第二個特點是『未經改動的』；第三個特點是『歷史的原貌』。所謂『原始性』，也就是説，它是第一手資料，而非轉述的，回憶形成的；『未經改動的』，是指未被篡改、删節、挖補的；『歷史的原貌』是指在影印製作過程中，完全依照文獻的原來模樣……這樣製作出版的作品，無异延續了文獻的壽命。

近現代思想史上的一個最重大的思潮就是『開放』，從林則徐的『開眼看世界』到蔡元培的『兼容并包』，都是在倡導一種開放式的胸襟。而《清末民初文獻叢刊》最有魅力的部分就是『開放』這一主題，衹有融入到世界文明發展的進程中，中華文明纔能歷久彌新。

《清末民初文獻叢刊》編委會

二〇一七年四月十四日

凡例

一、《清末民初文獻叢刊》（以下簡稱『叢刊』）爲影印本，舉凡所用之底本，均爲該書之早期版本。有清末刊本，亦有民國印本。

二、《叢刊》均依底本影印，未予删改，僅代表作者個人觀點，不代表官方立場；原刊本有誤，不予校改，以保留文獻之原貌。

三、《叢刊》所用之底本，因時日久遠存在漫漶的情況，均進行了修復；底本闕文、印刷不清，均保留原貌。

四、爲讀者閱讀之便，《叢刊》中之舊底本目録未標記頁碼者，編了目次；原底本有頁碼和目録，未予重複編目。

五、爲保持文獻的原始風貌，影印本保留了原書書影（原書爲多册，則保留第一册書影）、扉頁等信息。所用底本無相應信息者，則不予妄添，以免錯訛。

目録

許竹篔先生出使函稿

許竹篔先生出使函稿

許竹篔先生出使函稿卷一目錄

許竹篔先生出使函稿卷一

致總理衙門總辦函 光緒十年九月

逕啓者七月十六日奉呈德字第二號信並封繳木質關防想蒙察收弟自十八日展輪二十一日行抵香港旋歷新加坡錫蘭而西八月二十三日抵埃及國之蘇伊士河因英船出地中海但由馬賽達倫敦故赴意大利海口者又須登陸換船弟於二十五日乘輪車一日至阿來三得地方爲埃及濱地中海口岸英人前年攻埃及叛黨於此約法同戰法人退後事定復來爭地即譯報所述英法爲埃及事搆衅是也二十六日復上英公司船九月二日抵意國維尼斯海口旋乘輪車行兩日夜於初五日行抵德都取道迂折爲日稍多且每換舟車均須宿店旅費亦因而增耗現已於初九日接印任事先於初八日訂晤外部至齎遞 國書尚俟德主訂期也所帶人員當即派定各項差使德館原帶之員亦已分別留撤法館既撤各員暫止德館即與丹崖星使商定留供事一人爲館租滿後檢核器具餘則悉數遣撤以節經費諸節均詳公牘再俟清

繕官册徐備察核前日奉電　旨飭弟將鐵艦勘驗接管昨已電復俟遞　國書後馳往辦理弟於製造素不諳習惟有查據原訂合同逐一核驗不敢稍涉含糊致負
朝廷委任茲奉呈正摺一件附片三件並另文鈔稿咨請查照仍乞費神代備　安摺二分飭供事代遞是荷此後通電用新繕碼數本已秘密即可無庸加減弟處發電當以新字爲首（此字仍用新法原碼）以取易於識別並此附陳

致總理衙門總辦函（光緒十年十月）

逕啓者九月二十六日泐奉德字第四號信想已入鑒弟以二十七日赴溪耳海口勘視鐵艦三十日以津電購槍事馳回德廠毛瑟槍製成待售者甚少兩廠搜湊得萬一千桿俟款到即可起運其餘第一起運一千桿二三起各運四千桿自四月至六月陸續到華其價值經丹崖議定一切已復北洋商辦粗畢仍當趕赴船所改驗完竣以重責成即日又須爲海壖之行矣德於月之三日首開議院德主宣詞告衆凡有四端內有造公司船駛往中國之議譯文附陳又德相畢斯馬糾訂各國專遣公使大會於柏

林議阿非利加通商事尚未定章畢又議在國外創設銀行以收利權德君臣手致雄强未遑富國近則休兵息民注重商務其計慮亦自深長耳繙譯官賡音泰前經附片奏留得奉　諭旨則德文兩員足敷任用前懇飭催蔭昌來德似可從緩該員在津差竣即請由鈞署飭其回館當差似爲簡便抑鄙意更有請者自使館初立移書彼族專用德文今已沿爲成例無如德文繁瑣較英法爲難查賡蔭兩生在館肄習有年及至栢林不特文義不明抑且酬對多窒嗣經教誨閱歷三四年後漸臻嫻熟然公牘辨論輕重抑揚下筆尚難悉協繙譯成就之難如此使館文函專需金楷理任辦現令賡音泰加意練習俾可繼步惟洋員本權宜假手之人賡蔭兩生亦有更番勞逸之日誠慮在館布文諸生半解一知難信出門合轍若不預爲儲養將有莫爲之後之慮似宜援出洋學生例選調二人來德另加肄業俟諳習文字乃准補充繙譯官一面令蔭昌留館帮同教習則在内多一齊傅之功在外更得莊嶽之利並請明定新章繙譯官外常置學生二員專由同文館遴派不得以他員充當庶幾賡續相資馳驅日衆歲費有

限裨益彌多管見所及即希代稟堂憲聊備采擇法議院仍在籌餉和戰兩黨相爭迄無定計日意格亦無郵耗故不電陳

致總理衙門總辦函 光緒十年十月

逕啓者本月初九日奉德字第五號函想已鑒入弟於初十日偕丹厓復赴溪耳藉商接管事宜又將兩艦往復勘視並赴德口部船廠歷登德鐵艦參互講求十七日驗畢與丹厓赴士旦丁地方將濟遠艦點明旋觀伏耳鏗船廠製機驗鐵之法稍益聞見十八日返館將兩艦一切文牘查核清悉即日接管一面先行電聞茲有覆奏正摺一件片一件敬希代備 安摺飭供事呈遞爲懇驗船事已詳咨牘不復贅陳鈞署咨發七月二十五日代遞原摺已於廿二日領到矣弟現擬月杪赴意大利國次至奧邦呈遞 國書並以附陳

致總理衙門總辦函 光緒十年十二月

逕啓者十一月二十四日奉德字第八號函計已入鑒弟以十二月初九日酉刻偕丹

厓啓程赴奧次日已初抵維也納都城十一日晤見外部十四日赴王宮奉遞　國書丹厓先入辭行弟率署參贊陳季同入成禮而退奧國主年四十餘歲晤對之間意甚殷勤二十日見其世子二十一日赴奧主之宴即以二十二日返德溯查奧本日耳曼種族列邦奉爲盟主實歐洲莫大之國自普魯士爭霸奧爲普敗日耳曼諸國舍奧推普聲勢稍衰故維也納人物聲華之繁盛勝於柏林兵政商務則漸居普後矣奧之貿易者在東方多聚於印度之孟加拉其公司商船在地中海開行自孟加拉而至香港每月往來一次外部述現擬資助商力令公司船得達上海然度其規模一時恐尚未遑耳現屆歲暮不及再赴和蘭擬俟明春再爲西行以畢兹役奉呈摺件一封敬乞代備　安摺飭供事齎遞爲感

致總理衙門總辦函 光緒十一年二月

逕啓者十二月二十八日奉布德字九號信想早入鑒正月二十九日奉鈞署電復義教士已飭加意保護當即遵告義外部矣定遠等艦接管以來一切華洋卷宗及出入

款項現派春舫參贊兼辦該艦造成驗收後本與伏耳鏗訂定由德駛華歸該廠保固以一年為限刻下定遠早經逾期鎮遠亦期限將滿因與伏耳鏗籌商展限至西歷年底十一月十五日該廠已允遵辦又以從前合同各事分繕頭緒渙散乃與該廠循照舊議總立一新合同以取簡括其北洋之濟遠鋼艦一併辦理該廠總辦士他耳二月二日來館與弟面同立押每艦各立合同三分茲將洋文合同咨送北洋另譯抄稿咨請察核再弟此次携眷出洋到德未久詎料荊人於二月三日在使館疾歿在洋不便請假而二十一日內不當吉服從事擬將和國通問暫行展緩並以附陳正泐函間適奉到鈞署八十九號來函均經祗悉矣

致總理衙門總辦函 光緒十一年二月

逕啓者本月初十日奉布德字十號一函計登典籤前次義外部請為保護教士一事正月二十九日奉到鈞署來電當即轉達該國外部旋據孟契尼覆函極陳感悅之情因函無要言故不譯陳昨閱德報刊有羅馬教主呈中國函稿一件亦係懇請保護教

士之事聞此函已由該國逕寄中國京都是否遞到無從知悉原函本係臘丁文新報以德文繙述譯出漢文其措詞尚為恭順茲特照錄備覽又摘譯正月洋報一件希統察收濟遠鋼艦前接北洋咨復以該艦自與定遠鎮遠兩鐵艦事同一律來則俱來留則俱留所有該船未回華之先應請一併代為接管等因現在法事將定下瀨揚帆計當不遠正月十七日奉電　旨丹崖來京當卽恭錄知照現已整理行裝日內約可起程矣

致總理衙門總辦函 光緒十一年四月

逕啓者月之初八日奉布德字第十三號函計已入察十三日奉鈞署遞回通問義國奏摺謹已領到德館存息銀兩蒙堂憲發還備用俾得以正項之羨餘供因公之雜費體念纖微彌深感佩俟北洋匯到再具牘報將來動用此項仍當於年滿報銷時另册附陳用備查核義國養生會來集者二十一國會員或為公使或為叅贊每國皆有醫官相偕迭得陳參贊逕述諸員集議數次論水陸查留行旅之例未有折衷至各條議

成須令會員一一註明可否再候本國核定弟仍屬該參贊循照初說無庸自伸論斷也鐵艦事宜經電商北洋大臣酌量先備現與德海部商借船塢飭兩艦卽日入塢修整其添雇人役購儲糧食亦先核定數目俟得弛禁准信可照數於一月內趕辦冀得迅速駛行德之副外部波四現充羅馬尼亞公使以畢司馬長子赫耳班耳代之德政本畢專柄而又使子弟爲卿殊方辦事但取呼應捷速罔恤其他也

致總理衙門總辦函 光緒十一年五月

逕啓者四月二十二日奉達德字第十四號函計已察入三艦駛華事宜前已電商李節相次第布置現復欽奉 諭旨謹當趕速料理俾可尅期啓輪弟以前月杪馳赴海口督催一切並察看塢工定鎭二艦守泊將及一年船底油漆不免蝕腐惟刮視鐵身均無損傷蓋海水鹹惡卽蠡介之類皆易剝蝕船質德國鐵艦定例歲入一塢以資防護記數年前日本之扶桑艦忽致鏽壞實卽受病於此現定鎭已先後出塢濟遠卽日由瑞納門海口駛至溪耳仍借德塢修整已與李節相商定同日開駛呼應較便定

向由丹崖延訂德水師官爲管駕並留華教練嗣定遠管駕式百齡先調來津另雇商輪管駕攝之濟遠管駕由弟僱定亦僅長於商輪訂明到津交代緣延募德員僅據憑單履歷爲定其於實技無從試驗且德興水師未久果有材士相需方亟一鱗半爪未必即得驪珠以此竊爲審慎耳全船人數計定鎭每船員匠夫役百七十七名濟遠百有一名並時招僱未易猝集且去冬接管後因人工裁少將汽機拆卸以免凝鏽一一攏合事極繁密頭緒紛多較前次爲增劇計旬日之間漸次齊備若天氣晴霽上煤裝物並得速竣月之二十六前便可遄行矣三艦用項仍循原議飭伏耳鏗廠承辦開具清帳由使館核給沿途需費則該廠約估大數分匯經行各口俟管駕官領用報廠再行給發弟惟當諄飭該廠格外撙節隨時稽核以杜浮糜此外則員役到華遣送歸國亦爲鉅款去年定遠備行每人量給盤費定數稍寬今擬仿德水師例向該國金星公司船行按人定艙其費可省三分之一查德兵艦駐泊中國其兵皆三年更換由官送歸似可斟酌援照耳鎭遠出塢之前二日忽得洋管駕電報請飭德官放行以便駛泊

外口弟但知德因法衅不允借旗駛送未聞飭屬扣留之說丹崖移交船案初未述及詢之洋繙譯金楷理始知去秋布國內部曾飭海口官禁止兩艦行駛外部及伏耳鏗均有函告檢視洋卷則已無存法議既結布部弛禁自在意中惟由外部達布內部而及海口官外國文牘轉經數處必有數旬之久我艦株守以待殊乖事體乃即訂見外部以船泊過久駛華道遠切屬立弛前令其長官哈次斐耳允照至急事即日轉行布內部趕辦迨弟次日夜半抵溪耳該管駕來告本日德官已奉內部電飭鎮遠明日工畢即可出駛外部此次辦理尚爲迅速第戰事方萌即公然攔禁當時何操之太急也德主嫡姪福里特力喀爾於月之三日病卒年五十七歲累典兵事法奧丹三國之戰立功甚著德人推爲宗胄之良西國重視旁支體均儲貳各邦皆致主命慰唁弟亦查照光緒九年致唁德主弟案辦理另咨呈報弟以初三日返館稍理案牘即日仍須赴駐船所催辦初六日遞回奏報赴奥通問原摺謹已領到

致總理衙門總辦函 光緒十一年五月

巡啓者五月十三日奉達德字十六號函計已察入三艦以本月二十一日開行業由北洋轉電馳報查德意志濱處北溟海程迂遠且繞行大西洋六千餘里彼處風濤素稱猛惡惟春夏之間天氣調和瀾湍稍歛定鎮兩艦入水不深帶有大雷艇二號推算重心未免增高尤宜及此佳候速占利涉弟故切催伏耳鏗廠及各管駕排日措備愈早愈妙計溪耳海口至大沽共一萬八百餘海里合中里三萬五千餘里沿途停頓自英之樸林木司海口至香港凡六處定鎮船鉅人衆裝煤購物不能猝竣每口守泊須五六日計必四閱月之久乃可駛抵津門至此次籌備開行既循原議由伏耳鏗廠承辦借用德國商旗駛送雇募弁役亦皆該廠與訂合同轉瞬抵口以後交船遣衆事緒尚多當次第與李節相詳商辦理再行續聞中法新約法之下議院昨已核准俟交上議院核復始由總統署押定行外部佛來方以紅江商利爲法獨擅誑誇於衆其執政之於議員每事必要結掩飾冀無掣肘則前後辦法大都一轍彼院前欲議茹之罪近有人以和約之利歸功於茹徒黨紛歧出奴入主情僞百變尤爲可笑惟近日法使古

呵士赴越都遞國書越衆忽起圍攻爲法兵拒卻院員中即有以兼并其地爲請者其後事局正不知若何耳義大利外部孟契尼任事有年去歲慕效遠略以兵船占據紅海口岸勞師糜財未獲寸效義之議院弗善所爲因是齟齬決然辭職現以國相德伯立梯士兼攝之其養生會近甫罷散尚待續集所議文件俟詳細譯漢另牘送核兹有

奏摺一件又片一件敬希代備　安摺飭遞是感法館撤後去年屋未滿租均屬日意格照料一切近據開報逐月用費由弟核給特照案並曾李兩任截算一年報銷繕册請核五月十二日北洋轉電嗣後非軍務及急要事件各處俱不准率行發電遵

旨電達仰見鄭重體制撙節度支之意謹即祗遵

致總理衙門總辦函 光緒十一年六月

再啓者義國養生會一案業經備牘候請核示查會議諸條其最不經者莫如六十四條剖屍勘驗之說餘如二十九條三十三條船上遇有病人全船搭客皆須扣留亦多牽累滋弊若公約定行中國官民前往歐洲亦須一律如約似應摘擇尤窒礙者數條

與之辨駁庶輪軒商旅得便往來至中國海口去歐洲絕遠居民偶患疫病亦不如西國之甚應與告明由中國自酌防治之法另行辦理管見所及統候堂憲酌奪惟西國集議此事屢不能成現在所擬章程各國醫員互有可否英員以會中疑疫症傳自印度不肯任受持駁尤多弟度冬間再集恐仍爲築室之謀或屆時但由弟致函義外部以中國道路隔遠尚未奉有鈞署覆件不便派員來會請俟各國公約議定將約本寄交即行呈報權以宕筆了之亦是一法統希示復遵行爲幸

致總理衙門總辦函 光緒十一年六月

逕啓者五月二十七日奉德字第十七號函想已察入月之初四日奉電飭往法齎遞國書謹即祗遵此時溽暑方中法國主臣將有赴鄉避暑之行因先屬駐德使古瑟爾電知該國外部弟即趕於十一日啓行庶可及時成禮法館人員在洋者早經銷差在華者留候後調此間僅存供事潘承烈一人目前布置諸事頗有乏才之患因先調舒參贊文陳署參贊季同並與劼剛侍郎商調慶繙譯官常先後赴法辦理一切俟具

奏時擬請即將舒陳二員駐法以省另調參贊之費慶常精熟法文赴署參贊亦可兼辦洋牘繙譯人員亦暫可敷用至應需隨員供事人等擬即就奏定原帶各員酌催出洋總期員無浮冗款無虛糜以上但係擬定大致再具牘布聞法館前已退租其房屋適未出賃器具書籍均尚寄存因即照舊定租以取簡便中法新約前月二十五日法下議院核定月之初五日上議院核定再由法主署押即爲批准之件越都之變法廷已飭古呵士愼重辦理蓋亦因載書甫成稍萌顧忌不絕如綫之效於此可徵巴德諾與新外部異黨不久當須調回前使寶海現駐丹麥佛來與之交契或者令其再來又或派外部副總辦可哥棟來議通商事宜均得之傳聞聊以附陳新約稿乞鈔寄一分餘俟抵法後再布

致總理衙門總辦函 光緒十一年七月

敬啓者六月十八日奉布法字第一號函想已入察前奉 諭旨商辦購船事宜李相並電屬與伏耳鏗廠定造兩隻弟於船械製造素不諳習經理鉅工彌深悚惕惟攷

西國增造一船必就前船制度詳審斟酌以求盡善月餘以來屢與劼侯往復縷商籌擬大致電請李相主持現始議定照濟遠式稍加寬長船內布置均有酌改第一船訂價德銀三百萬馬第二船二百九十四萬馬俟一切妥議訂立合同再行詳晰布聞洋藥稅釐並徵一事七月二十九日劼侯處轉遞鈞電鈔送摺稿條約等件又電告咨法德只可作知會詞不可作商量詞擬稿寄示弟亦以爲洋藥一項於法德貿易無涉逕作通知事亦直捷電覆在案昨日因商請海部代驗鐵甲晤副外部赫耳班耳乘便告以此事言明與德國商業初不關涉赫無他說以常情度之當不致故有挑剔現即遵鈞處指示並參用劼侯稿意譯成洋文送達其牘稿俟再呈核法外部亦一律繕譯咨送查中法新約第六款洋載藥進口出口一事應於通商章程內定一專條自係專指越界而言與口岸海關各別劼侯來咨籌慮及之想亦無所窒礙也德國續修條約中法新約乞再賜寄數本其洋文約本亦希各寄一分在我辦理交涉本專以漢文爲憑但譯發洋牘參互比證時復相須耳近西班牙以德佔喀羅林島（在南洋近小呂宋）國衆譁爭

毀壞德使館之國旗現西班牙致書謝過度德亦可酌讓島地不致激成戰局德於二年間在外樹旗收作屬地者亞非利加有三處南洋羣島有二處自英法諸國廣開商埠海濱沃饒不遺寸土德乃求諸榛狉甫闢之區生聚招徠冀獲效於數十年之後其籌國可謂勞且紆者矣七月譯報附呈

致總理衙門總辦函 光緒十一年九月

逕啓者八月十六日奉德字二十號函計已達覽洋藥稅厘併征一案於八月初八日備牘知照德國外部業經鈔稿咨呈在案嗣於二十九日該外部函覆以德國前與各國約定洋藥及洋貨入內地二事須一併與中國商辦並據英國外部函告英與中國現商洋藥一節已告明中國須俟各國照允方可開辦各國須俟別項通商之事議妥即可允遵等語鈔稿交閱卽於月之初一日電陳弟數日間與其副外部赫耳班耳（哈次非耳告假）及外部管商股司員迭次商辦大致以洋藥洋貨各爲一事不應牽涉德國允辦新章並無妨損反復譬導并及煙臺條約德應照約均守之說而赫意總以兩國須互

議利益爲詞嘵嘵於洋貨前議且先已電知巴使欲與鈞署逕商弟於從前事緒未能詳知但渾告以事多窒礙故久無成議赫謂必俟中國覆音此間現無可商措詞無大乖戾而成見牢不可破又於初六日電陳想均入鑒竊惟此案前經劼侯鈔送稿件始悉英致我照會如有約各國不能遵照英有立廢專條之權得劼侯力爭始不載入約內杜漸防微在我已爲周至不意英先以此意告德並牽提洋貨舊案又德外部函中挑剔第五款拆包收稅所有洋文約稿亦必自英索得其爲串通要求情迹顯然巴使前爲洋貨入內地事索請多端鈞署堅持不允在彼伎倆一無可施今値我與彼商之時遂爾乘機嘗試此則彼之狡謀經弟指駁而不覺自吐其隱者也現在巴使是否改議其所注意何事尚希詳悉指示俾可以我難允緣由剖告外部冀得杜其藉口之端抑或另施蓋畫獲有遵循均候裁定至拆包收稅一節外國進口貨雖無厘金亦有在散售處所收捐充本地公用者與原包之稅自有區別將來可以聲明彼意尚非所重姑可不論再奥義比三國稅則均載洋藥一項如英照會所云於諸國皆有關涉亦應

在通知之例惟德事尙難就範餘國似宜從緩並祈酌示是幸茲鈔呈德外部來函並英外部告德公使原稿問答節畧統候核閱

照錄九月十三二十等日兩次赴德外部問答節略

十三日下午赴德外部見副大臣畢告以本大臣接總理衙門來電前次烟台條約新開各處口岸又免上海租界厘金德國商人已經得有利益現在洋藥一節卽在烟台條約之內德國商人卽應遵照故來請德國允許　畢云前數日面談已將德國主意說明又有公文陳敘一切緣由現在實無可商　答烟台條約雖是中國與英國訂立然約內所有已經開辦之利益貴國久已均霑現在中國與英國議定洋藥專章不過將約內本有之事議妥開辦若照貴國主意是從前已得利益概行抹煞而欲於洋藥一事另執互讓之說似非公允還請照允爲是　畢云貴大臣雖如此說但此事我們早有主意若要德國此時空空允認洋藥新章實是不能我想貴大臣催我允洋藥事甚急我前次電告巴公使不知已否向總署商議現再催令籌

商一有成議德國卽可照允洋藥事免誤開辦之期貴大臣以爲何如　答我所奉
訓條專請貴國照允洋藥德國要巴公使向總署商議與否聽憑德國之便我不便
過問　畢云我的看法因中國急欲辦洋藥事且爲期已近所以令巴公使先向總
署商詢洋貨事看中國意見若何　告以現就本大臣自己看法中國最重睦誼若
德國肯允洋藥一事中國知德國此次帮助好意將來遇有機會中國亦有好意相
待若必定預先較量於本應可以照允之事堅執互讓之說便不是眞交好了　畢
答云貴大臣此話亦是但將來機會未免說得太空我意總在厘金上酌量一辦法
爲妙我於日內當稟商我父親不知意見如何改日再關照　答貴大臣稟商畢相
甚好我隔兩日當再來奉商　畢云俟得我父親主意或可相邀晤談遂起別　二
十日上午赴德外部晤畢大臣云本大臣前日得總署電據巴公使文書云接貴外
部電中國欽差許特請本部咨巴公使與總署議訂洋貨厘金專章應據所言照辦
等語前數日我們見面時貴大臣述令巴公使先向總署籌商本大臣當經說明應

聽憑德國之便現巴公使文書不知何以如此措詞不知與貴部發去之電報相符否　畢云此時電文簡少恐巴公使誤會了遂起喚人云將最後所發巴公使電稿取來又云我的電文並無此說貴大臣是催我允洋藥新章我德國要催辦洋貨厘金要巴公使向總署商量自然是我的主意我當函告巴公使令其向總署說明可也書吏攜洋卷至畢展開即口誦洋文云中國與英國商立洋藥條約我不能照允須俟洋貨厘金議妥請向總署酌量商辦能辦到如何地步候回信又云我的電文就是如此　問總署既來電詢問我擬照今日與貴大臣晤面所說電復總署貴大臣以爲可否　畢答甚好但貴大臣只可說明自己的事不可並說德國並無令巴公使向總署商量洋貨的事　答這自然如此現在已經辨明貴大臣又願關照巴公使我亦可不必再提前日貴大臣告我洋藥事須稟商畢相本大臣今日特來探問　畢云昨日纔從父親處回來我父親以爲中國通商情形我們不熟總要等巴公使若何斟酌有信來時方可再商據我意思請中國先商英國將洋藥事展遲三

個月開辦德國與中國可以從容商議　答據我看來請德國不必執定於洋藥專章開辦以前議辦洋貨之事　畢云我並無他意若所議未定過了開辦之期恐英國就要不算故爲此說此事總須候巴公使回信看中國於洋貨事意見如何再作商量　答洋貨一事本大臣深知中國實有爲難之處恐非一時所能商辦　畢云只好改日再談遂起別

致總理衙門總辦函 光緒十一年九月

再弟去冬奉　旨勘收鐵艦於船制利病粗事講求嗣經于役諸邦稍益見聞因就使館舊存故隨員劉孚翊譯述各國鐵艦表芟冗補缺增附圖說分類相從於製造之緣起程式之變更詳加攷索輯爲一書擬名外國師船圖表印成英國二卷鐵艦諸式已備於此謹寄二冊乞轉請堂憲鑒正餘卷俟再續呈

致總理衙門總辦函 光緒十一年十月

逕啓者十月初六日奉布德字二十二號函計已入鑒新艦兩艘業於本月十三日改

訂草合同第一船十八個月交出第二船二十個月自奉　旨准行後知照該廠之日起限緣甲料增加配合最費工程故第一船較前訂稍寬兩月第二船則令趕前一月庶與原訂期限無甚出入查泰西船制甚繁鐵甲船與巡海快船本截然分爲二類快船之用西人專以行遠護商若與敵國有釁則以之封堵海口掠奪商船其船必多容煤舫速率增大船底加裹鉛片或銅片有大面積之風帆可以游弋重洋曠日持久而非爲與敵國甲船搏戰之具也以無甲不能禦敵故自俄始就快船增用水線帶甲通船水線用之爲兩力之策第一船曰日納拉阿米拉爾甲之最厚處六寸英亦仿而爲之造砂能等三船法之吐爾俞貝雅爾德諸船皆爲一例甲最厚處九寸英近造因關利幽司二船專在中腰水線圍甲船之前後平覆三寸厚鋼板形如龜背亦謂之穹甲　襯水綫帶前式甲料較省俄新造二船亦改仿其法西人均稱爲鉄甲快船其別於鉄甲船者以一切仍用快船之法護甲不能過厚可以備戰而尚非戰船正式也然自有此製與尋常無甲之巡海快船則又判成二類伏譯六月二十四日電　旨著購鋼面鉄甲快船李相來電及函諄諄以監驗鐵甲爲言中國製

船吃水宜淺又無跨海絕遠之役與泰西情形不同但鐵甲船造費太重特取彼鐵甲快船之式使甲料稍減行率增捷於計誠爲利便若單言快船是爲尋常無甲之式閩廠所造亦即此類稱謂略殊造法迥別至穹面平甲一式乃省去水綫立甲（立者對平而言）下艙通覆鋼板積輕費省而亦可以却彈故西人試而行之其間仍區有甲無甲之別（砲台與艙口護甲者爲鐵甲快船僅有穹甲爲無甲之新式快船）然英海部既製穹甲近又造水線帶式俄法於穹甲新式迄未仿造譬之於水穹甲爲別疏之派水線甲乃正出之流蓋自行鐵甲以來船制迭有變更而水線護甲自初迄今各國皆奉爲定則按英之砂能等三船甲最厚處九寸因闢利幽司船厚十寸均係五七千噸大船吃水深至二十四五尺弟現定兩船僅二千九百噸吃水不及十七尺甲之厚數略與相亞其實行速率亦逾十五海里（各國近行吹風機法能令速率驟增暫行一二時許船廠有據此報速率者然非汽機實力也）伏耳鏗廠測算布置似尚盡力其鐵甲全用鋼面德海部已允派專員照本國章程監驗通船鋼料亦由海部派員代驗自爲可靠閩廠所派驗工匠徒業已到洋應飭其常川駐廠遵據合同於一切工程尺寸詳慎查

驗再由弟擇要親勘以重鉅役茲將前後草合同兩分奉覽現與伏耳鏗廠議定繪成各幅詳圖先送海部造船總辦審閱俟其斟酌再行定製並向德海部咨明故德員亦肯任其事冀以耕奴織婢之意備致鄭重而已餘俟正合同訂成並圖陳達弟目前公事暫了擬數日間起程赴比即移駐巴黎數月緣弟心氣素虧舊患怔忡之症入夏以來意緒煩勞忽觸前恙時致徹夕不寐多覽案牘便形恍惚配服丸方迄未能愈法都天氣和暖與起居稍宜藉便略圖調攝耳

照錄與德國伏耳鏗廠原定造船草合同

中國欽差大臣許與伏耳鏗代辦哈克士他耳議立造船草合同如下

第一款　士旦丁伏耳鏗廠前於一千八百八十三年西十月初一日在柏林所立之合同伏耳鏗代中國造穹甲船一隻已經完妥現在照此合同中國欽差衙門再交伏耳鏗廠承造二船其現議更改程式開列於後

第二款　現仿照濟遠船及所有應行更改之處將要緊者列下　一船之寬長在

水線處前後立柱相距七十四邁當十之五左右大脅骨相距十邁當十之八中入水四邁當又百分之六十八後入水四邁當又百分之八十八前入水四邁當又百分之四十八艙深七邁當十之三按每一千啓羅爲一噸計壓水力二千四百七十噸速率十五海里又四分里之一按用湯汽原力馬力三千匹穹甲在中間穹面處升高一百三十密里　二煤櫃在機艙鍋爐艙之間可多裝二十三噸十之四有二十八邁當十之六立方積　三鍋爐艙之前可多裝三十一噸半有三十八邁當十之四立方積通共在穹甲內者多裝煤五十四噸十之九共有六十七邁當立方積　四現在船式加長加寬加深穹甲中間升高機艙鍋爐艙伏耳鏗允較濟遠大有合式寬展之益　五大汽機帶動添水車　六添水車管必須設法不令有過於彎曲之弊　七用加大漲力之鍋爐馬力雖加而用煤仍與濟遠相同　八下艙面之上除屯積二十日粮食之外仍可裝煤一百五十噸計煤在包內每噸須一邁當又百分之四十一即英五十立方尺煤裝櫃內每噸須

一邁當又百分之二十二即英四十三立方尺　九柁機柁柄改藏穹甲之下但船尾穹甲離水線至少須三百五十密里　十爲保護電線傳語之管及拉鈴鍊子從令台起到穹甲下另圍一極堅固之鋼筒　十一號令台鋼片加厚至十八密里　十二鍋爐艙加吹風機器以備戰時加行駛速率之用　十三船首柱下有魚雷筒之處另想善法不使錨鍊傷損筒口　十四轉動砲盤起炮彈起落艙板轉動舵機俱改用壓水力　十五各處艙口凡能安戰柵者設法裝配

第三款　議定於第二款所應改之件及造船時另有應改之事宜送詳圖至使署查看定奪飭遵辦理

第四款　所造二船以速成爲要第一船於西一千八百八十七年正月二十日造成試驗第二船於是年西四月二十日造成試驗如果不能照以上所定限期交船中國使署能令該承辦之人每七日罰二千馬克其錢即於船價內扣除但第二船罰款中國使署於西一千八百八十七年五月二十日起算

第五款　兩船工價照以下訂明　第一船三百萬馬克第二船價二百九十四萬馬克除第二船所減之價外伏耳鏗願按照以上兩船工價再由使署扣除一厘共計五萬九千四百馬克卽於每期付錢之時扣除

第六款　論分期付錢之事照以下辦理　第一船三分之一合一百萬馬克第二船三分之一合九十八萬馬克均於本年十月初一日付給又照濟遠合同俟安上鋼片之後付六分之一第一船合五十萬馬克第二船合四十九萬馬克船下水之後付六分之一第一船五十萬馬克第二船四十九萬馬克船上汽機鍋爐大件安妥之後付六分之一第一船五十萬馬克第二船四十九萬馬克又交船以前付六分之一第一船五十萬馬克第二船四十九萬馬克共計總數第一船三百萬馬克第二船二百九十四萬馬克其錢如何交付均照濟遠合同辦理

第七款　照濟遠辦法另立詳細合同一分及詳細船圖二分至遲不過西本年十二月初一日送交使署以換現在所立草合同其詳細合同應先期由使署商妥

再定現立之草合同中國使署與伏耳鏗廠各執一分

光緒十一年八月初十日

西歷一千八百八十五年九月十八日

照錄與德國伏耳鏗廠改訂造船加附草合同

現因欲將仿照濟遠船式改爲旁有水線甲堡之船附立草合同如下

第八款　兩船現改大致　船首尾立柱之間長七十八邁當（合英尺二百五十五尺十一寸又八分寸之二）左右大脇骨相距寬十二邁當（合英尺三十九尺四寸又八分寸之四）上艙橫梁至船底龍骨板深七邁當十之七五（合英尺二十五尺四寸又八分寸之六）後入水五邁當十之一（合英尺十六尺八寸又八分寸之六五）中艙平甲至船底龍骨板深五邁當十之五（合英尺十八尺又八分寸之四五）壓水力二千九百噸實馬力三千四百匹速率每半時行十五海里又四分里之一保護汽機鍋爐船中腰水線之處甲厚九寸半其甲至水線下約一尺另添一下層自厚八寸斜形遞減至厚五寸共高一千八百密里（合英尺五尺十寸又八分寸之七）堡前堡後橫壁各

厚八寸水線約一尺以下照兩旁尺寸遞減前有鐵甲砲台厚八寸內安二十一生砲二尊船面後半有兩耳台內各安十五生砲一尊可前後擊一百八十度保護電綫傳語管拉鈴鍊子及運彈梯路用七寸厚鋼甲或整塊或雙合爲井鐵甲號令台厚六寸甲板俱用鋼面康邦新式船用雙層底兩層相離至少三尺汽機鍋爐艙之上有鋼平甲厚四十密里橫壁前後有鋼穹甲厚七十五密里皆用兩層鋼板合成船上砲及魚雷不歸伏耳鏗辦鐵甲砲台內應配二十一生三十五倍口徑克鹿卜鋼砲二尊耳台內應配十五生三十五倍口徑克鹿卜鋼砲二尊船旁應配四十七密里荷乞開司五管鋼砲二尊又三十七密里荷乞開司五管鋼砲四尊桅盤應配三十七密里荷乞開司五管鋼砲一尊彈藥房可容大砲彈每砲五十個荷乞開司砲彈每砲一千個船首水綫下有雷筒一船尾水綫上有雷筒二可容每筒魚雷三尾船上人可容一百八十名粮食可裝二十日淡水可裝十日照以上入水數可裝煤二百噸滿裝三百二十五噸凡木合同所載與上

交合同不符之處俱照本合同辦其通船隔堵立壁龍骨脅骨立柱橫梁螺釘帽釘墊木一切尺寸造法另載詳細合同由使署隨時查看飭遵

第九款　現改定第一船於光緒十三年四月二十三日卽西歷八十七年五月初六日試驗速率第二船於光緒十三年五月二十五日即西歷八十七年七月初六日試驗速率

第十款　現改前合同第五款內所開之價每船實加四十七萬馬兩船共九十四萬馬此項加價言明不再扣厘

第十一款　第六款所載分期付錢一節現因改式加價應付定銀三之一計二百二十九萬三千三百馬克每船安配外舦之後付六分之一第一船合五十七萬八千三百三十七馬五十分第二船合五十六萬八千三百三十七馬五十分下水後又照付一期汽機鍋爐安配齊全後又照付一期交船之前又照付一期共計總數第一船三百四十七萬馬克第二船三百四十一萬馬克通共兩船價六

百八十八萬馬克除已付定銀一百九十八萬馬克外應於西歷十二月初一日

找付定銀三十一萬三千三百馬克

第十二款　除草圖已經送閱外所有詳細船圖限一月內繪成遵送德海部造船總辦閱看如有大更改必須加展試驗速率之期臨時再行商辦其餘一切前合同所載應照舊辦理所有換立詳細大合同之期至遲在光緒十一年十二月底卽西八十六年二月初一日以前現立草合同二分使署伏廠署押各存一分

光緒十一年十月十三日

西歷一千八百八十五年十一月十九日

許竹篔先生出使函稿卷二目錄

致總理衙門總辦函 光緒十一年十一月

逕啓者十月二十日奉達德字二十三號函想已入鑒弟卽以次日啓行順道赴克虜伯炮廠遊覽到廠之二日得比國外部轉電其王因西班牙王新卒與有姻婭例不見客者二旬遂以二十五日先抵巴黎業經電陳在案洋藥一案德外部復稱將弟咨稿鈔交巴使卽飭告巴使逕陳鈞署以達本國之意劼侯代擬咨稿極費經營彼竟答以遁詞可謂狡滑之極因其函無一辨論公事語故不譯呈已將原洋文鈔送英館矣克虜伯鋼炮名冠歐洲弟歷閱諸廠乃知鑄炮之鋼所鍊獨別其法以小塊鍊成之鋼與熟鐵各半盛以鉛罐閉塞其口列置土銼四圍炙以碎煤其上又封以鐵板俟數時許鋼鐵鎔化爲一乃啓封出罐傾聚模內區其模量爲炮之大小其以外套納內管及厚鋼開花彈歛圓成銳兩項工程則秘不使閱其鍊鋼法有四而以罐鋼爲最精非英阿姆斯湯廠所及也弟自德啓行後卽留參贊朱宗祥照料一切比和之行擬俟中旬鈞

署八月二十二日賜函業已誦悉義國養生會當可以宕筆作結奏報往法齋遞　國書原摺並已領到弟遊克廠適值陰雨入屋薰炙出則沾濡迨來法都又多酬應孱軀本圖調攝乃轉增疲詞意草率並希亮及爲幸德國開議院宣詞附呈

再密啓者法院北圻之議業經隨時電布在案兹特摘新報近日所載關涉越議者錄備察覽查格來孟叟喀三亞克二人素梗越議不允給餉此次民心大附舉黨增多故主棄最力署參贊慶常與喀三相識近日晤及爲言政府方謂分界通商現與中國開議棄之則自失利益恐目前定議尙須給餉一次計所給餉項三月卽罄若屆時商界二議仍無成說則院衆以政府言不驗不再籌欵棄地之計可決格來之黨則私叩慶常法若以北圻讓中國是否能許工商實益慶常答以此事不敢臆度適寶海自舟假旋弟與晤談亦述政府鄭重國體與議院不合深爲躊躇極盼商界二議早成兩國皆有利便參互而觀是在我之操縱殆彼議之取舍所視爲樞紐者歟弟前電謂明退似便者緣法退北圻是彼內政今歲暫去明年又來中國不能過問於弭邊存越毫無增

益若能明與立約形格勢禁並可杜其將來垂商利一層載於新約無論退地與否彼皆可申請議之說如其挾地居奇無理奢索則一經拒絕不過商讓不成亦無別生枝節之慮電詞簡略特以補陳然弟必恪遵鈞署電諭弗與開談以慎事機耳

致總理衙門總辦函 光緒十一年十一月

逕啓者前奉布法字第二號函計已達鑒弟以初十日自巴黎啓行赴比即夕抵其伯魯色都城次日比主延見齎遞 國書禮畢又見其妃十二日邀宴宮內隨帶參贊隨員均預其列其僚紳集者五十餘人蓋以中國遣使爲榮藉爲表示國衆之舉其國長於製造於砲台工制尤爲著名爰於十四日赴其司來地方其鋼鐵大廠曰郞克立耳包造輪路火車諸料及兵商輪船汽機等物（俄國新製大甲船二艘其汽機在此定造）兼製小鋼砲（砲不著名）廠地依山山有煤鑛挖煤鍊鐵鋼各事皆聚於一地規制頗極利便西國推爲克虜伯廠之次英法名廠尚無此閎博也十六日抵安佛斯爾地方閱其陸路砲台二處其制外爲斜坡內爲有水之濠其內爲外堡堡內有濠內爲內堡工料皆用磚而牆外牆面均

蒙厚土一丈數尺以禦砲擊此本西國築堡常式特其堡牆曲折凹凸面面照應守台官出圖指點覺於平線交點等法布置至密倉卒履歷姚未能探其詳也海口有鐵甲砲台其兵部導閱之員謂部令以台工未成請俟他日乃乘小輪船循河溯洄望見鐵甲台交岸對峙每台爲三座每座二砲其一台早經竣工因微詰靳閱之故則云中比風馬不及無所忌慮我部之意實以當時甲台初行爭新構造用款甚鉅今漸知其不甚適用乃不愜心之事故不願使者觀之弟又詰其不適用之故答以台有定所敵船易於測準近年船砲增猛台甲薄則不支若過厚則地基難承旋機易損因指已竣者密告曰此台未及三年旋轉已不靈便恐議院責誚妄費我部至今諱言之又指甫造者曰此台極得地勢工料亦精然甲板稍薄難禦大砲仍以爲憾弟查鐵甲砲台爲德國葛魯雙廠創製一時推重德於勃雷門海口曾築一台（此台亦葛魯雙承造）及今十年他口竟不復作今比員之言如此殆以日久考驗利少弊多致生異議歟十七日馳抵和蘭之哈克都城晤其新任外部具道國主養病在鄉不能躬親接見仍以轉遞 國書爲請

弟詢訪各國公使皆言和主耄年久病今歲僅於開議院時來都即日而去新到使臣所遞國書無不由外部接收在和國已爲成例弟遂以十九日恭捧　國書赴外部轉送和主領受訖查和國水師海口二處其一日阿姆斯德達姆爲近海內口弟先以十八日畧涉其地有小鐵甲船三艘吃水數尺專行淺水皆旋台舊式又蚊子船數艘其造船官廠模局亦小船砲初用阿姆斯湯近皆改用克虜伯游歷所及聊以附達抑弟私有請者德館舊兼義和奧三國所領已多自弟承乏使職駐法而外又益以比周旋兩大責任已繁其通問之四邦又不能保其一槪無事簡書所迫實有應接不暇之虞竊謂　朝廷增設一使酌劑英法俄之間而以一二小國擇便附麗此其事體鄭重非弟所敢輕議至於自英至比海程不過一日比之於和相距咫尺若以和比攝於英館則事務之繁簡道里之遠近均協其宜似於使政不無裨益初不敢以抱病之軀苟求安逸也尚乞代啓堂憲鑒察是幸茲有正摺一件附片三件另牘寄呈請飭備安摺二分代爲呈遞爲感署參贊慶常精熟法文以之酬應各國無庸增帶繙譯較爲

簡省故有派充三等參贊之請並以附陳

照錄比利時國節畧

比利時舊和蘭南部稱發蘭德今新造小國也東界德南界法西距北海北界和蘭疆域十萬一千四百有三方里以英里一萬一千二百六十七核計明初幷歸和蘭至侯查理時好用兵多苛政徵調煩苦南部不聽命侯與戰敗死正德中西班牙王查理第五爲日耳曼所推立雄長歐洲遂下令兼和比二部爲日耳曼第十郡其子腓立弟二繼之酷禁西教北部阿蘭治侯維廉起兵拒戰相持數十年南部本習洋教隸西班牙未敢貳後腓立弟二以女嫁奧斯地里亞公亞爾伯割二部與之時和蘭已自立爲國惟比爲奧藩屬甚八十年嘉慶初法主拏破侖兼幷諸國先後滅二部及拏破侖敗和蘭再立國十九年諸大國爲維也納之盟以比復合於和然語言教法風俗好尚各不相同而和人以比夙附仇國而抑之積不能平道光十一年復絕和蘭迎日耳曼之薩克生侯爲比利時王號留波德弟一以法王路易非立女爲妃與和人苦戰累

月伏屍盈野法將熱拉爾以兵七萬援之和兵寡不能抗於是英法俄奧德五國會於倫敦許比自立且約爲局外之邦毋許兼幷是爲比利時立國之始十九年始與和人盟畫定疆場更除苛政法尚簡易與諸大國立約通好久無違言同治四年留波的第一卒子留波德第二嗣即今在位之君也未嗣位時曾由南洋至粵東今年已五十矣未有世子有女三王之弟斐立爲發蘭德侯國分九部曰孛拉班脫居國之中其伯魯色爾都城在焉曰安佛斯耳接壤和蘭築堡自固（距城數里外有不連堡十二用新法）曰東發蘭德（會城名孛呂須）曰西發蘭德（會城名岡）曰海諸式（會城名門斯）曰列日（一作勒鐵希會城同名）曰那木耳（會城名同）曰林卜爾克（會城名哈色爾脫）曰盧森卜爾克（會城舊在厄倫今在生的于伯耳）皆設古佛納以下官治之（署如中國督撫）凡國中民數五百五十二萬餘人以方里計之生齒之繁甲於歐土（稱十三倍俄羅斯）每四萬人舉一議員獻可替否下院百三十有八員以四年爲期每二年更調其半上院六十九人以八年爲期每四年更調其半必有重貲沃產通達政事者始得與其選爲官有六部內部掌吏治兼理教務外部掌邦交餘爲戶刑兵工四

部略如中土之制皆有長貳凡議員商定後請於王頒示部員遵而行之國中平原夷坦南境惟見岡陵土脉腴潤民常足食多草場便畜牧並產煤鐵善於製造鐵路縱橫絡繹四達有四千三百十九企羅邁當之多每一企羅邁當約合中國二里許瀆河海之口曰安佛斯耳曰奧斯唐均便舟楫故其商務頗有可觀近時每歲入境貨值一千六百七兆六十萬佛郎出境貨值一千三百二十五兆九十萬佛郎而過境貨值亦有一千二百三十兆佛郎各口出入船隻歲得六千餘號是以稅入之數三百十六兆十三萬佛郎有奇用度三百二十六兆八十七萬餘佛郎雖有國債二千一百十六兆九十二萬餘佛郎而每歲還息及本可得八十五兆七萬餘佛郎蓋尚無匱乏之虞爲各國交涉有明約有密約惟比爲局外之邦其君申明約束無許有隱匿詭異之盟著於令甲其國中壯丁年十九以上悉隸兵藉以八年爲期可陸續告假亦有終身伍者更設武學以儲將材平時兵額四萬二千人戰時十萬三千六百八十三人步兵五萬二千二百人馬兵六千八十人炮兵七千五百五十九人工程兵三千六百人合官弁等計之約十萬餘而團練兵三萬九百五十

四人不在其列往者德奥搆兵法主拏破侖弟三欲與奥為援德相畢士麥以法可兼比餌之遂不復助奥及事定始知其詐因有衅端師丹之敗法兵潰入北境者蓋數萬人比嚴備以待借其扉屨不使復戰也然則人貴自立雖局外之邦其曷嘗一日忘守備耶近比主於亞非利加洲剛果河左右創闢新土捐歲之祿以興自然之利（聞已費三十五兆佛郎）於是商民推戴兼為剛果國王今年諸大國集議柏林咸共推許顧其地不繫於比國而繫於比君意者守局外之約不貪屬地以防爭奪之漸可謂深慮者歟抑比之民有不願其君之務勤遠略而未肯出資以助之者歟比人有恒言曰舉國同心寡能勝衆守是以往雖無公法可也地利不如人和其斯之謂乎因著其大畧如此

致總理衙門總辦函 光緒十一年十二月

逕啓者前奉陳法字第三號函計邀鑒察茲於月之初九日接誦十月十二十三兩次鈞函並大咨祇悉一切承寄德法條約並洋文均已照領外洋采購軍實積習已深經

堂憲詳切疏陳鑄鼎燃犀無此洞徹所有遵辦事宜容審酌布陳茲有奉陳數端敬臚舉之一據德銀號狄士康來函稱糾合公司現派人赴華攬鐵路及借欵求爲通達茲將前後信函譯錄除函達李相外呈備察閱弟又聞該銀號並乞德外部招呼彼部告以與中國現商洋藥新章可借此機會冀得互讓利益之法但德國面子但言各國有約須與洋貨釐金并辦不能先向中國啓齒云云似與前次德總辦告弟之言相合並以附及現知英法美各國傳聞我有鐵路之舉絡繹款關咸求自效不審是役果否與辦而彼族竟歆動如此耶一比君兼爲剛果河之主繕書陳敘求爲進呈並據其侍臣錄致書底譯其詞義尚爲恭順謹以轉陳乞堂憲酌辦一美國人議立戰場救生公會已邀各國入約現擬明年在巴敦續議其會首函請中國入會竊思重傷二毛之戒貽笑後世外裔好事者流妄學煦仁孑義實非中國所得行但遽行斥拒或啓彼以不樂爲善之疑茲特譯呈議稿應否覆以姑往聽議或設辭謝却之處謹候示遵一德主在位二十五年西國奉爲慶事當即援案傳　旨致賀嗣接該外部復函奉其君命發

電巴使陳謝恐鈞處未悉故於初三日電達惟弟兼攝之國稍多以後遇有此等禮數雖經該國電謝弟處概用牘報以節電費謹預爲陳明法之首相伯里桑以越議允餉之數僅多四人僥倖得餉已傷政府體面決意辭退茀來西訥代之仍兼外部各部大臣亦稍有更易而援格來孟叟黨二人曰羅克哇爲商部曰葛雷乃爲郵部或陰啖格來使之改絃相就或求合彼黨之意引以爲助新報互有揣論其隱情殊未能測也弟所患怔忡仍不能愈深爲焦灼茲譯錄十一月新報附閱即希鑒察

照譯比利時國侍從大臣伯施葛辣照會

爲照會事照得剛果國立爲自主之邦奉本國國主爲君理應報明　大清國
大皇帝是以本國國主謹具書一通命本大臣咨請貴大臣轉遞並將書底錄送貴
大臣查閱相應照會須至照會者

光緒十一年十一月十三日

西歷一千八百八十五年十二月十七日

照譯比利時國主書

大比利時國主兼剛果國主留波德第二謹上書　大清國　仁聖威武　大
皇帝陛下竊查剛果地方設有商會開闢疆土曾與各國訂約立爲自主之邦又推
不佞爲該處之主現經議院核准自應統馭此邦理合報明　大皇帝陛下維此
新國乃專歸不佞兼轄並非比國統屬闢地之始允宜宣敎布化治政養民聯與國
之誼以敦和睦興通商之利以固邦基盡心圖維昇平同慶仰副各國期望之意尚
祈　大皇帝眷顧優隆俾免隕越謹具書以　聞伏乞　聖鑒

西歷一千八百八十五年十二月十七日書於比利時國都

照譯比利時國侍從大臣伯施葛辣照會

爲照會事照得本國現派大臣伊特倭得總理剛果國外部事務爰命本大臣備文
知照貴大臣轉報貴國總理衙門幷將該大臣公文一角節畧一件封送即請轉寄
總理衙門爲荷相應照會須至照會者

光緒十一年十一月十三日
西歷一千八百八十五年十二月十七日
照譯剛果國外部大臣伊特倭得照會
爲照會事本部堂現奉本國國主之命派充外部大臣竊願剛果國與貴國開通往來互有裨益遇有交涉事件必當盡心竭力妥善辦理尚望貴王大臣推誠相待以敦睦誼相應照會貴王大臣請煩查照須至照會者
光緒十一年十一月十三日
西歷一千八百八十五年十二月十七日
照譯剛果國外部大臣節略
前因各國在柏林會議議訂條約聲明剛果國永爲局外之邦所有應得利益及應盡責成均照局外之例一體遵守茲將剛果國疆域邊界錄送貴王大臣查閱
一按剛果國北界自大西洋起至喀濱汀海灣迤南入海之河畫一直線此河在彭達海口附

近之加布隆伯地方再從對面地方畫一直線直達庫魯喀拉河與魯古拉河匯流之處又順魯古拉河至石涼庫河匯流之地即從石涼河口起至該河極南發源之處再順尼牙底吉隆河與剛果江分水之嶺在馬尼喀屯界外又從天然分限之地起達至江面行船地方在馬尼喀屯與峒布馬達喀飛崖適中之地畫一界限再順剛果江至斯當賴埠取該埠適中之地爲界至剛果江本界應在里郭納混察河上游地方起算訂一界址即自所訂界址至葛蘭尼治英觀象臺名東緯度第十七度然後順里郭納混察河分水嶺處畫一界線又自東緯度第十七度起至北經度對面第四分度相接之處止又從第四分度起至葛蘭尼治東緯度第三十度相接之處止所有以上界畫即爲剛果北界

一按剛果國東界自葛蘭尼治東緯度第三十度起至南經度第一度二十分止又自經緯二度分判之處起畫一直線至唐格尼克湖極北界限取此湖適中之處爲界然後自湖邊畫一直線達至南經度第八度三十分所在之墨拉湖取此湖

適中之地爲界再順𡋯拉湖與旁物洛湖相通之小河幷旁物洛湖西岸爲界以上各處皆爲東界

一按剛果南界自旁物洛湖極南界限畫一直線達葛蘭尼治東緯度第二十四度相接之處再順剛果江與桑貝仔河分水嶺直達南緯度第六對度與第十二對度中間之喀塞河再自第六對度起至剛克河相接之處卽順剛克河至那基河再順那基河對岸之地至庯克河相接之處又自庯克河與剛果江滙流之處至於海濱以上各處皆爲南界

一按剛果國西界自彭達物爾米河附近之喀濱海灣迤南之河起至剛果江適中之地止以大西洋爲界以上各處皆爲西界

光緒十一年十一月十三日

西歷一千八百八十五年十二月十七日

照譯戰場救生公會來函

敬肅者查西洋各國於同治四年在瑞士國熱納瓦城議定公約保護戰場病傷士卒將敵軍醫院列爲局外彼此皆勿擾害又於同治八年擬定續增條款使水陸交戰一律照行法良意美洵爲善舉現在入約者已有三十三國自訂約以來各國所立善會甚多由兵部海部訂立章程廣行傳播以公同好鄙人充公會赴首領於同治七年九年曾在巴黎柏林等處會議辦法故於此事更當用心竊思中國爲天下最大之邦久仰 大皇帝仁民愛物德政遠播今既有救生公會更能推廣

皇仁遠邇同欽特請貴大臣據情代達貴國以便入會至下次會議應在巴敦國都（即德意志列邦）定於明年擇期合併聲明

戰場救生會副首領色呂烈謹具（十一年十月二十三日）

照譯救生會公約

第一條　凡各處軍營設立之大小醫院無論久暫皆列爲局外之所病傷士卒一經收留其中敵軍即當一體保護勿許侵犯倘醫院設有兵衛即失局外之利

第二條　所有軍營大小醫院應用之醫生司事夫役教士人等一經收治病傷士卒卽爲局外之人一體保護

第三條　上條所載各色人等在某處地方遇有敵軍佔據之處仍可在醫院內作事或欲往投本國軍營亦聽其便應由敵軍派兵護送

第四條　軍營醫院所有各色人等離院之時祇准攜帶本人之物其院中公物仍舊存留

第五條　各處居民收救病傷士卒者敵軍不許擾害應由各國統帥宣諭居民勸作善舉有收留病傷士卒一名者其房主免納軍稅幷免駐兵

第六條　所有病傷士卒無分何國一律收留每戰之後敵兵被傷者許兩軍商議彼此交還成廢者聽其遣送回籍傷愈者言明不再出戰亦可遣回凡以上等撤散之時照局外例一體保護

第七條　凡軍營醫院及遣送病傷士卒車輛均應另有旗幟以便認別此種旗幟

應用白色中畫紅十字爲記醫院人等身上亦須挂白帶中畫紅十字爲記醫院及車帮均須另插本國旗號以便認別

第八條　此約一切辦法有未詳及之處應由敵國諭令主帥酌核擬定不許出條約範圍

第九條　各國之入約者允許知照他國請入此約

第十條　此約應由各國批准其批准文據卽限四個月在瑞士國都交換

西歷一千八百六十四年十月二十二日

續增條款

第一條　原約第二條所載醫院人等在某處地方雖遇敵軍佔據亦應許其照舊照料病傷之人俟伊等請行之時卽由敵軍統將訂期送往不得遲延

第二條　兩國交戰應設法籌給醫院人等薪水雖經敵軍收留仍應照發彼此一律辦理

第三條　原約第一第四兩條所載軍營醫院名目係指一切收留病傷士卒處所而言或在戰場或在他處均當一體保護

第四條　原約第五條所載免納軍稅免駐官兵之例自應查明該居民所作善舉情形秉公辦理

第五條　原約第六條所載成廢之兵應行遣散一節現在聲明除武官之外所有病傷之兵既經痊愈雖未成廢亦應遣散但不許再入戰場

第六條　凡民船小艇於水戰之時救脫被傷落水之兵送往局外之船或醫院之船者應照局外之例酌核交戰情形一體保護

第七條　凡被傷落水之兵一經救脫不許再入戰場至戰獲船隻其船上醫生教士人等均爲局外之人應許其離船他往携帶本人物件

第八條　上條所載醫生人等既在被獲之船應帮同照料病傷之兵然後許其回國其薪水工食照續增條款第二條辦理

第九條　醫院之船按照軍律許敵國佔據第所佔醫船仍當留作醫院不許改作別用

第十條　凡有商船無論何國者一經裝載病傷之兵不作別用卽照局外之例一體保護惟所載之兵旣經敵國戰艦查明註册卽不准再入戰場幷許敵船派一官員隨船查驗若船中載貨不在敵軍查抄之例者亦得照局外之物辦理此項局外之船若有妨礙敵軍之處許敵船禁其交通恐泄軍情遇有救生急迫之時許兩敵統帥立定辦法暫將某船作爲局外之船以應急需

第十一條　凡水陸官兵病傷俘獲者應妥爲照料

第十二條　凡水軍醫船列爲局外者應於本國旗幟之外另挂白旗中畫紅十字爲記其醫船外面應漆白色兩旁應漆綠色以便認別

第十三條　各國善會所醫船經某國國主允許充差者應照局外之船一體保護其醫船旗幟應用白旗中畫紅十字爲記船上應役之人應挂白帶中畫紅十字爲

記船外漆白色兩旁漆緑色此等船隻志在救生不分何國一律普濟交戰之際遇有傷損之處無所補償兩國戰艦有稽察之權亦可令其遠離戰場至醫船所救之兵言明不許再入戰場

第十四條　交戰之時遇有敵國藉醫船外之例狡謀設詐者准將救生公約暫停以杜詭弊如查有設詐確據即可聲明廢約不許敵國享其利權

第十五條　此次續條約正本通永存瑞士國盟府之中願入約之國應照錄一分咨送備查

西歷一千八百六十八年十月二十日

致總理衙門總辦函 光緒十一年十二月

逕啓者十二月十一日致法字四號信諒已鑒入前奉德字九十二號鈞函以驗收軍械必有驗器之器飭令一併購儲藎慮周詳莫銘欽佩查西國於製造材物報竣後勘驗成例大要船則驗之駛行槍礮則驗之演放機器則驗之旋動惟鍋爐不准試燒則

以水代火驗之驗船之法以平水測定海里之地推其速率以指力表計其馬力以漲表定其湯氣漲力其至密者以實試側度較其擺心重心距數驗槍之法量其口徑（毛瑟槍以口徑十一密里零一為合式）審其準尺與槍管中線是否平行既放後（每槍約演二十響）折卸後門機簧察其藥氣之滲漏挺針之堅軟驗礮之法合礮耳礮膛中線以觀角度合礮身礮柱以觀垂線演放時（每礮九響）歷試昂俯各度歷配鋼鐵各彈測以電線表尺而得速率漲力重積力燭以電火回鏡而觀螺線抽其後門環託而觀藥氣驗火藥之法（槍藥每桶驗一啓羅礮藥每二十包驗一包）秤以定其重力（以比水增重百之七八十者為佳）烘以定其乾濕（濕氣不得過每百分之一五）化分以定各種相宜之性（就硝磺炭多寡分數別之）分演槍礮以定速率漲力（亦以電線器驗之其漲力不過二千七八百倍天氣近更以漲力減而速力多者為佳）驗鍋鑪之法以機壓水入鍋試其漲力（應按原訂湯氣漲力增五倍天氣）以法碼驗其平門挺力驗子彈則以大小鐵規試其圓周（槍彈每一千個抽五十礮彈統驗）驗機器之法則試其尺寸合符關捩靈便而已凡此諸事其表尺規矩各器或創於工師為諸國所通行或制於官府為一國所循守製造各廠皆就其材物應驗之法遵秉定式家有其器以待購者之

取驗諸廠商類皆炫美爭名必不敢偭錯其制狃小利而干科罰是其自備之器亦屬信而有徵似可無庸另置惟驗法歸宿不離乎數外洋律度量衡數極繁賾亦須熟其條理以得法質比例之程此項器件容當酌量購儲籍資勘校耳數日前法外部與弟訂晤以分界法員電稟鄧大臣欲自諒山以南起界請電詢鈞處意旨所在弟以此事另歸專辦不便干預郤之越三日竇海來晤似爲佛來游說仍以不能越職爲謝此次院員集議越事佛來每以中國絕意於越數衍衆人耳目今忽注意諒山則棄越之黨據爲口實而爭越者勢且日絀宜其外觀內審而氣奪意失也

再所弟輯外國船師圖表計各國船表十三卷業已印成每部七本用洋針草訂茲先呈上二十部另附八本係續前次所寄兩部統希察入尚有雜說三卷擬將造船程度水師規制徵据各洋書摘要譯述以怔忡舊疾時平時作未能速成尚俟續寄此書共照印二百部俟全帙印成即以百數十部解送鈞署聊備存儲其費現暫挪款墊發容後再爲酌銷也

致總理衙門總辦函 光緒十二年正月

逕啓者去臘二十三日奉布德字第二十五號函并船表各册另箱送呈計已入察新艦大合同業已訂定其船身程式及一切布置復經德員的脫里西詳細酌定弟以臘月二十五日馳抵柏林與之籌商卒歲奔波苦無暇晷該廠送到詳圖并船身汽機詳説逐節譯出再奉查閱

致總理衙門總辦函 光緒十二年正月

逕啓者正月初八日奉布德字二十六號函計邀鑒察弟以十一日馳回巴黎本月二十四日奉衙門敬電當卽陳覆法外部有此事諱之甚深故去臘正初各新報皆稱所議可成近日漸有謂中法議界不合商利亦難多得者而情事詳細皆不能言議院中亦未有論及者俟隨時探有消息再爲電陳法廷新與馬島議和立約但允法人通商不准據爲屬埠干預内院員或謂宜棄去不爭或謂所爭未足不肯核准前日佛來西納到院宣告馬島甚强只好如此結束若衆議不允勢須籌鉅餉調重兵爭之於是允

者至十之九彼族之憚啓外釁不求遠略亦可概見矣現聞　廷議大治海軍似造船製炮爲武備權輿謹就見聞所及繕摺上達特鈔稿奉商此係陸續成稿適以舊疾大作以致陳敘諸條尚未詳備摺內造鐵甲炮船一節去年聞船政擬與仿造鋼甲雙輪船之役所仿船式卽弟所述法國背塞等船現在未識定辦否法船造費聞約法銀一百七十萬佛郎德國威斯伯等船其造費連砲聞約德銀一百三十萬馬克據洋書所記如此似所費尚不過鉅又克虜伯炮鋼堅擊猛實出阿姆斯脫郎之上去冬游閱其地該廠稱中國若言明專用渠炮由各使館逕向購買可照定價扣讓十厘請爲代告中國等語此二節於事稍瑣特附陳之英法鐵甲大船皆數十號德亦數十號根柢業已深固故近時所造多爲快船雷艇之具我則規畫方始船數未多近張香帥鈔寄奏稿內購船一條謂鐵艦不宜甚少實爲今日入手要義此又當就中外情形而分別觀之也比國外部來函薦送廓克立耳廠呈信亦係求攬鐵路一幷照譯附上造船大合同事多文繁現正次第詳譯俟再續呈

再啓者弟自去夏感發舊恙久不得愈其時經理三艦諸事尚未清了定造新艦方需籌議栗六昕宵不遑休息去臘往返柏林大雪奇寒征程勞困抵巴黎後即怔忡大作精神萬分委頓現特具摺陳請船賞假一個月鈔稿呈弟即以拜摺之日起算假期並以布陳第犬馬之疾錮根甚深不識月餘調治即能平復否也

致總理衙門總辦函 光緒十二年二月

逕啓者二月八日奉布法字第五號函計已入鑒新艦正合同及船身汽機程式近始譯校竣事繕寫成帙並船圖五幅另牘送呈衙門察核此次的脫里西獻議謂德廠之船既用平甲又有鐵甲佔重甚多英船但有穹甲其汽機少受壓力且可以重力增入汽機故其速率勝於德製若將船製加長四邁當加闊一邁當加壓水力百噸則汽機力可以加增亦能與英製速率相亞弟以造船價值業經奏定未便再議更張因美其關切而婉謝之然就伏廠圖式的脫又摘改十數條其大者如鐵甲原議上下兩層今改爲一整塊鋼甲并原議厚七寸今改爲八寸船身長數又增一邁當餘的意船制不能大改宜畧

加長使遠率較好三者皆於工料有增弟初與伏廠論之卽有加値之請迨經渠定斷該廠亦遂允辦似土著呼應之權差爲得益矣近得法律師李沙爾自河內來函係在越華民公延該師申訴法官苛徵之困查古爾西所定稅則內載亞西亞人住居越地者應納人稅人稅者於應完貨產各稅之外按人抽收分爲四科多至每歲三百佛郎遞減至三十佛郎外國厚斂於民頭會箕斂之風習不爲怪惟此項人稅法於本國不徵而徵於所保護之國又不徵歐洲他國之人而專徵華人亞細亞人在越者惟華民未免意存偏苛新約第一條明載中國僑居人民與法國所保護之人無異是徵稅一端卽不應顯分厚薄既據該處華民呈訴似未便之不問擬由弟商諸外部請其革除此令佛來以院員越議異同頗希見好於我且目前商約未定在我更得示以操縱授之事勢正値可商之機惟辯論發端應將以堂憲之命以致鄭重是否有當敬候電示遵行除函達李相外茲譯錄法律師函華民公呈及法官稅例三件呈奉察核又緬王胞兄曰敏恭爲英人拘至印度逸去現居印度之法屬地前日致書弟處陳敘式微之痛有乞援 天朝

求爲上達等詞其書介一法員來遞弟告以俟將情節便達衙門該國本派使駐法近已歸去敏恭梗槪亦未詳稔所遞書底不敢率行鈔送謹以附陳

再啓者弟自本月八日起假在館調治冀得所患速痊無如旬餘以來華洋函件日需料理仍苦不能靜攝以故頭眩心跳諸病均未平減轉瞬假期屆滿至爲焦灼區區下情有不得不陳於堂憲之前者弟濫竽詞曹罕更外事自涖外洋兼攝諸國以才質之滯鈍奉職周旋輒形竭蹶又以數年之中椿蔭見背家事多迍三罹殤子之災旋遘悼亡之戚老母里居年及六旬終鮮兄弟並乏期功之親白髮倚門形單影隻去歲秋冬家書稱敘屢患肝疾衰狀益甚望雲萬里魂夢時驚方寸縈紆鬱爲積疹自維承乏輶軒毫無報稱三年未滿不敢冒昧籲請銷差然默揣才力精神萬萬不能支持求歸固非所當言戀棧又恐其貽誤公私循省惶悚滋深查光緒四年衙門奏案據劉錫鴻摺內聲明到德後水土不服常在病中又患怔忡不能成寐劉錫鴻雖未敢遽請銷差臣等察其情形出使大臣事繁任重似非力疾所能勉支應否另行　簡派接辦等因

弟之病軀相同而職任煩劇迥倍於前特此仰懇堂憲可否酌援成案籲請　天恩准予銷差調養以重使務而釋仔肩出自堂憲矜全不勝鵠企之至弟起家寒畯志圖利達今則幸被遭逢優之祿糈苟能黽勉從事則出山小草斷不願自謝芳華尤冀執事鑒其苦衷而代白之也

致總理衙門總辦函　光緒十二年五月

逕啓者五月朔日奉布法字第八號函計已入察初二日奉誦堂憲九十六號示函並國書一件謹已祇領查外洋國書往來之例專以其君親自署押爲據至蠟印或用或不用則洋制簡陋多不一律此次答書援照秘國前案區別辦法具仰斟酌詳明之意弟以月之初三日移駐德館擬在月內赴比一行親送外部以昭體制再法之伯理璽天德公舉留任各有國書播告諸國由駐使遞送各國亦有覆書致賀均由其國駐法之使齎遞不識法廷國書衙門已否接到其書來後似應有照例覆賀之舉尚希代回堂憲核奪是幸現留春舫參贊駐法照料一切陳慶二參贊同辦洋文及傳致語言

等事以期相資爲理弟於初十日赴伏耳鏗廠閱視船工第一船龍骨橫脅業已配齊底板亦次第釘合第二船各脅及角條亦經製成下月可以安配龍骨其海部員已收之鋼料均經各監工覆查逐次呈報工程尙爲趕速再委員赴南洋訪查華民商務一節和外部函因未奉衙門覆示尙未辦覆鄙意無論委員是否往赴於事理必當辯駁至措詞輕重則可隨事準酌伏候來電遵行

再啓者四月二十七日因德館出使經費用罄電請撥匯本月初六日上海法蘭西銀行電匯到英金一萬二千二百七十二磅有零由法館知照到德當卽屬該號轉匯如數收訖現在外洋金價奇昂計所匯英磅約爲銀五萬兩之數電文簡略咨俟奉到衙門來咨再行呈覆先此布陳德廷現以畢相長子赫耳班耳實授外部大臣以芬必而克副之赫患肺疾給假已數月矣法院於數月前議逐故王後裔佛來不允而止近以法前君路易非立之孫（舊封曰巴黎公）嫁女於葡萄牙世子賀客大盛民黨議員乘機復理前說集議月餘佛來知此事太過謀爲調停而不可遏卒於前日定議凡爲故王支派皆

逐出境力主其議者格來芒叟也法國地廣兵强根柢深厚徒以黨衆傾軋政府朝暮無常十數年來迄難復振西人每論法之不治實坐無君權制攝之故今更以私黨忿忌鋤絕萌芽自謂爲民局深遠之圖不知適以戕弱其國而貽仇讐快也畢司馬欲裁制民權於各國交際必抑民强君惟於法則隱袒民黨

致總理衙門總辦函 光緒十二年八月

逕啓者七月二十七日奉布德字三十一號函計邀察入文緇譯官續前以怔忡心跳久病不愈自正月請假赴鄉調養當經停給薪水現於六月來館銷假弟察其元氣大虧時虞復劇屬令量力辦公得以隨時靜攝惟既經銷假自應復給俸薪特循既稟稱事之義自六月起暫行核減給發庶幾體恤之中不失平允謹以布陳奧國於春間創立歐洲水利公會函請中國入會以八月三十日開辦請使館派員前往弟自涖任通問曾一赴奧今歲春正國會皆未暇赴此次講論學問無關公事不妨隨衆周旋撥飭陳參贊季同屆時一到仍即返館署示聯絡而已步羅嘎里王被逐後其相臣因民衆

不服將助俄黨魁囚禁迎王復歸不意俄主發電諷沮步王返國旬日現有遜位小國偪於强鄰不能自主德奧既袖手不問英廷日以庇土拒俄爲事近以阿爾蘭內政未定亦未聞有責言之舉殊不可解

致總理衙門總辦函 光緒十二年十月

逕啓者十月初三日奉布法字九號函計早入鑒前月二十二日接衙門養電令辯論身稅一節當即具電陳復現在恭使是否以運鹽等事來商堂憲若何權衡尚祈示知使後此論及稅事時措詞得以接筍波路貝耳患疫身故法廷屢擇替人皆視爲畏途近始定以突尼斯屬國駐使日畢烏調往所請歲費三十兆昨經議院允給而允者之數僅多三十人彼之經營越事眞可謂勉强而行矣新艦工程第一船現諏臘月初十日下水兩船取名已得李相電告曰經遠來遠明年駕駛回華李相先定由洋廠包送近復電告派琅威理帶管駕等分往帶船並酌雇洋員照料行駛大致已定議弟以法館暫無要件以前月二十五日移駐柏林前在巴黎時曾往遊多耶水師海口於砲壘

兵艦略覩梗概述有遊記錄稿奉覽又德國開議院宣詞合並譯陳

再啓者十月二十四日奉誦惠書幷衙門核銷咨件亦已領到弟處册內於法館復設年分脫寫一字荷蒙代爲更正深感盛情謝謝繙譯官恩光於十月二十四日到德據稱出京時曾回明台端將到差日期電明以便在京起給留支銀兩當於二十六日電達並以附陳

附錄遊法蘭西多郎海口記

法蘭西國水師海口有五曰伯愛斯脫曰賽爾婆爾（一寫作削浦）曰羅里藩曰阿斯伏爾皆在大西洋曰多郎在地中海均設船廠砲壘水陸屯兵而多郎一口控衞南邊與義大利接壤形勢爲尤要在城居民六十一萬餘人周城地二十一萬方邁當（每邁當約合二尺八寸二分七釐）常屯陸兵五千二百五十八人有事調集則有二萬人乾隆五十八年英與西班牙攻法與其君黨人相結據有其地那波崙率砲隊圍六禮拜克之自時厥後遂常爲重鎭光緒十二年十月余自德來巴黎致書相臣佛來西訥爲游觀之請

既得報十一日借周子玉觀察陳敬如協戎王子常比部戌刻上輪車行八百六十三啓羅邁當（一千邁當爲一啓羅邁當以五百五十六邁當合中里計之得一千五百五十二里）十二日巳刻過馬賽稍憩濱海行六十七啓羅邁當（合一百二十里半）二未刻抵多郎舍於客店十三日巳刻往拜駐守多郎提督格郎斯派其中軍官的閭部阿導觀船廠廠前爲舊船池築塘環之以小輪船出池口而東至其造船所船台九座皆壘石爲之所造之船有三一爲三等快船係木質舊式船底包銅片供屬地行駛一爲魚雷偵報船長八十餘邁當汽機艙面護以穹甲速率十九海里（每海里合中三里又三之一）擬配十四生的砲（每生的爲百分邁當之一）前二中二後一雷筒四意在迅達軍警不重砲力也一爲馬眞塔甲船船底及艙面已成尚未配甲監工官導登其上船壓力一萬有三百餘噸（每噸合十六擔八十觔）長約一百邁當爲水綫帶露臺之式甲臺前後各一中爲耳臺二船形下侈上歛以容耳臺出彈之路臺底各啓甲井達於平甲艙面每台置一砲前後砲徑三十四生的耳台二十七生的船旁置十四生的砲餘膂甲最厚處四百五十密里（每密里爲千分邁當之一）水綫下端二百五

十密里平甲八十密里用克磊蘇廠鋼甲監工官述台面擬覆圓蓋與砲同轉前有缺口以伸砲身後亦啓孔容人測望其釘合帽釘及鑿孔皆用壓水機機製輕簡以水管連之便於舉携旋歷廠房數處皆鍊製鋼鐵各件凡摺灣鋼鐵板及條或壓或鎚均用水機機力最大者重至百噸試以木材長二尺許徑五六寸者一壓卽壞折又有中襯鐵模壓成覆椀形瓦棱形弧形者又鎚機力重六十啓羅（每啓羅合二十四兩七錢九分四釐）上有轉輪起落一如人擊西法向以湯氣運機廠匠鋸剉諸工悉假其力近年乃有壓水之法以鍋爐蒸熱運輪戽水蓄於鉅筒分注諸小管別有水筒內置鞲鞴如氣筒然以管水壓入少許則鞲鞴推前機亦隨動其力略等湯氣而較舒緩故人以爲便返店午飯畢復游廠之西界先至演魚雷處一以鐵格盛雷放入水內以繩拽起雷殼之鉤而發一盛雷於筒以藥餅激送入水設電靶水中距四百二十邁當雷行四十二秒半而至雷用鋼殼懷脫廠所造每雷交收俟覆驗中的乃儲藏之演員述鋼質昜鏽稍費刷洗觀演雷二次畢至雷艇埠登一艇長四十二邁當闊三邁當

速率二十海里爲行海大艇近以海部調操自削浦海口駛至艇容煤十六噸每點鐘十海里可敷八日行自船主及水手共二十人配三十七密里徑哈乞開司五管砲二尊立柱爲架設於中腰艇首設二雷筒在水綫以上船主述筒孔出水可省外塞發雷較便且易測望其舢板以布爲之重不及五十磅羅分爲兩截各可斂摺又登竿雷艇置鐵竿船旁其端有鉗夾雷竿之長度能在船首伸出九邁當別於船首置木桿末有挺簧爲觸敵船時自護計雷艇營官述近以此法太險置不用矣又至新船池爲修船所船塢七座的閭部阿述築塢之法先控成塢基作鐵殼如箱形無蓋殼底多作細孔實以土沙重五萬噸使土沙黲壓入水以培其基乃加填塞門德土外砌以石成塢式在塢之船二一爲偵報快船曰密蘭甫加油漆不能登閱一爲雷堵大伯爾甲船係砲房式船重八千餘噸艙房配二十七生的砲四尊皆磅隅門又船首尾二尊中腰耳台二尊上以飛台覆之餘配十四生的砲六尊哈乞開司砲二十尊令台鋼板二十密里下有甲井通至甲房厚亦如之台內置測望尺四用電

綫發砲烟筒二具外作一筒圍之的閣部阿述海部以廓爾貝耳等甲船八號偵報船一號號爲一羣提督貝昂統之此二船亦歸羣內現已罷操卸泊尚有數船集操數禮拜後亦照此例也酉刻返店十四日辰行舟行二十分許至地中海船廠觀所造馬耳叔甲船與麥眞塔同式惟甲用康邦又西班牙訂造甲船曰彼拉衣悪式與馬耳叔畧同惟船首加艙面一層故前台獨高利於俯擊烟筒艙口圍甲三百密里甲皆用鋼又承造雷艇十六號長三十五邁當重五十五六噸汽機用九天氣速率二十海里已開製者數號旋至廠房觀木製船模爲旁視半形及砲蓋木模又觀活機船槽能以壓水力牽船漸升於台然船過二千噸機力卽不能勝矣歸路復觀雷艇陸塢自塢屋爲鐵路達於岸以車載之上作艇座牽挽甚便午刻返店飯畢乃赴廓爾貝耳甲船提督貝昂整伍奏樂出迎余官廳敘坐言曰余前歲任海部大臣適越南用兵以持議不合去位非欲見好中國蓋憤此兵之不應出耳現在兩國修和甚愜志願余答以素佩提督持正之名今日幸晤因導觀砲房列二十七生的砲六

尊砲兵裝彈轉砲如戰狀槍兵持格拉槍以空彈演試槍皆連珠式每實九子復至尾艙觀裝雷入筒法船主導觀汽機艙鍋鑪三十二座皆方式天氣兩倍半蓋船為同治時製汽機皆舊法甲厚僅八寸以其規制寬大故為統領坐船西國軍例統領但調度群船本船職司仍由船主管理不相雜也臨行聲砲十七次為禮又赴安當達伯爾甲船貝君先至相候船有露台二配四十二生的砲各一重七十八噸其轉旋磨盤架啓閉門運彈葯並裝入砲膛皆以湯汽為之貝君言機力運砲固為妙法然余意終以人力為可恃且此砲雖猛一發之頃曩船砲已三出矣餘置十生的砲數尊甲最厚五百密里令台鋼板三十密里台旁置弁兵鋪蓋箱縱橫錯列取為禦彈之助通船官弁兵役三百六十四人廓爾貝耳船則八百八十六人以砲位既少多用機力故相較懸殊焉與貝君致謝相別遂出海口至葛阿克砲台按多郎海澳東西七里餘南北約三里內口闊一千三百邁當口外有島障其南扼成外口闊二千三百邁當中有壩長一千二百邁當用塞門德土鍊作方塊疊成深入海底九邁

當至十七邁當不等右岸有壩長一百八十邁當與中壩相距一百五十邁當其間水深三邁當餘可容小船出入左岸又有兩壩前長四百邁當後長一百五十邁當皆斜向中壩成三角形與中壩相距前八百邁當後五百邁當大艦必由此出入澳廣而口窄洵爲屯埠善地內外口兩岸砲台共十二座葛阿克者外口以外南岸最要處也台墻專控一面緣山麓爲基前高後下陡臨海岸下不設濠砲徑三十二至二十四生的不等皆露設兩砲相距甚寬每砲必容架轉九十度中爲隔堆堆下爲屋以藏藥彈墻砌以石外護鬆土厚二十餘邁當的閭部阿迷多郎水陸台壘多至數十處約分四等第一等有砲有兵令下五分時可發砲二等有砲無兵按籍調赴兩日能集三等有台無砲運礮徵兵八日能集四等有基無台臨時備築十五日至二十日能集蓋防地有輕重故區別緩急如此酉刻返店邀的閭部阿同飯因論近年台製頗有用鐵甲者多郎皆無之蓋因台基偪狹適値要衝不得已假鐵爲護然鐵壞猝不能修土墻受損培築甚易故寬廣之區甯舍彼取此又言明日觀山上砲

台歸陸路所轄余不及陪從矣十五日辰刻陸軍提督派營官以四馬大車來接出城卽登山路作之字形盤折而上半時許達其顛有台一座曰庫魯阿遠瞰大海高距海面六百邁當俯扼義大利來路台爲長方形外墻放槍依陸壁架築成有凸堵數處照應亦不設濠內墻周圍設十五生的炮三十二尊墻下爲兵房房下爲蓄水池能容水八百邁當又穿洞爲穴以藏藥彈並設炮六尊守台弁兵八百人築台連開路費八十萬佛郎多郎全城環山面海故四山皆有堡壘初擬循山周觀適風雨大至乃取舊路返店未刻上輪車行一千六百七十一里十六日卯刻抵保堵有司郎船廠主德邦第導至店小憩午後赴廠觀所造赫鏗甲船與安當大伯爾同式炮及鐵甲尚須駛至羅里漾海口增配又造雷艇十餘號如地中海所訂用八倍天氣又觀活機船槽以湯氣轉螺絲條爲斂放橫載船身而上監工謂福州船政之槽卽本廠所製歷年已久不知螺條力尚能勝否保堵爲法西境一郡大西洋商埠所萃衢市輻輳亞於都會戌刻爲邑令邀觀劇子刻返店十七日辰刻上輪車行一千有

五十一里酉刻抵巴黎使館

致總理衙門總辦函 光緒十二年十二月

逕啓者十二月二十日奉布德字三十六號函計已入鑒明年二月二十八日（係西三月二十二日）爲德主九秩壽辰近日聞知俄主屆期將親來致賀各國亦有加禮似此次壽辰視歲慶常例較爲鄭重中國之與外域雖僅示羈縻之方亦或有從宜之禮除屆時由弟照例致賀外應否另表優異或奏請　頒貽寶星之處敬候堂憲酌奪惟郵遞物件不能速達尚祈酌定辦法先行電知以便臨期傳　旨如禮若擬請貽寶星則請兼繕　國書由使臣齎遞似爲得體職在交際謹以布聞德廷前議增常調兵四萬一千人議院允暫增三年畢司馬克堅執以七年爲期院員允不及半畢遂宣諭散院另待舉員集議矣

许竹篔先生出使函稿卷三目錄

許竹篔先生出使函稿卷三

致總理衙門總辦函 光緒十三年正月

逕啓者去冬臘月二十日奉布德字三十七號函計已入鑒本年正月二日接誦堂憲十一月初四日賜書謹領一切比國維使以本國彙印各國稅則請中國入會一節查中國稅則歷用通稿載於比國約內彼已詳悉誠與各國情形不同謹卽遵照答覆錄稿奉備察核又悉比國此舉諸大國中惟英俄已允餘法德美奧等邦皆未在列亦覺同聲之寡應也又初三日講電奉悉弟今春尚未赴比如彼有所詢卽當遵電致答比爲局外之邦必不有意多事或該使故作一波折耳又初五日外部總辦芬必而克邀晤言德廠承造兩艦聞中國現定英員與華管駕接帶駛回我畢相之意以管駕與新船不習恐不穩當又德國商業每遭英人嫉毀今爲英員接帶頗不願意已電巴使向總署商辦特爲知照弟告以前因定遠等艦經德員帶回在天津交收時諸事刁難我李相因此改計現已接到來文一切派定恐不易商酌芬云今日姑不詳論俟巴續有

信來再當邀商遂起㮶別不識巴使已向衙門說過否查新艦回華辦法去春與曾堂憲合函以由我派員駕駛及該廠包送二議商諸李相嗣於七月間接李相來咨請與該廠訂明包送旋於十月來電改派琅威理爲統帶選管帶官分帶四船另雇洋幫駕管輪數人弟電陳華員分帶洋面各駛統帶不及照應請用前公函中專雇船主照管行駛之說李相電覆不有船主名以一事權又劉芝翁知照亦電請添雇船主李相電覆琅謂華管駕可靠等因聞琅亦久於水師之員耕當問奴織當問婢想必自有把握也奥廷以去臘二十七日訂請歲會弟因率員一赴以敦交際小留三日而返奥爲步羅嘎里事與俄違言未泯兩境各有徵發前在議院請款十五兆沽業經允給現又續請四十五兆沽大有秣厲之意近步國院紳肯遵俄意議舉新王俄奥之釁或可渙解法自布郎熱任兵部後整飭軍制大增東界守兵屢以復仇之說鼓動國衆德亦蓄謀儆備於是新報喧傳謂法德將有戰局其實德之君相頗厭兵事法則創鉅痛深不敢輕於發難特民之訛言迄猶未定耳長崎爭毆一案現已議結否道遠一無確聞希便

示及日本在法國多郎海口訂造一穹甲艦名曰畝傍頗稱新式乃自法駛回過新嘉坡後迄今兩月餘杳無蹤迹想已委諸波臣羽毛不豐固將有所內荏耶

照錄致比外部文稿

查本國總理衙門文開接准貴國駐京公使維大臣照稱現在貴國創設公署刊印各國税則請將中國税則按年咨送兩分一體照辦等因查中國現行税則即各國議訂通行之税則貴國暨各國條約均經載明事同一律此外别無通商税則與西洋諸國各約各訂者情形不同今貴國創議此舉於商務洵爲有益第中國既無各種税則咨送無從人會殊抱歉忱尚希貴大臣見諒爲荷十三年正月十四日

致總理衙門總辦函 光緒十三年二月

逕啓者正月十八日奉布德字三十八號函計已入鑒弟承乏歐洲眴逾兩載愧樗材之無補值瓜代之屆期謹另牘遵章報滿統祈察核惟鄙懷尚有求達者弟自前歲夏間觸發怔忡舊疾去年二月曾經具摺請假調理旋以病軀不任使職特查援成案爲

代籲銷差之請於法字六號函具陳乃延企迄今未蒙堂憲矜許弟亦疑事殊常例不敢再三申瀆計自力疾銷假以來又將一年矣口口之暮齒又增孱疾之侵尋如故譬之駑蹇負重塗路愈遠顛蹶愈速私計焦勞覩疇曩爲更甚茲幸百里之行漸及九十敢緣報政之文再申陳情之說伏冀堂憲俯念抱恙日久實難再支准如呈牘所請即賜施行俾得早日交卸以免貽誤而息病軀不勝感禱查本年爲置閏之歲算至八月上浣已屆三年且新使受　命戒行本非旦夕能辦海程迢遞又需數旬迨其到洋涖任必在弟扣滿以後揆諸成軌罔有不符在弟得邀曲全之仁在堂憲祗爲循例之舉是又輾轉計籌而願執事之從容推挽者也

致總理衙門總辦函 光緒十三年二月

逕啓者二月二日奉布德字三十九號函計早入察十九日奉衙門巧電敬悉弟即先赴外部陳述情由二十七日德主延見同謁者有土日葡等國專遣之使數員弟率繙譯官傳宣　詔旨問好稱慶並陳尚有　國書禮物隨後賫送德主殷勤答謝旋人

謁國妃禮畢而出並晤外部畢司馬克（即畢相長子洋人但以姓稱故父子同稱）述及巴使亦有電陳報甚感　中朝優待美意計各邦祝釐之舉奧英皆遣太子俄主新懲博浪之擊改遣王叔義遣王兄德之列邦王侯親至者多餘國皆有專使緒轂四集頗爲外洋盛事去年臘月以前因未審知各國加禮之信故未敢遽以爲請耳除二十八日電覆外謹再布陳德議員續經選定於二十九日開院聞此次畢相請於教主轉勸教中黨衆又令各有司勸諭民間弗舉異議之員故七年增兵之限目前可以定議新報稱近時所謠法德搆釁亦係畢陰播其說以聳動衆聽牢籠束縛亦大費心智矣本月二十七日奉誦堂憲佛字三十六號示函始知恭使所商於食鹽土藥外又欲删除第二條冀翻設立領事之案殊太不情現在一律峻拒自爲正辦未審佛來前述肯裁身稅一說恭使曾論過否自福魯昂任外部後弟與晤兩次均未提及又不審近來論辨若何前月得法外部來函以華文學堂缺員教習擬商借使館人員暫赴相助弟以船政學生歷屆在彼官學肄習禮尙往來乃覆以僅可暫借數月該外部旋即具函致謝現令供事岳廷

彬於每旬酌赴數次略盡酬應之誼並以附陳又奉衙門咨行詢訪來因河疏濬事宜查來因河發源瑞士國流經德境至和蘭入海事關河工利病容即詳細訪明再行呈覆再使館需用紙張現託科房徐先生轉購裝配寄洋尚希照公件代交稅務司遞發是感

再私啓者月初咨發報滿呈牘並附專函瀝布下情計邀鑒察自維備員京塵貪望淺薄使東未行譏彈方集復蒙　聖恩錄用假以大國在臣子感激之私極思寛以歲時留圖報効無如家事牽迫痼疾日侵戀棧之情不敵其曠官之懼知難求息實無纖毫飾詞是用再申前請懇代吹噓並希俟新任放後請堂憲先賜電音是幸又法館未屆期滿之員業將因公緩調緣由備牘敘實因新使受擢即須遴選從僚海外迢隔郵遞淹遲迨達縶維之請易致席滿之嫌故特擬請衙門據牘轉咨冀可從容位置弟所仰望於新使者但令諸員幸屆三年博一奬案使舊尹既免歉懷事體亦昭平允過此以往即不敢奢情相乞耳並求執事屆時代達

致總理衙門總辦函　光緒十三年三月

逕啓者二月二十日奉德字四十號函計已入察德國濬治來因河一事現已具牘聲覆惟弟於河防素無講求周諏所得深　缺略不審足備堂憲采用否抑弟更有陳者挖河船所配汽機專重運動機架不以速駛爲能故德國各河之船在海口者馬力多不過四五十匹中國在洋購船航海內渡須增配數百匹方敷駕駛之用汽機增大則工値較昂及到河壖又復多費煤火於挖工並無加益竊以爲東省若定議造船或可飭承辦洋商但將機器船料一一訂造運至該處海口再行合攏約計費用當比駛送爲省挖河工程艱重各項機料時煩修整勢須就地設立小廠以備尋常工作正可以合攏之役啓其初基也又據布國工部司員特來舍耳論及外國治河專主束水攻沙之說凡德境內通海大河其口門淤積專賴兩岸築塘束聚河溜用其迅行之力以資刷驅歷經治有明效其有歲久淤沙堅凝如石水力不能刷動者乃以機器助之然必與束水之法交濟爲功否則今日所濬明日卽淤機力雖利終歸無補弟因以利津淤

灘情形告之渠云外國有用輪船尾拖鐵爪等器但將口門淤沙抓使鬆動即憑水力刷而去之今遙揣黃河情形蓋仿此試行度能得益似與原奏小輪船拖帶混江龍鐵掃帚之議不謀而合聊附陳達藉獻壤流比國外部於正月來函以現邀各國公議商船行駛章程請中國派員入會弟覆以請示辦理近又送到各會員預擬章程數册事涉繁瑣擬俟四月間告以中國因在洋商業未盛謝不入會覆之並希察照

致總理衙門總辦函 光緒十三年閏四月

逕啓者四月二十七日奉布德字四十二號函計已入察法國政府又因議院駁減經費相率退位前相佛來西訥不肯再出現接居相位者曰魯維業係茹斐禮之同黨各部惟外部福魯昂仍舊餘均易置一歲而三易秉鈞舉棋不定其國事可知矣法德爲邊界巡捕案幾成兵釁初德界巡捕頭目函約法巡捕赴議界事法捕如約往德捕目匿不見中路伏人遽執之新報則謂法捕已遁回界內爲德人追入被獲法外部令駐德使詰問畢相覆言係德刑司指名應緝之人且執於德界內並非越界法外部旋查

取德捕目原函照印送觀畢無可辨乃飭釋回其咨覆大意査公法兩國人員凡有因公訂赴之事應互相保護令査明法捕入界被執係派緝之人未知爲德捕目所訂以致誤緝應照公法立卽釋放但刑司之案未結德國後來仍可指緝云云蓋兩國本志皆不欲決裂法不以越界峻爭德諱誘執爲過誤使彼此皆有可受之地得以藉機轉圜法人以福魯昂辦理得宜故物望稍附爲法廷所訂博物會現悉英義均不赴日本亦復辭謝言不順則事不成是役殆有維谷之勢矣經遠船工業已告成因北洋所派統帶洋員琅威里方在英廠驗收新艦俟其畢事來德再爲試驗速率近接北洋來文議向德廠商購栗色新式火藥製造秘法因於月杪月初歷游德諸藥廠略究造栗色藥情形其碾壓諸事一與造黑藥同惟燒炭之法不肯明言並云其秘全在此中現據杜屯好甫廠擬請中國購藥價德銀二百二十五萬馬卽肯指授秘製已咨請李相核奪另有說帖一件鈔奉尊覽宋人不龜手藥頗爲居奇耳月朔奉衙門董電經費已撥四萬兩謹悉惟査第二月杪呈牘法德兩館共請八萬兩本爲歲費必不可少之數且

交卸伊邇歸裝路費需用尤繁尚希代啓堂憲准照原請銀兩續撥四萬兩以備接濟是幸

附錄上李中堂說帖稿

謹查栗色餅藥一項係本慢燒黑藥究得新理爲德國杜屯好甫廠所創因其炭不全枯其色淡於常藥故以栗色譯稱之據德海部及克虜伯砲廠歷年試驗與黑藥比較其益有數端

一新式砲膛加長配藥增重若仍用黑藥必逾砲質所受漲力之量恐致危事栗藥漲力較小可以保砲

一栗藥每一天氣漲力所生重積力較黑藥稍多故速率亦較大長砲藥重則速率尤佳

一栗藥燒勢和緩彈出較穩取准獨密

一栗藥出煙輕淡易散有利測望

一栗藥受燃徐徐焚盡無黑藥轟裂之禍儲庫亦較安穩西國蒐討軍實日益求精故德國於新製長砲及舊式二十二倍徑以上之砲悉已改用栗藥與和等國於所購克虜伯新砲亦均用之英國已與杜屯好甫立藥定購得其秘法設廠仿製今春日本又與定約仿英之例義大利國於克虜伯阿模士莊大砲均已改用法國官廠自造栗藥現經海部定用其視德製優絀尚未能知而亦爲舍舊就新之證聞俄國亦在官廠試製尚未有成由此觀之大砲之用栗藥風氣所趨將爲各國通行之具非獨克虜伯砲與之相需也中國整治海軍本爲捍禦外患之備海戰壘勝專恃砲法砲之得力配藥爲先今歐洲强大之邦東瀛密邇之族經營新製惟恐不及而我猶狃於故轍忽彼長技輸攻墨守便形不敵且各海疆所置大砲不出克虜伯阿模士莊兩種北洋水陸大砲查係克虜伯西歷八十年造法者居多所定漲力速率各數既非栗藥不能適用即阿模士莊新砲彼廠自演亦已改配栗藥此在中國揆時度勢亦宜亟究新法以資利器者也惟歲購既非長計

秘製又難懸知則舍購取其法更無他策現查杜屯好甫而外有德國來因河之海岱邁廠亦嫻此製業與杜屯好甫廠聯訂為一近又有閭勃來脫廠造成栗藥呈驗於德之兵部至第三次而漲速諸數與杜屯好甫相亞惟杜屯好甫得克虜伯廠通力相助以各種砲式隨時試驗推攷利病以得進益如良醫既得禁方又多臨證其配製之精尚非他廠所逮竊計中國若就杜屯好甫所議定計擬請由鈞處轉商海軍衙門通行江浙閩台粵東等省於操演新式大砲酌量改配栗藥由北洋總購轉撥（德館近為廣東船政代購克虜伯大砲均未購藥）則分年之購款易集而各省之砲位亦得致其鄭重似尚為兩利之道若以彼廠意存居奇暫作罷論則閭勃來脫之藥雖未臻完密或不必遽購其法然用之操演其利已多擬請就應配栗藥諸砲在杜屯好甫每砲酌購若干出專庫儲藏以備緩急其餘歲操所用購於閭勃來脫查杜屯好甫栗色餅藥每百啓羅連過海裝費三百三十九馬閭勃來脫現價二百六十馬冀於歲購之中稍得節省至天津軍械所稱藥之性力久則減變之

說據杜屯好甫自言凡原筒原箱之藥能保收存歷久速率不變德海部經驗而信可弗爲慮此又分別議購栗藥之權策也

致總理衙門總辦函 光緒十三年五月

逕啓者德議院謀立開赴中國公司輪船本年始得定辦係官頒章程歲給津貼其承辦之行曰來脫公司設於勃雷門海口（即伯磊門）五月二十九日爲該公司輪船第一期赴滬其國官紳盛集並邀弟往觀查德本有金星公司開設漢布克海口（即昂布爾）有船往來海口日本但開期難準行率甚慢畢司馬方拓廣商利特增是舉與英法公司船爭勝頗爲鄭重其事該公司總紳面請弟馳電知照 國家因允爲函報特以奉聞

致總理衙門總辦函 光緒十三年六月

逕啓者閏四月二十五日奉布德字四十三號函計已入察五月四日奉衙門來電敬悉洪文卿閣學拜出使俄德奧和之 命此實仰蒙憲台矜全俾區區將母之忱稍得早遂感激無既俄法互易壤地密邇便於兼轄一轉移間裨益實多矣二十四日接

誦堂憲德字九十九號賜書謹聆一切送德國禮物其提單業由文報處送到俟物件運到謹當遵爲安置再行齎送先以布開經遠艦以二十六日在愛根弗爾特海口試驗爲德海部測定海里之地適以陰雨中止二十八日覆試計驗得速率十五海里又十之四驗放大小砲位每演八出各用平度直線演放一次查察船面悉無損壞是日有海部總辦的脫里西司汽機官格力士司炮官蓋式爾三員在船並借用砲手八名一切辦法均由洋員琅威理商定始終監視琅尤以耳臺砲能直放爲佳來遠於月初十日試驗琅因在英有事轉委林永升邱寶仁兩管駕官辦理計速率十五海里半演砲亦均合法其試速率之法先在海面以汽機全力行三點鐘畢內就一小時算明暗輪每秒最速轉數至測定海里處照所算輪機轉數往復行四海里扯算得之現琅威理尚議於船上裝配就已意添改若干事俟繕治完畢卽行開駛計月內總可鼓輪東下矣再文繙譯官自去夏銷假因巴黎天氣和善卽准其留住法館以資攝養茲奉堂憲飭令回館供差當卽專函通知現接其稟函擬俟冬間隨弟內渡似較從前堅稱病

不能歸之情稍有轉機屆時弟再當竭誠勸導盡其力所能爲耳

致總理衙門總辦函 光緒十三年六月

逕啓者六月二十三日奉布德字四十四號函計已入察本月十六日曾奉衙門咸電教習桂林事已由本處奏准前往德國專函囑貴處咨調可毋庸議等因查同文館學生但有桂榮或係林碼之誤至函囑一節尚未奉到函件俟後當爲遵照前奉衙門電撥經費四萬兩業於閏四月下旬由滬電匯到洋惟德館與滬關尚有扣算之款今因受代漸邇須俟結清款目再行牘報先以附陳又二十四日奉敬電續撥經費四萬兩已謹悉矣

致總理衙門總辦函 光緒十三年七月

逕啓者六月二十九日奉布德字四十五號函計已入察經來兩艦諏吉六月二十二日收管換旗是日伏廠會首斯魯安製送來遠艦龍旗一面士旦丁地方守吏咸集弟率同諸員祭 天后如禮事畢延德國官紳及該廠總辦諸人在船設宴以盡主誼

茲兩艦於二十六日開至瑞納門海口已由英員琅維理飭知林邱兩管駕定於月之初二晚駛行至英之南海口與致遠靖遠二艦會齊弟以收船之時琅維理在英辦公不及來德而經來續議製備各件緒繁時促有須在英就購交楚者尙擬赴英一行與琅面晤接洽一切俾免後來轇轕已與芝田廷尉訂期初七日同赴樸次木特海口俟料理事畢即便觀彼埠兵艦砲壘以擴覩聞也至合同所載保固工料一節經與該廠總辦迭次勸商始允照原約承認惟中國派員接帶辦法與前不同特另函聲明沿途行駛應與同類德船彼此比照已另牘呈布矣送德國禮物現已運到所有紅木底座及玻璃匣多有損壞尙須照式修整再行齎送先以布聞

致總理衙門總辦函 光緒十三年七月

逕啓者七月初七日奉德字四十六號函計已入察弟以初五日啓行赴英初六午後行抵倫敦是日經來二艦以傍晚駛達樸次木特海口初八日偕芝田廷尉馳抵海壖與琅維理晤論一切其爲經來在英購置圖書等物均爲核價算楚伏廠另允換購新

式備錨到英運交亦據該管駕報明查收其餘添改各事凡緊要應辦者皆査與原議符合琅意初欲自亞丁逕赴新加坡經弟以行海至旬外之久人力機力皆苦太勞宜繞錫蘭爲便琅已允從其駛行部勒各船每點鐘約行十或十一海里四艦分爲兩行每船相距四百邁當有風浪時距八百邁當其大雷艇歸來遠拖帶相距約二百八十邁當布置均爲妥洽樸次木特爲英南境水師重鎭前有小島環蔽自成口澳有大礮台四築以鐵石屹植水中望如砥柱足占物力之厚濱岸爲船廠英佛勒息白廓林烏特等大甲艦皆在焉又有大甲艦曰維克託力亞在廠配造出月卽可下水弟擇登數船頗得與西書所載證其異同惟炮台則英例近亦禁觀尙以不得問津爲憾返倫敦後又由芝使商於外部偕游烏里志官礮廠其廠臨泰姆士江故轉運甚便英官砲向用鋼管熟鐵箍詢其近製亦皆改用全鋼其一百十噸口徑十六寸餘者已造成數尊徧數各國之礮實莫巨於此又與芝使商及交代芝使謂須先卸俄篆乃涖法任並以新使行程先抵德都則文卿閣學以先接德篆爲宜弟亦先持此論彼此意見略同俟

新使到時再爲酌定耳弟在英感冒二日海口守一風日至十七日返德本日接衙門有電謹悉

再繙譯官賡音泰於月之二十四晚上街行走將附搭公車爲馬車撞跌竟被公車輪軋斷右骸即時途中洋人抬往病院迨病院遣人通知在館同人立即往視據該院傷科官醫驗得骸骨全碎血瀉太多情形危急當將傷骸截去留院醫療並另延第一手官醫會同診治咸謂傷雖甚重可無性命之虞其如何撞跌情形因詔甫亟須養息尚未叩詢詳細現已函告外部請其查明車役不愼之由從嚴懲辦矣

致總理衙門總辦函 光緒十三年八月

逕啓者七月二十六日奉布德字四十七號函計已入察俸薪減成開辦一節業已改擬辦法另牘呈請惟弟處辦理情形尚有求達於左右者自遵衙門前電酌量減不減辦法其不減各員四月以前俸薪皆經照章發給其內有銷差回華之人至在館各員多因新舊受代伊邇差滿將歸月得廩給已無幾時若飭將已領之數全行繳回諸員

苦之餘資恐已去者追繳稽時將行者坐扣不足料理頗形周折而循繹前後事件似尙有說則可冀獲寬假於萬一者不得不援因公之義以企堂憲後命至以法德比較各館則員數多寡公用繁簡一切本有不同想在堂憲洞鑒之中去臘初定限費芝使樵使均發電請益弟則以用度勉敷絕未陳敘苟非事有爲難亦何敢於將去之時多言干瀆尤望執事鑒其愚拙而代布區區爲惟弟交卸在卽如蒙衙門核定尙乞賜以電音俾速遵照並以附請再堂憲德字百號函於七月八日奉到咨調桂林事卽查遵六月咸電作罷矣

致總理衙門總辦函 光緒十三年八月

逕啓者八月初五日奉布德字四十八號函計已入察致賀德主 國書並禮物已於月之八日齎遞是日派員先將禮物送至王宮逐件陳列其磁瓶座及玉器盒匣均經在途磕損已飭洋匠修製妥整並遵堂憲來諭一一安置如式德主立受 國書後卽詳觀各物於磁器活計尤深嘆美並稱當另繕謝書寄由巴使轉送除另牘呈達外並

以布陳續撥經費已由滬關電匯到英金八千八百磅先以奉布步羅嘎里選舉新王爲撒孫各部而列邦之宗派其王業已就國諸大國皆允認俄主擬專派武員獨理步事而强土耳其告德託畢司馬轉勸各國允辦畢以文内不言俄員如何行事不肯預聞俄亦因此罷論近傳俄土與各派一人赴步亦無定議東方之事至今仍爲宕局耳弟英倫之行現輯成游記一篇附奉二本統希賜察爲幸

附錄游英國樸次木特海口及烏里志礮廠記

樸次木特海口（或譯寫作抱士穆德）當英倫正南爲英水師屯埠之一距倫敦輪路七十四英里（每一英里爲中國二里又三百二十步）海岸對峙有島隔蔽外海扼成口隘海面闊六海里其西有内河河之濱則船廠在焉光緒丁亥七月六日余自德意志至倫敦初八日芝田廷尉訂赴其地是日午後登靖遠經遠二艦與統領琅威禮經遠來遠管駕論敘公事既畢初九日已刻赴游船廠偕行者芝使與余及監督周子玉懋琦參贊李伯行經方慶霱堂常馬格里隨員余翼齋思詒洋監督斯恭薩克統領琅威禮管駕鄧世昌

葉祖珪林穎升邱寶臣凡十三人廠地袤廣依西法計面積爲一百十五歐克耳（歐克耳爲英專計地畝面積名色每一歐克耳長二百零一邁當）約合中國方十二里內爲船台五船隝十五船池深廣（廠內泊船處譯稱船池）大甲艦可連檣銜泊池與外河立閘處中爲四槽亦備隝用池濱設起重架能起八十噸重者管廠提督派員導觀造船處有甲艦曰塔賴發耳噸船身及艙面已成尚未下水船台左側懸榜載列船身尺寸及馬力噸力諸數右側懸船圖凡平視直剖橫剖諸形皆具其船壓水力重萬一千餘噸水線甲厚二十英寸台甲十八寸前後礮台二各設十三寸半徑礮二尊尚未安配其礮重六十七噸長三十六英尺半配彈重千二百五十磅藥五百二十磅爲英官廠新式次巨之礮其台與礮同轉是爲船台式英自英佛勒息白船攻埃及山上礮壘因台門所限昂度不足乃改效法船露台之製今已成各國通式是艦復用舊法叩之琅威禮亦不能言其所以然余謂旋台兼獲礮位乃其一善特配甲過費機器占重太多故船學家以爲不便或其船制寬博遂無所計較歟次登安定薄耳船爲旋台甲堡式壓水力九

千一百餘噸前後兩台爲犄角形每台二礮可前後齊放上艙諸房但在船面中際以容左右旁出彈之路礮口徑十二寸重四十三噸查英礮十二寸徑前門者重三十五噸礮管連膛長百六十二寸半此爲後門新式長三百有三寸故噸重比舊有加所配彈藥亦得加重以收猛擊之功近年礮學精進之故卽在於此又登因關里幽司船是爲快船而傅甲者前後及船腰左右爲露台四以甲八寸爲護各置九寸徑礮一尊甲堡水厚十寸船前後穹甲二寸半令台亦護以甲左右耳台其半凸出舷外船闌眾歛向內故耳台之礮皆可直放四台皆有礮罩爲三面匡郭向上斜倚速率十七海里又二鍋鑪天氣每方寸受九十磅（即六倍天氣）管駕鄧君疑其太少余曰新造汽機天氣用八倍至十倍者鍋鑪不過四座或六座其上在物料減輕又能省煤是船有鍋鑪十二座天氣合算則多但就漲力大小以測速率尙非定論耳又至廓林烏特船英造露台自是船始壓水力九千一百五十噸速率十六海里又四甲堡水線十八寸橫壁十六寸前後穹甲三寸礮台前後各一台形前半正圓甲厚十

四寸後半欿爲長圓厚十二寸各置十二寸徑後門礮罩如台平復四周切合惟礮身聳露於上後啓一孔便人測瞭仍護其外鄧葉兩管駕謂此式嚴密可取余曰此即與旋台上復平甲者同但須台製高廣弁役在內能容全身方爲適宜若因闢里幽司礮台限於高數即不能辦矣查是船造式有與向製斟酌不同者從前旋台之船堡甲皆護至台底爲止此則水線甲僅出線上二尺六寸其橫壁則於堡甲以上添接六寸薄甲至上艙面止煙筒艙口亦護以甲兩台底以甲板圍作井甃形貫達堡面凡此皆因堡甲減短用以濟其不足惟堡之長數前造英佛勒息白船長一百十尺此長百五十尺若前後艙被擊漏水浮力更裕蓋其損益變通備經攷驗而出誠英製之新且精者也又循岸行導員指狄威士狄順及英佛勒息白二船相告悉皆旋台巨製英佛勒息白甲厚至二十四寸冠絕諸國以未遑徧登爲憾其守口礮台則英近有禁例不允外人游觀然覽眺所及佐以蒐訪亦略得其大槪其最稱險要者爲海中礮台四座西國沿海城邑凡口門寬廣散漫者必加築塘壩以限之使

船路所經皆爲兩岸壘礮必及之地英於是埠特在海中建台扼制外戶尤稱鉅觀其內全用熟鐵甲者有二屹峙中流而最前者曰霍爾斯福而脫（英語稱礮台曰福爾脫）稍後而偏南者曰奴曼斯來脫福而脫二台均爲圓式台徑六十邁當台基出水五邁當以堅石爲之其上爲兩層高八邁當上層設十寸徑礮二十五尊下層十二寸徑二十四尊甲壁以三層合成內中外各厚五寸兩壁相距處塡以碎石與色門德土惟在礮門處中層甲壁厚七寸兩壁間以木爲墊台頂覆以鉄板上塡土石礮門闊三十二寸高四尺二寸餘建台工費各四十五萬磅又近北岸一台曰斯必脫福而脫亦爲圓式台徑四十邁當南向半周護以鉄甲厚十五寸設十二寸徑礮九尊北向半周則用石壁厚五尺設九寸徑六尊又近南岸者曰生脫赫倫斯福而脫台基以上爲鉄甲圓台直台各一中有石壁隔之直者甲厚二十四寸圓者與斯必脫同共設十寸徑礮二尊十二寸徑礮一尊建台工費各十五萬磅傳聞諸台設額兵五百人儲藏糧食能共八百人一歲之用子彈火藥稱是台內有井從海底開鑿旁通岸

上水泉每日能供千人之飲外池引水灌入人皆就池取汲設井之處局鑰嚴祕其鑰則管台提督親佩之蓋恐外人詗知用兵時可斷井脈也其海岸礮台自東迤西循岸棋布凡八座最西一台曰吉耳企克耳台爲半月形上下設礮兩層計十一寸徑五噚十寸徑十四噚九寸徑三噚台墻護鐵甲三層共厚十五寸在東一台曰燒富西開斯爾台爲不等角形左右接連二台線以圍墻厚七邁當設十二寸徑礮一噚九寸徑礮二十三噚七寸徑礮七噚餘六台則規制稍亞爲八角或不等角形設七寸徑與六十四磅彈礮不等各就地勢散要以爲布置又有陸路礮台在北路者五座築於岡上西路五座皆在平原所以屏蔽城廠爲敵軍繞攻之備現英海部擬將水陸各台用新法修改設海底電線達於陸路使各台聲息相通誠扞禦之長策也是晚返倫敦十一日芝使訂游烏里志礮廠偕行者子玉伯行靄堂及潘子靜參贊志駿并馬斯兩君凡八人廠在倫敦東郊馬車半時許而至管廠總辦邀登小輪車先至陳列礮式處新舊諸式畢具有直剖木模詳畫外線鉤束各綫其後門礮塞

有自上轉入及從旁推入者最後乃定礮底圓塞之法英總辦導示發機新法蓋圓塞推閉專藉三面螺線轉合往往因轉度未足誤致火藥退轟新法增引火平安機一件發礮時於安引火管後但以繩拽機藉機觸管若圓塞偶未轉足則機與管不能相抵雖拽不發其用電線發礮者另有一機能使線之兩端視圓塞轉度為通隔用意至為巧密又歷工作各廠有鑽礮管者有輈來復線者有鑢刨礮身者有氣鎚壓鋼者（鎚力最重者八十噸）一切機件均為常式余以克虜伯廠配接礮箍秘不示人因向英總辦請觀之則是日適無此工詢其配法係用熱漲力擠合查礮身外箍皆用整圈圜束必以套合切密為善初英廠有回德活特者善製鋼礮（但造七寸徑以下礮）專用壓水力法推箍傳於管口嗣有勃雷克里廠（其廠後并於瓦瓦司廠今瓦瓦司又并於阿模士莊廠）先取礮箍燒熱使箍漲寬即為套入迨冷後收縮復其原徑鈐束尤能嚴固英官廠即仿其術克虜伯曾以其法告余頗與相合精思所造亦正不謀而同為其礮工已竣者有十六寸又二五口徑二一尊計重一百十一噸全礮長四十三尺八寸配彈重千八百磅藥九百

磅於礮位中可稱巨擘又有八寸徑礮全長十八尺六寸半於礮膛處不作長箍但以鋼絲條盤束意在與箍等堅而減其重力英總辦言係初創新法尙須試用憶去春游法國克磊蘇廠新鑄大礮皆無礮耳而於礮身作凹線三道另有鉄帶束於架上法兵艦業已行用蓋亦爲減重而西人製造初則力務堅實繼必進求輕簡凡造船治械近來宗旨大率如此又至鍊鋼廠設西門士鑪數座凡鑄礮胚先以礮模置於地坎候鋼汁鎔成置鉄缸於鑪口將鎔汁注入缸底有活塞注滿後以滑軌移動其缸懸對模上拔其塞而注之若鑄大礮則數鑪並鎔以長槽通受總注於缸而入於模使之一氣凝合西法鍊鋼約爲二類一爲別色麻法取生鐵汁入鑪以風力扇去炭氣再調入化學炭質約二刻許而成火車輪軌及船板等材用之一爲西門士法用煤氣火燒鍊須八九時乃成其質最爲精純造礮及鍋鑪等材用之英法官商礮廠通用是法若克虜伯之用罐鋼鑄礮（以土及筆鉛和成小罐置鋼條熟鉄條於內炙以枯煤候鋼鐵融化傾合於礮模內鑄大礮則聚數百十罐爲之）其配料與火候別有祕訣所謂專門名家非可以常例論矣又至造

彈廠彈模以沙土和成外包鉄片立植於地上端啓孔以受鎔汁下爲活底以備出彈另作小模懸置於中以作彈心其上有柄使彈尖留隙爲引火管插孔英總辦指一直剖彈式謂此爲硬鉄彈其堅亞於鋼而價值甚省諦觀其式彈身質料與常鉄等獨彈尖一節質最細淨詢其造法其模係上下鉄彈尖在下遇鉄則退冷較速性即較堅查是法爲德國葛魯雙廠所創且製爲鉄甲以造礮台但近來船甲皆用康邦硬鐵終不能穿鋼克虜伯廠現製鋼彈其長有視礮口徑三倍半者迥非鐵質可比風氣所趨殆不可以膠柱耳彈式計有六類一爲硬鐵彈英語曰拍烈瑟首實而壳厚不配引火管專藉彈力擊物爲摧堅之用一爲開花彈其長兩倍半徑者英語曰廓門瑟耳長四倍者曰得劾爾瑟耳彈壳減薄中心多容炸藥遇觸則裂利於轟焚一爲羣子彈亦稱子母彈英語曰索阿潑內耳內實鉛丸多顆善能傷人開花彈之小者曰瑟格門以小鐵塊作扇面形上下層疊成包以外壳羣子彈之小者曰寇司薩特以薄鐵片包鉛丸放出即裂利於擊一爲火彈英語曰來脫博內藏藥裹或五或

七能施放生光約照十八秒許以便昏夜窺瞭（近來電燈盛行此彈不甚切用）以上三種皆爲小礮配用彈之配於前門礮者按其來復線槽之廣狹於彈身中段嵌銅螺絲釘凸起如乳每彈三道或二道使彈行礮中與線槽相銜藉轉旋而得礮準至八寸徑以下之礮於彈底作銅托形如覆盤藥氣推壓則銅托平滿亦能循線旋行自增造後門始有彈周銅箍之製與克虜伯同式矣又至試鋼處中設拉鋼機其旁立水銀表尺司事者取一鋼條試拉其斷時而畫記於簿查英廠於西歷八十二年定拉鋼各數分鋼爲八類凡鋼料每方寸初拉長時最少受力二十一噸最多五十噸拉斷時三十九噸至七十一噸斷時拉長自百分之二十八至百之十皆準受力輕重爲鋼質之剛柔視造礮所需區而用之詢之英總辦今猶循其章也又至造引火管廠儲存子彈所馬運鞍件所略一涉覽廠濱泰姆士江材物皆由水運頗饒利便廠內匠役約萬二千人凡願游廠者必向兵部領給票據票例素寬故游者頗衆且廠內諸工悉聽人觀覽較德廠之多所靳匿者頗覺坦率查英國官礮自咸豐四年與俄戰於黑

海始用來復線八年阿模士莊爲造礮總辦始改後門其時塞法未密藥氣噴洩人每病之同治二年福里色耳繼爲總辦仍製前門畧變阿模士莊之法均以鋼爲內管熟鉄爲外箍英佛勒息白船之八十噸礮卽其所製時法德諸廠已盛行後門而克虜伯以全鋼造礮其名已高英猶因循如故迨光緒四年吞特羅耳甲船演放大礮以誤裝兩彈遽致轟裂議院咸咎其事乃造六寸至十二寸徑後門新礮然外箍猶用熟鐵今詢之英總辦又知近數年中已改用全鋼現又增造十三寸半及十六寸二五徑兩類十六寸二五徑之礮係爲啇拍愛耳句彭伯句維克託力亞三甲艦配用去年廓林烏特船初演十二寸徑二號礮忽將前段裂去有疑首節所配外箍稍薄者議院譁爭迄未查有確狀論英廠礮法在今日未爲上乘然物力博厚規模閎整歐洲各大國官廠固無其倫比者也游畢是日仍返倫敦

致總理衙門總辦函 光緒十三年十一月

逕啓者八月二十日奉布寸函想蒙入覽景澄以九月十二日移駐法館初八日接含

閒來電駭悉家慈訃音當即電陳衙門懇請代　奏洪文卿星使以十五日抵義國海口景澄復以十四日馳赴柏林十九日文使到德二十一日接篆視事德館事務並經理未辦未了諸件鈞已交代清楚卽以二十二日折回巴黎劉芝使以二十九日到法隨將法館事件交代清楚至義和奧比四國現以憂服不能前赴辭行均經將新使到任函報各外部查照景澄以十一月朔自法啓行附法公司船內渡回籍守制星奔惶遽不克詳布統希鑒察不盡

再使臣交卸內渡向須挈帶繙譯官一員以資途次照料此次法德兩館繙譯人員均經後任留用商之芝田廷尉因俄館未交殊苦無人可派乃在英國訪得江蘇童生李如瀛係出洋學習英律兼諳法語因與訂定照學生例派令隨同照料合並附聞

致總理衙門總辦函　光緒十四年二月

逕啓者去冬十一月在巴黎使館泐布寸函計邀鑒察弟卽於是月四日附法公司船奔喪內渡臘月十三日行抵上海十六日返里藉紓注念月之廿七日接奉堂憲賜函

幷德主致送寶星一分謹即遵　旨收受其押單一紙業即畫押遵爲封呈統希察奪是幸

許竹篔先生出使函稿卷四目錄

許竹篔先生出使函稿卷四

致總理衙門總辦函 光緒十六年八月

逕啓者月之二十三日巴使來署答拜談次稱有公事數端欲爲說明德國教士須歸本國管轄早經知照總署現山東地方有德人在彼傳教宜請地方官照約保護弟云從教之民往往恃符不肯安分致起口舌總要教民安靜守法地方官遇事照約辦理兩面公平纔好巴以爲然又云法國在保勝諒山通商雲南廣西貨物出入皆走此兩路於在廣東德商貿易頗爲吃虧曾經商請總署或在梧州開口岸或西江准行輪船以爲補償弟云開口岸是重大事未可輕議至行船一節去年我在廣東總督衙門作客聽見總署曾據尊意向張制台詢查實以西江渡船往來甚多一行輪船則渡船失業駕船人夫無處安插廣東民風强悍必致窮而爲盜於地方大有妨礙巴云總須令德商稍得便宜如條約准行三聯單彼處地方官有意阻難以致不能領行弟云我在廣東又記得一事德商販買桂皮甚多張制台將桂皮釐金減輕使華商完釐與洋商

領單所輸相等洋商因此不大領單此事領事曾告知否巴云領事亦說過弟云可見德商自家不領單並非地方官阻難巴云照此辦法我誠願意但汕頭地方德商領單買糖華官便不肯辦弟云我但聽見桂皮一事餘却不知巴云我又欲廣東制台將應完幾處釐金開示總數使洋商可以計算成本又不肯聽弟云亦曾聽見張制台以釐金章程隨時更改難於開明以上等事不過我作客時所聞知今日作爲閑談而已巴出示時報云中國參贊陳季同不該做此事弟云總署已令薛大臣查覆現據陳季同稟明渠在德館當差係光緒十年次年卽調往法館又隔一年布郎熱方做法國兵部大臣馬地雍原供是在布朗熱任內探聽德國密事其時陳季同已離德多年迥不相干其言頗覺明確巴云姑且不論德館所用金楷理我外部頗不謂然弟云從李大臣起至我任內到外部談論公事都是金楷理傳話直至那年曾侯到德貴國外部告知不願洋員傳話因此有事到外部卽不帶金楷理去但使館用此人皆因頻年買礮造船機器事理深奧他却熟於繙譯且各大廠管事人等亦都與他相好我所親知巴色

不悅云如此仍要用他恐於兩國交涉有礙弟云我到貴國亦要將話講明現在不令傳話不辦公事但令繙譯采辦事件無甚妨礙巴云但恐不分清弟云我自有道理我在貴國三年國家及外部都極相信又與巴大臣相好多年今日所說將來當爲留意斟酌巴云廣東商務我尚當另備照會與總署商量不過告知許大臣而已弟云我亦當在王大臣前轉陳是日絮聒至一時許特陳問答大略乞代啓堂憲是荷

再廣東桂皮一項專出一處張香帥先在所出之處抽捐將沿路釐則減輕故能敵洋單而釐入亦不甚絀他項貨物若不能扼總坐收地捐則過路釐金卽難從減其辦法如此幷以奉聞

致總理衙門總辦函 光緒十年九月

逕啓者弟自月之十九日出都二十一日由通解維廿四日早到津謁晤李相後無甚他事現擬廿七日附商局海定船南發惟北風潮淺輪船進口迂滯果否準期尚未能定兹有咨件陳達係續請撥款之事如蒙衙門准撥所行江海關道札牘似可交升吉

甫兄帶出不必發遞夾板以取簡便又衙門現用電碼印本乞檢賜三四册並交吉甫帶出爲荷續崇兩星使廿二日自津啓行北洋派經遠來遠兵船送往計可抵高矣

致總理衙門總辦函 光緒十六年十二月

逕啓者九月二十六日在津奉布一函諒早入察弟因沽口潮淺至十月初三日始啓輪南發初七日到滬旋即回籍省視松楸假滿起程以前月初七來滬隨帶各員亦絡續會集茲定於月之初五日乘坐德公司普魯士船出洋德船直抵彼國勃雷門海口中道先至義國屬境折奴阿口岸暫泊即從此埠登岸約三十一日可到文使上次西渡即由此路計開正初十日前當可抵柏林矣恭報出洋日期摺一件敬乞衙門飭遞應否代備 安摺印花一紙在夾板內緣此間申報雖有電信尚未奉有明文敬祈裁酌是感電信新法四本業已收到將來到洋後如有密電擬仍用上次寫本碼簿統希酌照閒俄國太子現抵印度約明春二月西歷四月可達上海以俄商歲在漢口販茶欲往一游次至日本游後即赴東海濱省由陸還國此據俄領事所言也弟前次奉使旣輯師船圖

說畢復以德國陸兵號稱最精攷其軍制大畧輯成一書今夏在都始得寫定名曰德國陸軍紀畧爲書四卷茲特繕送清本希代轉呈堂憲鑒正爲幸

致總理衙門總辦函 光緒十七年正月

逕啓者客臘初間自滬奉布一緘計邀垂察弟於十二月初五日附輪西駛歷新嘉坡錫蘭亞丁波賽等處舊轍所經一再登覽差同疇昔元旦令節就番波餐廳恭設香案望

闕叩賀船主亦升旗鳴礮偕致敬禮新正五日安抵意國之折奴阿海口舍舟登陸水程匝月碧海罕波頗爲幸遇德船速率較大於英法各船每小時可行十五海里故海行不足三十日洵爲快捷初九日抵德都柏林與文使晤商先接俄任遂於望日馳抵俄都森比德堡十七日受篆視事二十日與外部大臣嘎爾斯訂晤初次酬接互致文詞而已駐京俄使葛希尼由駐德總領事調補現正返俄已晤過文使據外部言不久卽當啓行矣茲有恭報接任日期一摺請衙門代爲恭進印花另備應否仍備安摺之處尚祈爲裁定一俟恭遞

國書部署粗定卽行回德受任此次奉使自

當多駐俄館愼重鄰交去冬彼中新報卽述中國新使將携眷來俄作久駐之計詞意似頗欣願目下擬俟德館受任以後挈眷駐俄俄館本極湫隘經文使遷居經營規模漸廓惟旣擬久駐則眷屬固須隨行而隨從辦公之員亦必較前此爲夥屋舍尚不敷棲止若另卜巨宅則所費不貲現與屋主商議就毗連之屋酌量添賃俾各人有容榻之地以期撙節俟回俄議定再當詳陳春廣兩章京本爲考訂武備而來而一切製造格致之學均推德國俄廠非所擅長現屬暫留德國俟赴德時酌派前往考驗其餘同人分駐俄德亦俟派定後開單陳報一切敬希代回堂憲是禱再頃據俄外部來函定於明日赴王宮齎遞　國書俟事竣再行陳報

致總理衙門總辦函 光緒十七年正月

逕啓者本月二十一日奉布使字一號函度邀覽察俄外部知照二十二日齎遞　國書曾於函尾附報計距彼部請期僅隔一日可謂甚速是日俄君延見詞意亦尚殷勤當文使謁辭時俄君諄諄告以俄國並無佔據華地及兼幷朝鮮之心係由參贊慶常

所譯（其詳想由文使具報）此次問答則爲擬派參贊之林怡游譯傳前後相證似與使例中修好泛詞較爲不同或者其君若相志意漸涉和平將來修約事宜不至過形棘手固所深企耳所有奏報禮成一摺幷問答等單敬請衙門代遞不勝懇禱俄館人員參贊慶常現爲薛叔使調赴巴黎繙譯官塔克什訥久役思歸業在文使任內稟請回華弟以其熟悉情形現屬暫留一二月稍備周諮此外隨員延年到洋甫屆二年尚未滿差照章應予接留又學生李家鏊攻習俄文聆其譯語尚爲嫻熟因一併留用俾竟其學統俟接德任後彙案奏報俄都此時嚴寒已解然猶積雪盈衢偶一出門冷氣砭膚攝衛殊非易易耳一切祈代回堂憲爲感

致總理衙門總辦函 光緒十七年二月

逕啓者上月二十五日奉呈使字二號函計邀鑒入俄太子游歷一節弟於二十七日晤見外部總辦奇諾野甫言世子因印度時疫繞候日久頃得其新嘉坡來電擬赴福州漢口等處不及再往烟台云云當卽電告北洋並請轉達衙門旋接衙門勘電復向

奇總辦詢及則云此次游程頗有改變如小呂宋島現亦不去並無他故即於二十九日具覆其繞候一層祇外部揣迹非俄儲電中原文故不陳及蓋變更之說俄外部所電本指游事彼館譯者妄加文理致增疑端耳二十八日俄宮茶會其君后延見述伊子將抵華地甚爲惦念並縷詢此時中國天氣好否意甚注重又北洋大臣擬赴烟台文使前已告知彼部似他省督臣亦宜致禮以表邦交電意不盡敢再布之前咨抄呈奏稿問答等件不宜附牘故未并錄兹特另抄頌詞問答以備查核一切希代回堂憲是幸再薛叔使轉到衙門來電內開各使覲見等因已遵向外部告知并以附陳

致總理衙門總辦函 光緒十七年二月

逕啓者月之初六日奉布使字第三號函計早投覽弟部署稍定以十九日自俄啓行二十一日抵德二十五日與外部大臣麻沙爾訂晤德王方赴溪耳海口修謁之禮須稍延俟在俄時循例與彼中各部拜往其戶部大臣日惟且喀拉斯基來館相見問及中俄將議修約中國意指若何答以中國以原約辦理有年均各安順意願仍舊今既

俄國請修亦肯商議惟云我意亦願如此俄國甚重通商須與中國無事各路貿易方可日旺一日現派駐使葛希尼是我好友必能和平商辦等語查俄國不設議院但派大臣數人籌畫大政而惟且喀拉斯基最爲得君其所探詢殆非無意現外部副大臣倭良嘎里出爲義國頭等公使新授者曰基斯敬曾充二等公使總辦奇諾野甫出使瑞典新授者曰格必尼斯向在舊都莫斯科供職辦事如何尚未能悉奇諾躁急選事東方交涉均歸把持似聞與嘎爾斯積有齟齬以致更易在我亦利其去耳俄館房屋本係與人合賃適第三層樓房騰空卽與訂定每年加俄銀三千二百盧布俄都房價太昂此就本宅添賃不煩遷移已卽撙節從前以所租不及全房之半房主不允樓巔植立旗桿歲時升旗僅橫插簷際於體未善茲幷訂備以愜觀瞻德館原租之房去冬售出約明春季遷讓經文使覓定一宅租價與前相等而一經遷徙凡鳩工修葺及暫賃器具不免煩費文使先已飭員料理弟到時卽入新居頗享其逸惟數日前房主來告屋已轉售如明春售主相需又須卜移會逢其適殊受累也俄國悉畢爾鐵路情形

傳述不一惟就東西兩端分段起築則已定議弟去歲　陛辭時曾蒙　垂詢謹於
奏事之便陳報大概奏稿及圖附函備查不另咨送玆有正摺二件敬希代飭呈遞是
幸廿六日接衙門來電廿三日奉　旨許景澄補授太僕寺少卿等因謹悉謹俟文
件到後具摺謝恩一切希代回堂憲爲禱

再弟在俄臨行接誦衙門豔電當於二十一日到德後查明具覆想邀鑒察閩弁槍傷
一案弟於接篆後查閱文卷幷毛殿英來見面詢情形據毛弁稱吳陸於是日六點鐘
持槍向轟九點鐘卽爲德國巡捕拘去又查卷存咨報閩督文稿稱於回德後會晤外
部告以吳某係中國武弁請其知照刑官訊供釋放又德外部照會稱刑官驗明吳陸
係有瘋疾未經定罪卽予釋放各等因卷證互參吳陸事起在光緒十六年九月二十
四日文使方駐俄館當時倉猝被拘雖欲理論勢已不及迨後商晤外部訊明釋放皆
在前任內辦竣與所奏文使不理致被定罪情節似有不符又案查閩省派弁來洋係
由經辦購礮之信義洋行巡行送廠卞帥祗以一牘咨明查照去年十月續接來咨始

有飭令照料就近嚴飭字樣而吳寀已出電意不詳特補陳之吳弁現寄德國病院業已致託管院司事代爲看視以候閩中派人提回日前閩省又派把總洪振坤來洋赴廠學習所齎來文有請煩查照俟洪振坤到廠轉飭隨時照料等語當卽傳見詢以到廠須先知照是否應由使館辦理該弁亦未能悉廿七日商人李德偕同兩弁來見據稱由渠領去無須知照但請使館加函託其照料因照該商所陳函致德廠辦法祇得如此耳

致總理衙門總辦函 光緒十七年三月

逕啓者上月杪奉使字四號函計邀察入弟以上巳日恭遞　國書事竣業經奉電陳報十六日入謁德后並與相臣喀必里微訂晤喀曾任海部前造經遠來遠鐵甲快船査料驗礮多賚其助舊識相逢周旋較熟畢司馬退位郊居頗懷觖望時嗾其黨訕議
朝政播於新報德主因是益與齟齬近布國外省欲舉爲議院紳員畢有褒賞之意功名之士不安閒散畢固未能免俗耳月初俄之親王妃因其子私娶民婦氣憤而亡新

報傳聞係火車內自戕出殯之日業由駐俄參贊赴教堂列班隨衆致禮前日故妃之夫親王尼闊拉維此又卒由弟發電俄外部傳　旨致唁業於效電陳布旋得彼部覆電奉其主命答謝並以布聞此後遇有諸國慶弔禮節應行照案傳　旨者如係無關緊要卽不奉電概用函報以取簡便江左旗屯一案弟前月赴德臨行時面向嘎爾斯催詢嘎謂應向總辦查卷屬弟再將事由補繕一函以免遺忘昨得覆函稱據阿穆爾總督廓爾甫來文該處官屬查無侵佔滿洲屯地之案惟有華人蘇忠阿在滿屯界外俄地耕種業已年滿因給予憑契仍准承種以示睦誼等語與伊將軍函述大略相同此節是否全係揑飾抑果別有轇轕現擬照繪來圖指明侵佔之地再與駁辨查節略載明光緒六年文副都統會同俄員設立封堆互換字據想江省必存有俄文若得鈔寄一分則辨論較得明切茲將俄外部來函照譯奉覽德館接管卷內有北洋請募德弁及鄂省采辦數案擬稍料理出月當赴奧一行也一切統希代回堂憲是禱

再啓者中俄愛琿條約去秋託吉甫在衙門檢查洋文未有存本旋檢赫德所印華洋

約本僅有法文查愛琿約末條載明用滿洲字蒙古字俄羅斯字繕寫是辨論此約尤須查明原文方得究竟弟到俄後向洋書坊留意蒐購絕無所遇近始從其土著輾轉覓得滿蒙俄各文約本特將俄文照錄其滿蒙二文恐轉繕訛誤截取原篇一幷奉覽俄文所叙大約與現行之漢文相同惟首條黑龍江松花江左岸一語俄文無松花江字樣由額爾古訥河至松花江海口一語俄文作黑龍江海口滿文詞理無人通曉惟塔巴二繙譯辨認文字據云首條起語係黑龍江松花江連列第二語係作松花江海口則與漢文相符附陳大概以備攷訂竊惟松花江行船一節俄人據約要索歷有年所弟於光緒庚辰疏陳俄事曾據漢文約內松花江海口之文設爲上下流共管獨管之說以辨行船內地之非約當蒙衙門電寄劼侯辦理其時但與商緩未及辨正（見近刻金籌軺筆載十一月十四十六日問答）直至衙門照會庫使始按据輿地分別講解然犀一照足令彼族意聳但兵家者言亦尚知彼弟去年出都過謁李相述及俄國悉畢爾總督迭次來函甚以中國不允松花江行船爲背約迨到洋後推究其由乃知西國言輿地者通以黑龍

江爲入海正流洋語稱爲阿穆爾（即照會所稱暗木杲）以松花江爲入黑龍江支流洋語稱爲松嘎里斯與我之以松花江統上下流者正爾相反夫就彼之說則至黑河口至烏蘇里河口一段交界江流全屬黑龍江而松花江源委全在吉林省內地在我但不准在內地行船在彼卽以爲不准在松花江行船其所藉口亦非無因現計俄使到後開議修約此條必在饒舌之列竊以爲不如預定節畧作爲此次商件大要謂愛琿舊約俄文滿文查有不符中西地名又所指各異以致兩國各有看法不能印合俄國謂中國不肯照約中國謂俄國約外求益宜就此時聲明另爲和平商辦俾免彼此意見云云予之以可轉之地或可漸懈其必爭之心明揭其異同之由庶不授彼此訾議之隙至一歸另商便成緩脈將來與時消息自在堂憲權衡目前無從臆擬耳

致總理衙門總辦函 光緒十七年四月

逕啓者三月二十三日奉布使字第五號函計邀鑒入江左旗屯一案玆特照繪原寄界圖繕函駁辨并商止收稅所擬漢文底稿鈔奉淸覽惟江省來圖所繪形勢與俄國

輿圖未能悉合廬其託詞狡展另據俄圖開方拓大繪呈一幅擬請轉致江省能就此圖塡明屯界四至并何處爲俄人所佔何處爲封堆合之俄文分界字據參互改訂備後來辨論之地借矛刺盾或較切實統希酌奪請撥經費業已另牘具陳計到都當在五月如蒙衙門核准尙希由電飭知滬道撥解緣外洋磅價去歲以美國躉買銀兩頗得減平近美議漸弛銀又跌賤匯款依然吃虧而五月間湖絲登市洋商須以磅兌銀銀價稍佳故趁此時懇撥虧耗折器少耳俄人初與奧商曰紅招牌者商借國債約千兆外盧布未知確數擬出歲息三釐每票以八十四盧布受借以一百足數發償西國借債通例受款時皆有扣成但所扣數多少不同意在以所納輕息換從前重息之項前皆歲息四五釐受款不及八十數議已垂定而紅招牌忽推託不辦此舉遂成罷論德商有扒四者曾到中國與巴使有隙返德後屢控巴使於外部皆置不理近乃自著一書臚述該使在華徇私納賄劣迹徧送各處外部大臣馬沙爾以爲詆毀公使卽詆毀國家當以該商病瘋造言送交刑司訊辦書內情節一概不問其護法該使可謂不遺餘力矣法館參贊陳季同自居代理公使冒借洋債一

事知叔使已咨請鈞署核辦（叔使函述與洋報同）並聞法外部已令駐使索償於我不識果來饒舌否代使名目向章所無推究其由僅係譯洋沿襲之誤茲特具牘陳明更正本擬請衙門通行各使臣酌照辦理以歸畫一惟查日秘兩館使臣不過涖任一到其常川駐紮之參贊或須比照西例假以代使之號以裝門面與俄德等國情形不同若何分別限制未敢臆斷涓涓之塞謹其職所得爲而已弟即日前赴奥國通問一切代白堂憲是禱

附錄照會俄國外部漢文底稿

現准貴大臣俄歷四月十號來文照覆黑龍江左岸滿屯一案等因本大臣查使館案卷內所述華人呈控該處地段被俄人侵占者案據甚多所以該處俄官並無此案如貴大臣照覆所云者想華人按照西歷一千八百五十八年愛琿條約第一款內所云滿洲人等在屯中永遠居住仍著滿洲國大臣官員管理等語均向該處華官控告故也此宗案卷內並有該處地圖一紙茲特鈔摹一分再行照會貴大臣照

圖上黑龍江左岸自精奇里河南至豁爾莫勒津屯均屬滿人所住卽如愛琿條約第一款內有云黑龍江左岸由精奇里河以南至豁爾莫勒津屯原住滿洲人等照舊准其居住俄羅斯人等和好不得侵犯是也但圖上所繪黃色一處之地北近精奇里河者現被俄人占去又南近豁爾莫勒津屯一帶地方本屬滿人現亦被俄人雜居因此之故致華人所開溝道卽圖上紅線者不能完工尚餘紅點之地未開此皆實在情形望貴大臣善體我兩國多年交好之誼詳細察核再請行文阿穆爾省總督將此圖寄去轉飭該處地方官將俄人所占黑龍江左岸滿洲屯村各地段作速全行退還滿洲人居住彼此相安至於蘇忠阿所種之地當此議辦退還各屯之際還望轉飭該處地方官聽該華人耕種不必納租是所切盼

光緒十七年四月初六日

致總理衙門總辦函 光緒十七年四月

逕啓者四月初七日奉呈使字六號函計邀鑒察十一日接誦堂憲森字第一號賜函

謹聆一切文使任內俄館交涉未結之案計有三端弟接管後查旗屯一案關係尤要業將辦理情形先後陳報尚有平順命案華民票稅兩事容俟次第催詢冀清轇轕電信新法減字本現未通行與各處不相接洽自當區別檢用以昭慎密發回原摺並已領到俄儲在倭被傷謹已傳　旨慰問當經電達此事傳聞不一或謂冶游口舌所致或疑本國亂黨所爲迄無確耗聞倭主即日下令國中嚴詞申儆俄廷雖懷不慊亦自無可責言其先事弭釁之策抑亦有道耳弟以月之初八日抵奧通問事竣即以十七日返德奧王爲述前歲有兵艦抵華承中國官員以禮相待屬爲陳謝奧相喀耳諾基弟於上次接晤今仍在位可謂專久德奧之交近更敦睦現又互減入口貨稅議立專約以便兩國民用大約歐洲近局俄法相結德亦結奧義以拒俄法英處海西無所結而忌俄之情則與德合此縱横之大較也新派俄使現抵巴黎將道美洲而東到京當在夏杪弟數日內擬赴和蘭一行前任移交籌設和屬領事一節當乘便商之一切統希代回堂憲是禱

再上月二十日奉衙門效電閩督前購克虜伯砲二尊據信義行禀五月出廠希照章查驗電覆等因查此項砲位由洋商經購與奏案辦法不符閩省未將購礮合同咨送情形亦未詳悉惟現奉電知自當遵照原案驗視演放據該廠函稱兩礮將次工竣試放尚未定期容俟屆時驗竣再行電覆並以附陳

再啓者據駐德墨西哥公使函稱該處附近沿海一帶地廣人稀而土質肥美願與中國立約招人往墾由公司假給盤費資本分年抽償四五年後卽爲業主云云該使曾與文使面商現有事回國將由駐美公使與惠使商辦此事竊查粤東等處生齒日繁盡地之力不足以給閒民故往往輕去其鄉藉資謀食近年以來流寓外洋者至百十萬之衆受制於人甚或爲土民讎殺卽有領事駐紮之埠權力有限不過以口舌爲調停補救迄無甚效議者鑒於往轍以爲謀闢新地將來土客不和又搆美邦之衅不如省此一舉以免後患顧彼此之情形不同卽今昔之利害各異墨西哥向未立約事爲創舉始謀既臧可以持久一便也彼有所利而求於我如何設措權自我操二便也在

美之華工留則日防禍害去則無以爲生徙彼就此不啻樂土之歸三便也招墾之舉與招工不同其地炎熱非西人所習分授田畝卽爲己產無慮土著爭利四便也據四便而豫防其一切之弊要在議約之初周詳審慎耳聞該處私往之華民約已數千人愚民趨利罔有遠圖雖使嚴申禁令而勢且不行不乘此機會明定章程轉恐秘魯古巴淩虐之事又將接踵而起事後之補苴與事前之籌畫其得失固較然矣第該使所陳情形是否確實尚難臆揣可否轉屬惠使就近訪察之處統希堂憲裁奪謹錄來函節畧附請鑒察爲荷

照錄駐德墨西哥公使節畧

查附近墨西哥沿海一帶廣有肥田不下數千啓羅邁當之多惜本國之居民甚屬寥寥如貴國允許遣送窮民到墨五年之內可望有一兆之數並皆可成爲有業之主彼時該處必可大興貿易由此貿易可望與中國通商每歲得墨西哥洋元數兆矣所有肥田各處天氣甚是炎熱與歐洲居民諸多不便聞中國亦有此炎熱之地

較之墨西哥爲尤甚是以願得中國慣居炎地之民挈眷移居於墨西哥地方如中

國以爲可行本國卽立有公司籌備欵項所有章程開列於左

一如有欲往墨西哥爲農者雇船等費均歸本公司包管

一每夫婦二人給五萬方邁當田地以便耕種

一耕地所需緊要器具本公司供給

一建造房屋所需材料本公司預備

一每人飯食本公司供給以一年爲限每日每人給馬克一枚或合墨西哥錢桑達

佛郎二十五個合墨洋一元四分之一

以上所需各款均由各該地戶自行歸還該公司限期五年或分作六年亦可以便

將每百洋元每年應生六元之息一併付清如有遷居墨西哥務農者該公司預先

付墨西哥洋元三百五十枚其三百五十元之用法開列於左

一包雇船隻等費五十元

一備辦耕田器具十元

一造房所需木料十元

一每一千方邁當之田價二元五萬方邁當之田共須洋元一百枚

一供兩人飯食一年每日每人合一馬克或合墨西哥錢二十五個桑達佛郎需元一百八十枚

以上所需統計之合洋元三百五十枚凡在墨西哥成爲有業之主每年須按所耕之田每五方邁當付還公司洋元七十枚按工人每日只須作工四五點鐘六個月收成一次可得四五百元水果初上市却有十分之一落價數月之後仍得起價卽以四百元計算每工人夫婦兩人半年之間所得之數除伙食九十元繳還公司三十五元外尙餘二百七十五元第二次收成之時卽以一百七十五元繳還公司代墊之欵不作五年匀還亦尙餘二百二十五元再所云肥田係與古巴地方相似或較古巴地方尤勝查墨西哥地方所產均係咖啡嘎高甘蔗棉花香果竹器等類黃

赤道土地所出之果皆宜並可無須添水卽彼之露水亦足矣每年惟玉米可收兩次頭一次種一粒玉米出一百五十粒二次可望收一半惟咖啡須待三年之久而後結果第四年每棵可望咖啡一斤如能培養每棵可活二十年之久耕種咖啡之工並不費力女人及八九歲之童頗能爲之每千邁當方田可容咖啡千棵尚有餘地以種別樹種咖啡每年每塊地可望得洋元二百枚有餘該處水土種各樹皆宜且無歉收之虞惟玉米棉花兩種僅怕缺雨然缺雨之時甚少偶有缺雨此二種亦不致不收如僅招男人到彼耕種不但附近墨西哥沿海地方卽墨西哥中土熱地亦可前往但此工人不能領地只算雇工如欲前往者可與該公司妥商工資川費等事大概每日用八點鐘之工至少可得洋元半枚凡欲在彼落戶之耕夫言明終身不充兵卒其不欲在彼落戶者須於合同言明期限之內亦不充當兵卒六年期內亦不納本身賦稅房屋地土亦均不納稅在墨西哥地方人人皆可廣行其教中國人可奉中國教亦准其本國教士前往公司領出川費如貴國居民欲往絕不致似

在北亞美理加之華民甚不如意蓋中國人在彼可成地主一切事宜亦均聽其自便且所耕之地均是荒地中國人往彼開墾既不奪土人之工且同鄉中亦不至爭鬧因有穀果若干均易銷售兼有定價運出海口亦是容易故也查印度人與中國人所秉天性相似中國人聰慧而印度人有力此二處人雖稍有區別日久可成爲一派中國人在墨西哥地方實較在北亞美理加爲強不致滿腹怨恨墨西哥地方皆喜悅中國人大約五年之內墨西哥地方總可容中國遣往華民男女五十萬人

致總理衙門總辦函 光緒十七年五月

逕啓者北洋大臣奏給德國教習武員及礮廠諸員寶星兩案業經遵告外部案內尚有俄奥洋商人屬微末即可從畧前請閩省派人提解革弁一節嗣接卡帥來咨令以鐵鎖囚籠交便船帶至上海轉解外洋地方苦於閩督令甲所不及正擬籌辦而革弁吳陞因病身故遂以了案

致總理衙門總辦函 光緒十七年四月

逕啓者月之初六日奉布使字九號函計邀鑒察弟初七日疊奉堂憲森字二號三號賜函敬悉一切平順命察華民票稅兩案業經備文照會俄外部催其淸結鈔稿奉覽借給俄人巴爾魯克山一案圖約摺件均已收到此事關係較重須與吉爾斯面議時當夏令吉正避暑鄉居無從訂晤現擬先備照會聲告俟吉還城再與商論詳閱鈔寄原圖該處地方係在界牌以內證之彼國輿圖大略相符向無公然據爲已有之迹惟當日議界原摺稱俄官初意欲將此山畫分以資安插彼屬哈民後乃改爲借給之說是其起念頗懷不善摺內所稱山中樹木地址仍歸我管用不識定界以後華民曾否赴山采伐材木彼衆曾否禁阻居住此山之哈薩克人數計有若干此次奏件均未敘列無從遙度竊以爲據約索地又先事相告在我事理自是直截但延宕支吾是西國慣技不審遂能推誠見聽否也約內載明繕寫淸俄字互換此件俄文在洋竟無可搜覔然辨論條約未覩原文則譯洋無所依據故特電請鈔寄其餘情形容再續陳喀他諾伏游歷一節弟初因目前我所商事甚多皆在彼之東邊俄外部動言須俟函查致

稽日月伊犂向與使館通電擬欲權予通融爲我有事商電之地續接衙門元電堂憲所慮自更深遠卽日赴外部晤副大臣基斯敬略言總署已咨行塔城有司查明護照照章放行惟道路過遠該處未設電報不備電碼無從速達幷以道歉基言凡事總視力所能到既無電報可通俄國國家亦已致感中國行文知照之意並詢知喀他諾伏是一儒人此專爲講求生植學問故彼部電屬駐使保護（却言塔城官不阻行事）除電布外合再詳陳醫生梁位年到洋月餘卽病竟以瘵歿業經另牘呈報又隨員沈雲驎久患氣急形體羸瘠服藥未效迄今數月亦可慮也一切祈代回堂憲是禱

致總理衙門總辦函 光緒十七年六月

逕啓者六月望日奉布使字十號函計登籤記德外部屬請保護彼國教士業於前函陳達月之二十二日德之駐俄代理公使來館訂晤云奉其政府函諭德國教士在山東地方被該處民人欺陵至今地方官延宕不辦特請轉達總署飭速辦結認眞保護若不速結巳使不能不與各國公同商辦答以德國教士所在無不照約保護惟起造

教堂一節我總署恐民情不願故未能允前已告明貴國外部德代使言此節函諭不及只是請總署速結山東應辦之案答以山東兗有何案不妨請貴外部言明德代使言但查照巴使請辦各事可矣答以前日貴外部告我參贊已經函達今當再爲轉陳德代使致謝而去竊惟德國不甚重教此次一再爲言固爲巴使彌縫干預之迹而於東省教事亦必入該使一面之說致生疑慮惟該處教案弟未能悉擬請查摘要端見示或何事未給現飭催或何事辦定無可再加一一據實覆告德外部以破其架詞聳聽之私是否有當敬候衙門示遵現俄文繙譯塔克什訥法文繙譯閻海明均已銷差俄文業已敷用無庸補調法文擬改調學生陸增祥藉資造就另牘奉呈如蒙衙門准調該生應需整裝銀兩請照學生俸薪借給并二等盤費以利就道爲懇近日法遣甲船快船八艘至俄海口請俄主臨閱俄亦加禮宴勞泊椗旬日而去蓋明以二國連結之誼示德也前衙門電詢帕密爾一節業經密覆嗣晤英使言本國亦得此耗卽詢諸俄外部答稱並無此舉其爲傳聞之誤無疑特再奉陳以後弟處如發密電除首字用

新法外餘文概用寫本字碼統乞酌照一切希代回堂憲是禱

再前函繕就待發頃接堂憲四月二十四日來函敬領一是巴使無禮太甚殊可憤恨將現擬照會摘譯洋酌定洋文語繕函致告德外部逆料彼部無詞可辯必以中國不肯辦案該使故有此議以相支吾似前函請將東省教事原委分別詳告更不可少方可杜彼藉口不審卓裁以爲當否

致總理衙門總辦函 光緒十七年七月

逕啓者六月廿三日奉布使字十一號函計邀察入月之四日接誦堂憲森字四號函敬悉一切發回原摺兩封均已領到巴爾魯克山一案業經備文照會俄外部鈔稿奉覽詳查約文係光緒九年九月所定應扣至十九年九月方滿十年之期相距尚兩年有詳因將函屬儘此一年之內語意渾稱有餘之時免與約限不合又第四條內予限十年仍舊游牧及限滿後則即遷住等語約意似須扣滿十年然後遷住與現商預謀遷移稍有區別第在我措詞自可先緊一步故仍遵照叙述本條尚有限滿後兩國官

員如不另行商辦即將該哈薩克遷住云云是議借之初先伏另商之地頗有語病兹之所敘特爲畧去現俟俄文鈔發到後核對參究再與吉大臣面商續行陳報巴使事已繕函交駐德參贊面見德大臣馬沙爾遞送其如何答覆俟再布聞西國通例各國之人前赴他國者每由所在之駐使發給護照以爲憑執今中俄接壤新疆等處洋人游歷漸多情形與駐紮他國不同日後請照之事恐不能無斟酌事勢可於游例之内明設禁條如不准帶禁物及限定人數之類未便將請照之人概行謝絶是以具牘陳請俾有遵循餘事已經函陳不再贅及一切希代回堂憲是禱

照録照會俄外部譯稿

查光緒九年九月初三日即俄曆一千八百八十三年九月二十一日中俄兩國分界大臣在塔城所訂界約第四條載有巴爾魯克山駐牧之俄屬哈薩克等自訂界約之日起予限十年仍舊在巴爾魯克山内游牧俟限滿後遷住俄國等語現在期限漸近自應豫爲籌畫以臻妥協是以本大臣奉到國家之諭先期知照貴大臣請

飭貴國邊界官儘此有餘之時早爲設法將貴屬哈薩克陸續遷徙俄境以便屆時騰空該地安置華民特此照會貴大臣並請查照見覆爲禱

致總理衙門總辦函 光緒十七年七月

逕啓者月之初六日奉使字十二號函計達冰案函告德外部一節旋據駐德參贊函稱初七日赴外部晤代理大臣洪基（麻沙爾尚未銷假）交函閱訖言巴使並非干預内政實爲保護教民起見告以保護教民儘可與總署商辦至地方官升遷之事非外國公使所應干預洪言巴使原不應干預内政但山東教案未了該員反得保舉是以不能滿意告以兗州府非專辦交涉之員巡撫保舉自有考察章程不應借此牽涉洪言所言難是容再詳酌具函奉覆問答大畧如此竊維德廷於東方情形不甚諳悉一惟駐使之言是聽其袒護掩覆自在意中但彼部度必述告巴使使之聞之亦足稍折其氣前日弟赴俄外部晤副大臣基斯敬催詢旗屯之案據云復經飭查尚未得覆又言阿穆爾省總督不久當至俄都容爲面詢擬俟探詢該督來後再與商辦日昨駐俄之德使來

館云本國外部函言中國教案尚未安靜現英國以與洋人通局有關願約德使合辦已接電報屬爲轉達弟查衙門前電早有英法德三使同來爭論之說大約彼部始得巴使函報因弟前有所論聊爲致告但答以中國保護之事總視力所能辦亦不在諸國之合辦各辦也近閱申報江西及通洲海門等處又有奸民造謠滋事波瀾迭生難免彼族藉口殊深杞憂耳一切希代回堂憲是禱

再基斯敬又告前日英使來言英外部詢令俄國是否派兵侵佔帕米爾部此事中國公使亦有所聞當卽電詢圖爾吉斯坦總督旋據電覆曾帶八十人在彼打獵並無他事已鈔電知照英使並駐華署使云云並以附聞或者來通知衙門以示見好之意

致總理衙門總辦函 光緒十七年八月

逕啓者七月十二日奉達使字十三號函計登籤記二十二日接誦堂憲森字五號鈞函敬稔一切江左旗屯一案業蒙衙門函致依將軍撿寄俄文字據並照現繪之圖塡注侵地將來辨論益有憑證前日面詢俄副外部此案仍未覆到阿穆爾督廓爾甫行

蹤現抵何處亦尚未悉一切再俟續陳近接俄外部函覆俄兵槍斃旗丁一案內稱查核領事覆文平順夤夜入署意在竊盜爲巡兵放槍致斃據有數證華官不肯當場會驗咎不在領事俄國不能償邺等因外國辦理交涉遇有商件非不照案行查然每據所屬一面之詞不分皂白含糊致覆最可憤恨此案平順已死無可質問園中情形無員會勘我斥領事所覆爲捏誣彼亦謂華官所據爲偏聽各執一詞頗難折服竊計現與俄外部待商之事甚多緩急後先稍宜斟酌擬姑告以領事覆詞與我官牘情節不合俟報明中國政府聽候酌奪先不允其了案以後辦理可以隨時進止是否有當敬請堂憲示遵近日法文日報稱香港來信朝鮮與俄現立密約讓地數處以屯俄國水師云云因向基斯敬作爲私意相叩基言並無其事弟言若然則將以此言報我政府基言即可以副外部之言爲憑語意頗確似新報所傳當爲風影俄大臣嘎爾斯夏間鄉居近將乞假兩月赴他國養疾交涉諸事現皆基君所理也一切希代回堂憲是禱

致總理衙門總辦函 光緒十七年八月

逕啓者八月四日奉達使字十四號函計邀鑒入月之五日接德外部覆函稱巴使並非干預內政蓋處兗州府知府既得保薦他處有司皆不以教案爲重以致案情日多云云其支吾掩飾固在意中但此事不過告知而止無可深求弟因赴駐俄之德國代使告以貴部既以巴使爲保護教民起見並非干預中國內政我當據此轉報總署但保薦知府是吏部一向章程與各國教案無涉還請代致貴外部知之該部覆函照譯奉覽前得薛叔使來書述及俄人侵佔帕米爾事弟即以所聞於英使覆之嗣又來函稱此乃六月間事英外部七月間兩得英游歷官來電云俄借游獵爲名派三十人入喀什噶爾邊界欲將阿克塔式礮臺幷阿克蘇河以東（東字似西字之誤）畫歸俄境喀城外僅留二十九英里等情因於初六日向外部詢問基斯敬言數十人豈能佔人界地決無其事弟言俄皇及貴外部好意中國極爲相信但恐守邊官弁不能體察國家之意喜於見功或致小有枝節基堅稱如前因請其以此意轉戒邊境允爲遇便知照但俄意正不可測而英部傳述亦難據爲確證必得新疆大吏查明情形果有侵軼方可再與

詰爭故有庚電之請文使請給德醫古特曼實星一案頃奉衙門咨行查檢文內未有執照尚希續行發給是禱一切祈代回堂憲是幸

再德館房屋事業由吉甫兄泐陳此事以租抵息目前不難挪款可以徐議分年勻撥惟先乞電示准否以定進止購房情形再俟詳布并陳再密啓者松花江行船一事經衙門徵文釋地考異刋譌彌佩不刋之論竊維該江所在考訂愈確愈在內地彼若據約指名以求我實無以自解似目前辨論不能不仍守共管獨管之說以爲表明惟彼族成見既深如弟前函但擬空言另商無一轉語恐仍爲不了之局茲奉函示如萬不得已或援照章程百里不納稅以爲歸束蓋收拾錯著之棋維持東隅之失辦法只可如此查百里貿易係陸界商章劼侯前曾許過當時俄意在三姓不置可否布策並言自入江口往上行四百里毫無村落何以貿易體揣彼意行船之遠近實視貿易之迂順爱琿第二條本准兩國人民一同貿易今因行船未能就議并廢貿易不辦誠不足服俄人之心現聞黑河口已建新城不審該處人民市井漸能湊集否鄙見以爲與其

援引他章以示行船之通融不若明商貿易以彰守約之大信似可俟彼議及此事繙辦照會於表明江流稱名異同本旨之末微示以照約商辦貿易之意或可與百里之說並備一策至約內貿易但准交界無關內地界限更較清楚竊計其地苟便貿易卽江口亦可羈縻若其貿易無資雖百里尙難饜足此在疆吏因地制宜設法布置難以懸揣耳謹擬節略備稿一件聊備採擇彼館洋譯文理淺拙所敍特爲冗累費易通解又衙門稱俄人舊圖當日亦稱松花江海口近乃改去以滅其迹若舊圖果存更可資以辨論竊意愛琿約俄文已稱黑龍江海口未嘗襲我松花之稱恐所存舊圖就華名繙譯非洋圖廬山眞面不審然否

再辨論地界非圖不明茲特擬繪一幅卽希核定以備隨附節略之用所注地段酌配法文並言明照滿文原約繪出以便彼使可以自閱

再密啓者頃奉衙門蒸電領悉一切帕米爾事俄外部既經告明查無其事現在未得新疆有司確報只可緩詢業經電覆在案查帕部並非回族另一種類全部皆山其山

高一千七百餘英尺地壤荒瘠一無殖產迥非布魯哈薩之比在喀什噶爾西南界外中國向不過問俄人亦豈不知驟而認爲屬部恐彼未必甘服且認之必先度力能保之回西四城幅幀遼闊喀城西北二邊皆與俄之費爾干省接界袤連數百里揣度目前人材兵力但令嚴保我界時時巡察弗任强鄰侵軼一步此卽邊圉之福若須兼顧界外荒瘠之部斷斷鞭長莫及萬一俄人因我意存收庇謀下先著遽以兵取我將何以爲應恐不惟不能遏之轉激而速之若謂加以虛聲聯相籠攝則動而無應啓其易我之心將來邊境更易生事揆之事勢似宜詳愼竊意英與我同有忌俄日闢之心不若卽與密商能將此部土地約同中俄英三國彼此均不侵佔略如巨文島前案似亦英所樂從如能辦到最爲穩著次則俟查明俄果有事於帕部告以該部居中俄英三國之間於中國邊界最近若俄謀佔取有礙中國邊防擬請飭兵勿動兩國各守本界以全睦誼示以實情彼知我不與爭其地本非可欲或冀可以紓緩脫有參差我之進退亦稍有餘地將來英若生心亦可以此阻之（印度距彼大山亙隔英亦不易謀此）似亦一策弟庚電所

陳乃恐其侵入喀界亟須查勘確否以杜蠶食至以外部落我力萬不能保一言發端後來遂至牽掣所電魏護撫羈縻一層一露舉動易令生疑亦宜酌量鰓鰓之慮不敢不盡其說約計魏撫覆到此函已達如有要節再候電示遵行

照錄擬辨論松花江行船節略備稿

查松花江行船一事議論多年中國總未能照俄國之意開辦者實因中國所稱江流地段及講解瑷琿條約有不能相同之處非中國之不肯照約行事也查黑龍江松花江兩水會合之處中國地名稱爲黑河口自此以下一直至海中國通稱爲松花江所以漢文瑷琿條約第一條載明黑龍江松花江左岸由額爾古訥河至松花江海口作爲俄國所屬之地松花江既有左岸又有海口卽可爲黑河口以下中國通稱爲松花江之據此江從咸豐八年九年兩次分界以後應分爲三段第一段從松花江源至黑河口乃中國吉林省內地之松花江係中國一國獨管之江第二段從黑河口至烏蘇里河口中間一帶右岸爲中國地方左岸爲俄國地方係中俄兩

國交界共管之江第三段自烏蘇里河口至松花江海口照愛琿條約原係兩國共管之江自咸豐九年北京條約議定分界此處兩岸均歸俄國所屬應爲俄國一國獨管之江凡各國獨管之江各有自主之權他國不便勉强此乃萬國公法通行之例今愛琿條約第一條稱由黑龍江松花江烏蘇里河只准中國俄國行船各別外國船隻不准由此江河行走既稱准中俄兩國行船而不准外國可見所指江河皆在兩國交界共管之處所指松花江卽係第二條黑河口至烏蘇里河口之江若第一段第三段江流各係中俄兩國獨管之江卽不在條約所准之內中國不便在俄國獨管之江勉强行船可見俄國亦不便在中國獨管之江勉强行船也又本約第二條載明烏蘇里河黑龍江松花江居住兩國所屬之人令其一同交易兩國官員等在兩岸彼此照看兩國貿易之人該處江河既有兩國官員在兩岸彼此照看自係在交界共管之處正可與第一條行船之事共相證明以上看法查對當時兩國大臣所繕互換之滿文條約悉皆合符今俄國於黑河口以下江流通稱爲黑龍江

單就第一段中國獨管之江流稱爲松花江則松花江全段皆在中國吉林省內地並非兩國交界按之條約第一段第二段所敘文義均有不合中國所以礙難照辦此事總因立約之時未將各江地段詳細載明至今兩國所稱江流各異講解條約各有看法以致行船一事不能議定深爲可惜但體察俄國所需松花江行船原爲民人貿易起見如俄國願照條約第二條商辦兩國貿易事宜中國亦願盡力助成其事以表明中國並無不肯照約行事之意

按璦琿約由烏蘇里河往彼至海至作爲兩國共管之地一節文義最爲支離其實此節專論陸地蓋俄人於江北地方既已訂約割取不便再將烏蘇里河以東之地明言割奪故權稱此地視爲與兩國交界明定地方相同以爲後圖迨咸豐九年所立北京約第一條其南邊地至烏蘇里河口至二河西屬中國一段乃始明目張膽畫去光緒十四年衙門據璦琿約原文與庫使爭下游爲共管之江該使迄不肯服查庫使是年十二月照會所論實亦有理且言貴國執松花江上游

不准鄰國行走亦此江兩岸屬貴國爲證云云幷可爲我證助在衙門當時辦論本因俄督扣留鍋鑪機器而發其實自烏蘇里河出江上駛而至漠河所行皆交界之水並不牽礙似必認該江下游爲俄國獨管則我之內地松花江不准行船之理愈長又稿未將俄文約有異一層敘及弟意俟其自己說出始告以滿文並係俄國大臣同繕既與俄文不同則此事益覺難議措詞似更得機並候酌核此約後又轉譯法文皆非立約原文不能爲據至前寄滿蒙文係俄部自刊之本並不發坊倘須出示尙請另繕爲妥

致總理衙門總辦函 光緒十七年八月

逕啓者月之十二日奉布使字十五號函計達記室十四日接誦堂憲森字六號七號函敬領一是籌辦教案情形謹當隨時向彼開陳俾彰中國極力保護之誼前日英領轉到衙門來電當卽照會德國外部復據叔使以俄亦合謀宜幷使知之遂赴彼部述告基君但稱謝無他詞詢以俄署使近時將教案報達否則言久未道及觀此似非所

注意耳新報傳宜昌近又鬧事頗以華官權力不能禁戢妄生詆議事機不順曷勝憂憤前擬旗丁命案一節茲將致俄外部函稿錄呈統希察入再現據文報局送到提單稱有衙門寄件一筒度筒內之件必是寶星執照此照不在文內故前函誤以爲未有耳

再比國署使所稱第四次鐵路公會在俄都會議請中國派員入會等因弟旋向駐俄之比使詳詢情形據言此會兩年一舉係公推比國延邀諸國入會每次舉集考求各國鐵路新法彙刊一書本年無會約西歷明年六七月間會於俄京以後亦未議及何時停止各國中有前次在會後次不預者皆聽自便云云竊計西國此會但爲精究製造起見且可隨時進止無甚關礙明歲在俄舉行派員較便或可暫一入會以示聯絡仍候堂憲酌行是幸

許竹篔先生出使函稿卷五目録

致總理衙門總辦函 光緒十七年九月

逕啓者八月十九日奉布使字十六號函計已入察旬日以來洋報傳述各國頗以教案未結兼懷後慮將有恫喝要脅之謀因於二十三日馳赴德館兩次與其外部大臣馬沙爾覿面剖論當於勘電布達德廷雖與法連接然本意不甚關注故其所述尚係渾詞並無指實辦法特水母目蝦一委聽於巴使急切不能破其成見殊無如何旋接衙門宥電即以三十日返俄月朔晤副大臣基斯敬則言俄兵已於八月下旬回營所立木杆祇爲記認路徑可聽撤毀並無黏貼俄文告示之事弟因請其戒飭邊將弗再越界彼已允諾並及帕米爾地方逼近華地俄國不可佔據彼則不置可否除東電布達外並以續陳所有兩次問答另錄奉覽查俄之費爾干東南爲喀什噶爾界帕米爾在喀城西北俄兵此行乃由費爾干南出越中國卡倫折而西行以達帕米爾其歸程則西經布哈爾部逕至塔什干英法報皆載俄兵回營之事似非揑飾仍希查明新疆

情形是否符合示及爲禱帕米爾地址容俟確攷繪圖續陳阿穆爾總督已至弟擬約一見但使臣與其國邊帥相晤論事却非通例不審彼意願否也

再啓者上月俄君有弟婦之喪弟適赴德卽由吉甫兄查照三月間俄君喪嬸舊案於殯葬兩日均經代往照拂並以附聞又衙門森字五號椷內開各國慶弔禮節須傳

旨之處仍應先期電達奏明請　旨以昭鄭重等因檢查德館案卷光緒六年十二月二十七日衙門具奏德國王孫奥國世子婚期往賀一摺內開以後遇各國有此等事件卽由該大臣隨時酌核咨明辦理以期於交涉有益又是年十二月二十六日致前任李使電信此後德奥兩國有慶賀事可先傳　旨由外部致賀知照本處各等因嗣後慰唁之事如光緒九年德君之弟十一年德君之姪兩喪亦皆比援遵辦親藩禮文各國交際視均一體使臣在外不能無從宜之舉而辦法應有隆殺之分擬請以後如遇各國君后儲貳重大禮節應遵函示先期電達其他親支慶弔事宜仍照光緒六年成案辦理敬希代稟堂憲核示是幸

再前函擬購德館房屋一節弟赴德時因房主亟於求售擬謀先行起租俟後再爲定買正在議商而爲土著以三十三萬馬克購去此事卽作罷論矣

照錄問答

九月初一日赴俄外部晤其副大臣基斯敬將總署來電摘譯一單與閱基閱畢云俄國游獵帕米爾之兵並無三百餘之數現已於俄九月初一日（中八月十一日）回塔什干矣　告云前貴大臣說過俄兵並無侵佔中國地界之事儘可相信但現既接到總署來電所云應請電查塔什干總督將此事料理清楚以便轉報中國表明睦誼基云俄兵早已回營請貴大臣可以相信至越界之事其實該處地方分界不甚清楚或云屬英或云屬歸俄保護之布哈爾此次俄兵所到之處中國雖以爲中國界尚難決定　因出俄文地圖指定與閱告云來電所云並不指帕米爾地方乃在此處明是喀什噶爾內地界內顯係違約越界當時華兵查有敵國兵越界本可開槍阻拒亦以顧全和好故特先爲理論　基云俄兵所到之處恰有報單一時不能詳

記以後可以奉閱此番俄武員帶兵竟到中國界內是其錯處已經行文申飭但該處華官禀報未免張大其事其實所立木杆不過記認路徑並非作爲界杆至張貼俄文告示該處人不識俄文張貼無益實無其事　告云應將俄兵在中國界內所立木杆任憑華官撤毀　基云既屬中國地方儘可撤去俄國地方如此廣大並不願再得他國之地試問此有限之兵豈能佔據中國地界俄國但願自保疆土與中國和好決無他意卽如目前中國亂民滋鬧教堂各國如何辦理俄國總不預聞望爲轉告貴國　告云貴國好意中國自已知悉但本大臣尚有詳商者帕米爾一帶俄兵往彼巡行原無不可但其地界限雖然不能清楚究竟逼近華界關係邊防若俄國一國佔據則中國與英國皆所不甘願勿有此舉動至中國內地界內務請切戒俄界官以後再勿派兵越界爲要　基云當行文嚴戒不准派兵入中國界卽要到該處游獵亦須與華官商允方行　告云彼疆此界總以兩不相越爲妙又云我便電覆總署據貴大臣言俄兵早回並允以後嚴戒俄兵不令越界　基云可以如

此轉覆　告云聞阿穆爾總督已到兩國東境交涉之事頗多不識可轉致貴總督與本大臣一見否　基云業已告知伊須春初回任俟月餘稍暇再爲相約　告云我之願與面見者並不專爲中國要商之事即俄國要商之事亦可由我轉告　國家總願將東境之事調和安妥方好　基云本部亦願如此　告云洋報近云中國現造鐵路至吉林意在防備俄國不知議造此路擬每年只建一定之路須十餘年方能造完如有防俄及用兵之意必不肯如此從容　基云俄國深知中國不好用武却不信及洋報即如俄國現造悉畢爾鐵路亦是逐漸辦理並無用兵之意　告云俄兵經過之地報單願借一觀　基云當鈔奉

致總理衙門總辦函　光緒十七年九月

逕啓者九月二日奉布十七號函計邀鑒入十二日接誦堂憲森字八號函敬領一切原摺一封均已祗領巴爾魯克借地一案業於七月初繕發照會度彼部必行查中亞細亞官司方能定辦恐得覆未必能速阿穆爾總督廓爾夫前日來館相見頗道中俄

交情關繫全在界務俄國現無侵佔中界之意和好自可長久並以現須回里旬日俟再來森都當與外部酌定日期一商公事先以佈聞前俄親王嘎里眞增帶英參贊一節緣是日駐俄之英署使但言親王某欲令伊館參贊隨同赴喀不以俄國冠稱既係英使來言遂以英族譯述及奉衙門電詢復往詳叩始悉其由現已遵函告誡嗣後譯件格外詳愼以免錯誤（查嘎里眞係王爵世襲洋語每與近支親王混爲一稱非眞親王也）英參贊先已回俄弟與晤及據稱先知嘎王東游伊亦往中亞細亞遂商附同行抵華界時曾偕塔什干總督送嘎王至伊爾克什坦山口有中國提督前來接待並赴其營宴飲嘎王至喀城後尙須轉赴印度塔督與伊遂即折回俄兵之自帕密爾回者伊在途亦曾遇見云云該參贊初因嘎王約其過界倉猝無處領照故英使有寄電喀城之請（沁電英親王游歷抵喀有護照及增帶參贊一人等語嘎及字碼誤乃是今字）嘎王護照詢由其國輿圖公會寄給伊約畧見有華文數行未知其詳也再帕密爾情形曾於八月間布陳大概近時查譯英德各報於俄人此役屢有論議皆涉及中國因於赴俄外部之便告以該處地界中國　國家若何看法我尙未奉明文

不審俄國有何意見據副大臣基斯敬答稱地界不清前經言及願約中俄英三國派員會勘定分各界以免爭論并欲請總署轉向駐英使言之謹將問答節略錄奉台覽

竊查回疆西境向以葱嶺爲華裔界限今帕密爾部實在葱嶺以西其名不見官私記載誠如衙門來電無可考證英人前阿富汗分界與俄立約就阿毋河一水分畫南北各不相越（河爲布哈爾阿富汗兩國分界處）茲俄人在該河上源以東之地往來游弋在英不便過問乃慫恿中國使與俄相持（英外部屢以電信告叔使又遣閱地圖其情不出於此）其實俄得此部可以通道印度乃英人脣齒之憂若與我回疆限以葱嶺天險依然本不賴此部爲藩蔽逐鹿徼外未至損我邊防（越喀界獵帕部不得并爲一事）英之諄諄全爲自謀此形勢一定之徵不必藉他人見聞多所却顧者也惟西人謀國最重進取該部界居三國之間鷸蚌方爭中國獨處局外未免示弱於人現查喀城西界光緒十年勘定中俄界綫至烏仔別里山口爲止自此而南卽與帕部毗連爲勘界所不及今若更拓新界則葱嶺之陰盡歸我有亦爲形勢之利且衙門前電擬以屬部羈縻意在杜人侵踰初非貪其土地今與俄英畫定界段

各守其疆控制較易收效略同凡此情事又非常例可拘應否由衙門轉致叔使探詢英廷得其要指再酌進止並請密商新疆大吏攷核該部輿地查訪華屬回民有無在彼游牧居住俾將來據爲我屬之證統候堂憲裁斷新擬帕密爾說僅具大略附請指正弟前函有開田交讓之議今知俄英猜忌方甚勢不能行可置弗論矣

再前接衙門宥電所開卡倫地名核與喀城向設名色無一符合攷之中俄界約及俄文地圖皆無此稱僅就地勢揣測得其彷彿邊事至重後慮方長若在外辨論依聲配譯不能確指實地之所在辦理殊苦轇轕現照該國界圖按三倍拓繪一幅擬請遞交新疆撫署轉飭有司將現設卡倫及營防屯地測準方向一一塡注發回弟處存案庶華洋地址便於互稽其帕密爾地界亦幷繪入以備參攷惜限於方幅西南一帶尙未詳盡耳

照錄節畧

九月十二日晤俄外部副大臣基斯敬告云上次面談後卽電致總署通知俄兵前

在帕米爾一帶游獵者確已回營等因惟貴大臣有云該處地方界限不清未能指定係何國之地現在中國　國家作何看法本大臣未有訓條不敢議論特未識貴國作何看法之處可否告知　基云此事甚非一語可了前次既云未能指定係何國之地卽是如此看法如要分清界限除非中英俄三國派員到該處勘明地界方能清楚但今年不能舉辦須俟明春暖和時方可派員前往　告云如中國願意派員前往分界貴國有同心否　基云亦甚願意　告云此處是否有英國屬地　基云恰有阿富汗屬地彼國有事英國必出場　告云如我兩國願意未知英廷亦願意否基云此事卻未與英公使專談惟因俄兵到帕米爾之時與英使亦曾論及似無不願之意但未得其覆信該處有歸俄保護之布哈爾一帶屬地阿富汗往往指爲彼屬俄國曾與爭論如此非止一次如能分清界限則此後可免爭執卽新報亦無從藉此評論以傷我三國和氣　告云我可以貴大臣之言轉達總署　基云儘可將此意轉告幷可請中國政府告知英國駐北京公使託其轉達英廷更易動聽

告云當并言之

帕密爾説

帕密爾者雪山以北葱嶺以西一帶高峻空曠之地乃西域諸回部游牧之所迤東彌高歲不過三數月有人跡迤西地形層級而下錯列於諸小回部間游牧人或傍河依崖而棲初非另有部落酋長名帕密爾者也恭查　皇朝通攷四裔門及新疆識略所列外裔均無帕密爾其名惟内府輿圖載之（據湖北書局仿刻本）列於喀什噶爾界外在緯北三十九度亦無四至可攷今采譯西人游記證以各圖知其形如斜方隨地加名故以某某帕密爾稱者甚多通計面積約十四萬方啓羅邁當（一千邁當爲一啓羅邁當合營造尺三千二百三十四尺餘）南起緯北三十七度北至緯北三十九度半約二度有零東西相距約三度有零山之最高者已入冬夏積雪界内俄人測得七千七百餘邁當英人測得六千四百邁當蓋地勢逾高空氣逾薄表度有差難得確數北境至瓦黑什河有大湖曰喀喇庫里地名哈爾果什帕密爾者已爲俄隸入費爾干省東抵葱嶺爲

中外分界處山嶺有石堡曰塔什庫爾干（即譯言石堡）至此已入華界唐之元奘及元明時西洋人陸行至中國者皆經此路西境至阿母河上源噴赤河穆爾格阿布河合流處爲止（阿母河上源古名奧克瑟斯音近阿克蘇非新疆之阿克蘇也）南至今阿富汗地再南卽克什米爾矣哈薩克達爾瓦斯及附近之羅善什克南瓦罕各族咸往游牧核其全土大半不毛惟東南一帶各河上流之側（薩雷庫里湖北東）宜麥及豆地已高至三千一百邁當小帕密爾塔克敦巴什帕密爾亦在東南地有山徑可通南北今夏俄兵游獵之役英人隱懷惴惴者實在於此又小帕密爾阿里楚爾帕密爾等處據洋報傳述均有華屬回民往來其地云

譯錄俄報

近日德報陳說華事英報亦嘵嘵不休蓋以俄國有派往帕密爾之兵致英國得以施其狡計暗中調唆使中俄失和然此事與印度毫無關涉俄兵所至之處係喀什噶爾阿古柏汗讓出之地彼德堡換約時中國尚未議定按俄國界綫所指之處爲

耶金伊爾克什坦那格喇察勒及烏倫克察特礮台此由鄂什城赴喀什噶爾一路極遠之界也以此論喀什噶爾以西各處山口已爲俄國所有而中國之界則在阿里楚爾帕密爾之外薩穆爾塔什迤西不遠之處兩界相爭之地中國新疆巡撫定有親自履勘之舉

按報內所列耶金等處大約卽此次俄兵越界插桿駐隊之地均於圖內標繪未知中國何名前據英人傳述俄人欲照阿古柏時畫界卽指此事嗣後宜於此處加意巡察防範以杜窺伺惟薩穆爾塔什一地尙未查出

致總理衙門總辦函 光緒十七年十月

逕啓者上月二十五日奉布十八號函計邀鑒及二十八日疊接森字第九第十號堂憲來函敬稔一切旗屯原圖另圖及鈔件字據各件均經收到文副都統咨文所敘情由頗爲明晰俄人於滿洲原屯並未違約侵佔蘇忠阿種地亦未納租是該國官吏尙非意存生釁於屯務尙可維持查條約由精奇里河以南至豁爾莫勒津屯但指所住

滿洲屯言之並未指明作爲屯地界限約內指定原住二字是當時定約吃虧處若據此以爭原屯以外之地在彼是否折服殊不敢知惟蘇忠阿開墾歲久勢不能聽其畫歸俄有總應專力辨論辦到收回以安旗業至補丁屯西南草地現無滿人耕種似可分別緩急酌量商辦俄督廓爾夫現已復來據稱俟外部定期即可會商容再布聞和蘭蘇里那麼招工路遠瘴重事不易行自難與商設領事幷案籌議弟自照會去後該國外部尚未答覆近日香港之議英廷牽於彼埠議論又有反覆恐和意更藉此觀望矣俄主銀婚事弟近時詳詢各國慶弔等禮較重者或由其君自達或此國外部電達彼部均不經駐使以別常例然在我難於仿行因擬爲鈞署飭由該使代電之請現奉電 旨當即恭譯傳賀以後遇有此項禮文仍令弟處辦理者尚希酌照十六號函所陳一面知照彼使俾示加禮函電日期互異則前此排算有誤耳

致總理衙門總辦函 光緒十七年十月

逕啓者十月八日奉布十九號函計邀淸鑒俄外部旋有函訂以十八日與阿穆爾總

督廓爾甫相晤弟先期繕送節畧備言蘇忠阿所種之地係滿人游牧舊區應照華官所畫未完之溝畫至江邊俾蘇忠阿永遠耕種精奇里河以南草地亦係滿人游牧均應歸還又兩國委員所立封堆之地如以上二節議妥可以不再追論等語（廓督暫住卽去約晤）（不易不能多作頓挫故一并說出以爲襯託）屆期辨論良久該督總以江左地已屬俄條約祇准原住滿人在彼居住並非精奇里河以南所有地方皆歸滿人弟因據北京約內漁獵之地俄人均不得佔一條以折其說彼此相持該督僅允原擬蘇忠阿租稅每晌十五戈比減至五戈比給九十二年領種年限（爲俄例領種官地最遠年限）其畫溝一層僅允就蘇忠阿所種地界接連畫入且以所繪地圖內有不合俟五禮拜後繪出一圖再行議商又東海濱省收取華民票稅一案廓督謂俄國通例皆然歐洲各國人往彼一律收稅並無苛待華人云云此案彼部尚未照覆因告副外部基君請其備文具覆以便轉報候核查蘇忠阿地據江省原函既經俄酋查知在後開地耕種非舊居旗屯可比則與條約所載原住之滿洲人等照舊准其各在所住屯中居住語意不免出入弟故專主所耕係滿人牧

地以爲抵制領種名目在我萬不能認而該督意甚堅韌一時未易就範容俟下次續議得有頭緒再爲陳報所論票稅似須詳訪各國民商在彼有無納稅情形再謀駁論茲將節畧及問答各語錄奉希核察是禱

照錄節略

現因黑龍江左岸旗屯一案彼此所論不同中國公使查察情形均已明白查中俄於旗屯之地看法不同者有三處一現華人蘇忠阿耕種之地二精奇里河南岸向爲滿人游牧經俄人於光緒九年（西歷一千八百八十三年）畫去之地三光緒六年（即西歷一千八百八十年）兩國駐該處大員派員段量設立封堆之地中國公使擬乘廓總督現來俄都且承貴外部願行訂商之機會將此案商議和平了結想兩國素敦睦誼必不難和衷商妥也所擬辦法列左

一華人蘇忠阿耕種該地業已年久本爲滿洲屯游牧之地現知彼處俄官爲睦鄰起見仍聽該華人照常耕種願乘此美意允聽華官飭將從前所開界溝未完工者

接連開至江邊即以此溝爲兩國屯民之界令蘇忠阿之地永遠安守並使旗屯居民只在界溝之內耕種游牧不致越出界外所有兩國爭論之事從此可以渙釋

二精奇里河南岸一塊草地按照地勢應與旗屯連屬且江左旗民生齒日繁遊牧之地更不可少擬請廓總督秉公辦理讓回地段俾滿人可以照舊遊牧

三光緒六年（西歷一千八百八十年）兩國大員派員段量設立封堆之地曾經俄國委員路新換立滿文字據畫有押據計據俄人現犁之界約有八里中國公使之意如能將以上情節商妥將來擬請 國家將此條不再追論

又俄國現在東海濱省收取華民票稅經前任洪公使照會貴外部請飭停免迄未接到照覆現在已否免收此稅並請明告以便轉報

照錄問答

十月十八日赴俄外部晤副外部基斯敬阿穆爾總督廓爾甫總辦格必尼及廓督帶來文案參將皆在座 基云廓總督將貴大臣所擬各節看過其中頗有不合特

詳告貴大臣　廓云中俄兩國以黑龍江爲交界黑龍江左岸之地屬於俄國按照條約是否　告云恰是如此　廓云按約地既屬俄所應准者不過滿洲人仍在原住地方居住俄國條例每一俄人至多分地不過十五晌現在俄官所畫該處地段給滿人者按當時滿洲人數核定每人約有十七晌之地是比俄人較多不爲薄待　告云我奉總署訓條亦是按約而言查愛琿條約雖云黑龍江左岸之地屬俄而約內有自精奇里河以南至豁爾莫勒津屯止仍準滿人居住等語故請將近精奇里河俄國畫去之地及蘇忠阿耕種之地皆從前滿人遊牧之地仍舊給與滿人遊牧耕種　廓云蘇忠阿之地以前是否滿人遊牧之地我不能指出卽貴大臣亦無確據卽使果是滿人遊牧之地則八十三年畫與滿人許多空地理應歸還俄國如此則滿人所失更多蓋八十三年畫與滿人之地其間空者甚多而當時滿洲人數已倍於愛琿立約時矣　告云約內云准滿人仍舊居住則餘地亦應歸其遊牧耕種尚有北京條約內所云中國人所占漁獵之地俄國均不得占一語可以爲據

廓云　北京條約所云准華人漁獵之地未有滿屯在內不能引以爲據　告云雖無指明滿屯之地但此條係申明愛琿約內分界之文理應相連互證　廓云似此貴大臣之意以爲黑龍江左岸自精奇里河以南至豁爾莫勒津屯之地雖屬俄國應全聽滿人居住遊牧耕種　告云總署及本大臣按約是如此看法　廓云此實與約不合愛琿約所云不過自精奇里河以南至豁爾莫勒津屯所有原住之滿民准其永遠居住而已並未云自精奇里河以南之地皆應聽滿人居住游牧也我們照約看如此所以彼此意見不同　告云滿人向來遊牧之地係連著滿屯應照滿屯一律看法還請仍舊歸還滿人　廓云滿人每人已得地十七晌之多儻再多與何以對得住俄人如蘇忠阿之地若租限展寬租稅減輕皆可聽從　告云約內並未載滿民原住之地如何情形但據約而言該處滿屯左右餘地理應全由滿民遊牧耕種譬如住房一區必有院落空地相連　廓云譬如租房立契其房須與別人同門出入契上若未載明即不能向同居人爭論定要由其門出入約內只云准原

住滿民永遠居住未載居外餘地則此餘地非滿人所能用也明矣　告云兩面看法不同所以我欲面商清楚使永遠不再爭論　廓云此意固善我願准蘇忠阿租地照本國極遠年例以九十二年爲期每年每晌本定租稅十五戈比而減至十戈比卽再減至五戈比亦可不過存有規矩而已我知蘇忠阿必悅從也至於近精奇里河之地則已有俄人居住萬不能答應　告云蘇忠阿之地雖然寬限減租然有租地名目終覺不妥　廓云我們今日所爭非因二百晌之地蓋恐兩國有傷面子如此辦法則俄不違約中國國旗可以高挂並不失勢　告云約上並無限止原住滿民之地領租一層總不敢答應　廓云我再准蘇忠阿接連從前所畫之溝將渠種地畫入但總須領租我情願代蘇忠阿出錢完租不能免租　告云我奉總署訓條應畫溝至江　廓云去條約太遠　告云蘇忠阿地在豁爾莫勒津屯以內總署此意亦是照約　廓云貴大臣送來圖所注豁爾莫勒津屯地段亦有不合俟再隔五禮拜我繪成一圖再議何如　告云總須想法不提租字方可議結　廓云恐無

法可想　基云俟圖到時當奉約再談現我們且論第二宗事　廓云第二宗事貴國更不便計論俄國定例無論何國人來俄均應有護照即俄人從此省到彼省亦有護照均有照費若立約以前原住華民所領護照並無限期只納八十戈比紙費不得謂之苛待至立約後來俄之人每人每年只納發照一切等費三羅布亦不爲多且華人及高麗人之在東海濱省者比俄人更多須設巡捕等人保護他們須藉此費以充公用貴前任文內有引北京約內之一五七等款以爲辨論不知此三款內皆專指商人來往而言且並未云可免納稅　告云歐羅巴各國人到該處曾收此費否　廓云俄國通例無論何處遇有外國人入境每人納照費五羅布現收華人三羅布可算格外減少　告云貴國已於光緒十三年免此稅費不應今日尚納此稅　廓云八十七年所免者係人之身稅現已攤入地稅非免此項照費護照乃查驗各人來歷出費係爲保護各人之用　告云此案貴外部尚未照覆應請備文具覆俟報明總署請示再論　基曰諾

再啓者德館住房本係倉猝議賃地段稍偏現在租限將屆其屋已易新主與商續租索加年租五千馬殊不合算只好擇屋另徙近年柏林戶口日增屋價騰貴而使館覓房既須滿面稍好又必房舍較多約按現在磅價年租須在二萬馬以外弟八月間赴德連看十餘處內有赤而吞街一房地隣官花園（外洋住房以近花園爲貴）上下四層大小房屋五十間尚爲合式業與議定年租萬八千馬以明春三月起租惟其房亦擬出售該房主定價三十六萬馬先付十五萬馬餘作存款給與四釐半年息（柏林買房通例如此）覓人估看全房工料均極完固價值亦尚平協若由使館自購可免他人居奇之圖且省後此遷徙之費每年所給存款息金及歲修等費約一萬四千馬於經費亦略可節省現與約明先候使館訂購至明年西九月底爲限過限聽其自行覓售限內早買一月按月照價扣回四釐息金如年內卽買尚可減省一萬餘馬至先付之十五萬馬約合庫平銀三萬兩或由衙門照撥或暫與銀行挪借每年於請撥經費時加撥萬兩分三年撥還似尚便於挹注可否之處統希轉回堂憲裁示附呈房圖柏林城圖各一紙藉備查核

致總理衙門總辦函 光緒十七年十月

逕啓者月之二十一日奉布二十號函計已入鑒前奉衙門咨行繙譯官恩光更正保案一節弟旋得恩仲華函稱保案重複例准聲明另獎擬以郎中候補因如其請於此次附片具奏本未分部故改請候選未識果合例章否外洋置購房屋訂立合同則有印費其後每年另有屋稅略如中國稅契地丁之制弟思德使在都購造館屋稅丁兩項諒必蠲免則中國在洋闢館誼應互酬欲懇查明見示以備案據奉撥經費三萬兩頃據滬道電知合十四萬二千六百九十九馬二角交德華銀行電匯核算磅價已在百兩合五百馬之內多令銀賤吃虧殊甚因與電商但交原銀勿合馬克一面屬該銀行確查市價酌量再兌俟覆到再將所兌德銀實數陳報先以附聞茲有正摺一件附片三件敬希代飭呈遞是感

致總理衙門總辦函 光緒十七年十一月

再啓者月之十一日接衙門來電商購德館准先撥經費三萬定議後續撥等因此事

前議之房業作罷論旋看定一房業於十月間詳陳情形請示辦理前房亦係門面四間僅有三層稍嫌不寬現看之房增多一層且地段較好故價值略貴弟赴俄後迭飭參贊潘鴻繙譯官賡音泰詳細訂商諸臻核實惟復函尚未奉衙門核復仍候示准以便訂購房價餘款或照彼都通例暫給歲息或俟撥款到後核兌德銀實數結算找價再請續撥均候堂憲酌核遵行

致總理衙門總辦函 光緒十七年十一月

逕啓者十月二十八日奉布二十一號函計邀鑒察十一月九日接誦堂憲森字十一號函敬悉一切洋人遊歷新疆應定章程容俟詳訪各國發照通例酌擬事條再請衙門裁奪前與俄外部面商旗屯一事近日詢知鄭督電取地圖尚未寄到祗好俟彼圖到乃可續論喀使停覲一節弟得衙門眞電後即撮敘節畧告知外部并言 內廷首殿係舉行大典禮之地 皇上本不常御禮數繁重未可輕請彼部初無成見迨接喀使覆電後再與探論其時英法等報頗述奥使覲見在 宮殿以外小亭子內又奥

使下輿處甚嫌泥路不便等語彼意益因此藉口屢次諉言嘎大臣尚未定見及中國道遠情形不悉不能遙斷等情弟因作爲使者私意譬導請其不必論地但令伊使視各國公使所赴之處一體偕赴可無疑礙其副大臣基斯敬頗以此說爲公乃轉商於嘎大臣復告於俄主始允發電商定之日與嘎爾斯面晤頗言中國遞書禮節不意如此之難又言各使皆以所見之地不能愜意無怪俄使不肯赴覲云云弟駁以喀使雷言奧使因亟於出都故未爭論若使果礙國體在奧使斷無因行路小事而置本國國體於不論又喀使先欲自擇一地總署不能允從至定期覲見喀使逕覆不見並未和平相商等語嘎雖無所答難而意見總未釋然其電致喀使不肯即作斷語畧言道遠難悉聽其自酌但我外部意見各使賀年所到之地你亦可去云云（三十世所覆故有酌量二字）然該使自行擇地之說度亦難於堅持矣西使在華並不禀承本國自行其意而其國外部不辨是非輒從而袒護之此交涉最棘手之端深可憤耳

再俄武員由帕密爾回營自述經歷情形俄報據此刊布茲特撮譯大略錄備察核

照錄俄報

英報謂俄官伊鄂諾弗於游獵帕密爾一事與中英派來官員辦理未盡允洽且有任意用強之語柏木拜第五千六百三十五號新報亦謂華官長某現有明春移營前進仍據阿里楚爾之說似俄兵闌入中英交界不無可議然傳聞失實未足徵信爰將伊鄂諾弗及其所帶兵隊行止錄列如左以證前報之妄　俄歷十月三十日土爾克斯坦四十三號新報內載統領伊鄂諾弗於六月初八日在涥爾達巴地方列隊起行至阿里楚爾河分派各隊向各山口及帕密爾河佐爾庫里湖分投巡哨再由此折向東南沿路有哈薩克在彼游牧見其牧場情形皆係早年開闢俄兵抵本屬東南隅之關巴茲伊巴再埠頭即瓦赫治爾河流入瓦罕達里雅河匯處自瓦罕過因都庫什沿路有巴喇吉里達爾闊特山口順此山口有古蹟記載布德杜里夫班瓦路及葛羅布車弗斯克等游歷事蓋指由達爾闊特向東有山口也然歐洲人曾無一履其地者卽由此徑往因都庫什以抵印度河上源而還復至關巴茲伊

巴再埠頭遇英員詞意和婉冀免盤詰而俄官以查無護照未便放行英員不得已仍還喀什噶爾伊鄂諾弗不以私交而廢公事又得待以禮貌想雲哈司班不得不遜謝以還也伊鄂諾弗欲從闞巴兹伊巴載北行以抵佐爾庫里湖適遇阿富罕商即照伊所指方向沿庫里愛雷克小溪盤旋而上崎嶇溜滑冰雪滿路及高處俯視北坡則冰山峭壁無復行蹤此八月初六日事也時值俄國佳節役者乃夜臥一萬八千尺之冰山饑寒交迫不敢告勞次早微雨繼之以雪因憩於馬上者一晝夜初八日將午始抵佐爾庫里湖各隊散行數日至此遂集於阿里楚爾河岸上此處復遇英官達威德松亦無護照又有華人駐此伊鄂諾弗告以中國卡倫不應設在俄國屬地因令騰出歸俄華人亦即出界前往薩雷庫里矣此次巡閱帕密爾道路益覺難行穆爾阿布河流甚急乘小帆船北渡者凡三次陸行尤苦山路崎嶇缺乏糧草馬匹倒斃甚多駝載乾糧因而遺棄兵丁忍饑食米尚復踴躍八月三十日各隊齊抵瑪爾格蘭計兩閱月行一千八百里（俄里數）途中經過雪山千仞循山而行山之

極高處冰雪積年不化詗由雅什庫里湖赴瑪爾格闌亦頗受辛苦俄兵歷此險阻卒能由帕密爾得意而歸堪爲稱賀卽按浩罕王所屬地界近至薩阿來斯克山嶺之背因都庫什地方雖係平原而一片荒凉非冰雪卽沙漠此次南邊所歷尤爲人跡罕到不能耕種其地之高約一萬四千尺爲帕密爾極苦之地想鄰國必不我羨而起爭心也卽在俄國亦非欲拓地修備祇以生齒日繁藉爲游牧之所耳玆述大略望石印畫報各館彙集羣說早日印出以供衆覽所立木牌載巡閱事旋卽撤去惟哈薩克卽不自爲某國屬民難保華人不再侵住帕密爾地方俄國雖無屬地實據然得之亦甚有用

致總理衙門總辦函 光緒十七年十二月

逕啓者臘月三日奉布使字二十二號函計邀察入初五日接誦堂憲森字十二號函敬悉一切俄兵越境一節前據基斯敬言並無發貼俄文告示之事現既查有發給布回頭目俄諭且有東西分界等語自應照知彼部聲明中國不能認允以杜後釁所有

照會底稿錄奉察核至所開卡倫名目前此遙揣終苦隔膜茲得鈔寄來文依據洪印界圖聲敘稍有端緒蘇滿一卡楊制軍文稱設在大小帕密爾適中之地（魏護撫文稱去喀城千五六百里有一帕密爾在中國界內蘇滿卡卽設其地與楊文畧異查洪圖所列帕部名色魏文已盡敍於前不能另有帕密爾之地而兩文所敍橫長直長里數均同自當以楊文爲據）此二帕密爾均在魯善舒格南瓦罕界內實已在中國舊管界內之外弟九月間函陳基斯敬擬會三國分界之說不審衙門如何裁斷惟俄人此役向英員索驗護照禁其前行已儼然據帕部爲已有之局現雖歛兵歸國此後或待時而動或春暖復出均不可知該卡倫扼紮較遠更宜嚴加防範庶可遏其豕突前呈喀城界圖想經遞飭墳注擬請再行發給洪圖多張分交南路官司將領（洪圖玻璃原板現存使館）如需添印甚便俾得據此證合邊地名稱遇有稟報牘件可以依據聲敘並希轉致新疆撫院如俄文論帖存有底稿亦請錄寄藉以攷知洋名庶幾有事辨論較能切實再正泐函間接奉堂憲森字十三號函并此布陳

再啓者魏護撫文稱該處有斷缺舊碑一道考係乾隆　聖製平定回部勒銘伊

西洱庫爾淖爾之碑碑亭舊址具在等語恭譯新疆識略　聖製戰圖補詠先有阿爾楚爾之戰繼有伊西洱庫爾淖爾之戰（其時逆回將遁赴拔克達山我兵追及於此）阿爾楚爾證之洪圖有阿里楚爾河當即其地伊西洱庫爾淖爾應在其西即洪圖之雅什里庫里湖（雅什里即伊西西譯音之異）均為赴拔克達山所經之路（拔克達山在舒格南之西今洋闊猶存其名）其地係在雅什里帕密爾凡記功勒銘必就戰地立石今於蘇滿卡地訪得碑亭舊址又俄報曾言在阿里楚爾河上遇有華人駐此（於二十一號函錄呈又英報並華人張姓與來文合）以此揣之似設卡之地尚不在大小帕密爾竟在雅什里帕密爾此節尚請轉致新疆撫院飭行勘察以得確蹤（地名易淆部族有定似可查詢該處為什克南部抑為瓦罕部便可審知）又查喀什英吉兩城原設卡倫至遠不踰二百里外名目道里具載識略現設之卡遠至千數百里度必劉毅齋中丞克復南路後拓地紮出此乃中國兵力所得最為光明如後來議及地界正可作為實據並請由疆撫密查設卡緣由以備辨論是幸又英官雲哈思班已回倫敦宣告報館帕地回民最尊服中國亦不憎英人明年春間中俄英及阿富汗四國將有分界之議云云並以附陳

附錄照會底稿

前於本年九月初接奉總署電知俄官帶兵游獵帕米爾一帶並至中國卡倫地方設立木杆給付諭帖各等因本大臣曾將此事商告貴副外部基斯敬據稱俄兵現已回營此後飭其不令再到中國地界當時電復總署在案茲接總署咨文稱俄兵已經回營惟帶兵官伊鄂諾留有諭帖兩張在中國卡倫俄歷一千八百九十一年八月十三日所給內有某處及某處以西屬俄以東屬中國等語中國　國家不能認該兵官分界之事特囑本大臣轉告貴外部中國不認該兵官此項諭帖等因爲此備文照會

光緒十七年十二月初十日 俄歷一千八百九十一年十二月十八日

致總理衙門總辦函 光緒十七年十二月

逕啓者前函泐竟待發適曾游中亞細亞之英參贊愛理鄂脫來晤弟憶及英報曾言英員達威德松在阿爾楚爾河遇見華官張姓而該英員當時爲俄官伊鄂諾弗扣留

係交英參贊領回因叩以彼處情形據言達威德松與張姓相遇之地曰蘇滿塔什在雅什里庫理湖之北（距湖不遠）有中國碑在其地春夏間有華兵駐紮蘇滿地音既符是弟前揣該卡不在大小帕密爾竟在雅什里帕密爾已無疑義該地在回族什克南部內（見新疆識略外裔門洪圖作舒克南）東北近俄之費爾干省界（衙門函開叔耘來函所繪圖內將喀界之外正西一段畫歸中屬正指此地）已爲帕密爾迤南之境在俄人目前雖無侵佔華界之意而吞幷帕地之謀方興未艾該卡懸軍險遠形勢深爲吃重尙希一幷轉致新疆撫院勘查又查光緒十年克什噶爾約定界約第三條載兩國界綫至烏仔別理山豁爲止俄國界綫轉向西南中國界綫一直往南等語似圖內界綫至此亦必分繪此處正與帕密爾地接連將來如議及分界或俄兵復出爭論卡地（前呈俄報內載俄員有中國卡倫不應設在俄國屬地等語）於界綫所分甚有關係欲乞檢查此件界圖如有留存希飭同文館學生照摹一分見寄（滿文地名如無人諳寫但注俄文亦可）藉備參攷不勝禱感

致總理衙門總辦函 光緒十七年十二月

逕啓者月之十三日泐奉使字二十三號函計邀鑒察德館購房一節曾於十月間兩次陳候示遵嗣據繙譯官賡音泰函稱該房主因年終需款亟於出售價可減讓隨飭參贊潘鴻與該繙譯逕與房主面商旋據覆稱經與房主再三核減言明在四年內付價修理由使館自辦並省除洋人居間花費共允讓五萬馬（原估修理費約萬餘馬）計實價三十一萬馬連延請官狀師繕立合同等費在內除押款二十萬九千四百馬認給年息四釐半外先付十萬零六百馬仍將現付之款扣回四釐（作九個月算）實付九萬七千五百八十二馬現租各戶訂明西九十二年三月底遷空以便使館移住自西正月起三個月房租歸我收取（約可抵作押款三個月之息）等語查前議豐達海街房業奉衙門准辦現在議減之價既與前房相亞（前房售主亦不管修理）而地段較好房又增多實屬平協有此機會未便拘執前函因卽飭該參贊等照議訂定合同并代書押弟卽函告德外部請其照章轉行按察衙門核辦並商免印費屋稅等項（他國使館有免有不免均須查照彼國使臣駐紮之國曾否邀免請示其主核辦）其印費照價一釐計三千一百馬先行交付如將來允免仍可收回一俟彼部覆到再飭該參

貲等約同售主赴問案官處交房過戶將合同所載要款登註官簿兩造畫押從此交割押款一節雖係洋例中國既自置使館自應贖回且可省年息九千餘馬但原議須於六個月前知照已飭售主轉告經押銀行允於明年西六月底回贖前匯三萬兩經江海關道兌合德銀十四萬二千六百九十九馬據德華銀行函稱冬令鎊價不能跌落因電令照原兌價匯洋除付計存四萬二千零十七馬明年五月間贖回押款將存款抵付尚需十六萬七千三百八十三馬按現在鎊價約合銀三萬五千兩應請衙門酌核於五月初間續撥其押款之息除房租作抵尚有不敷暨應需修理等費容當歸入常用經費內支銷俟諸事辦結再行詳晰咨明立案以備稽核俄廷以加匽㦲數省在莫斯科東南旱荒甚重新年停止宮中茶會移款濟賑歲饑殺禮亦頗有合耳

許竹篔先生出使函稿卷六目錄

致總理衙門總辦函 光緒十八年正月

逕啓者德館購房事業於去冬使字二十四號函陳布茲承衙門函示挪款扣息亦不合算如何分年匀撥屬爲議定弟前函本擬請在五月間續撥三萬五千兩將押款全行贖回然或分作三年匀撥本年先撥萬二千兩所短之欵暫向銀行挪借亦無不便統候堂憲酌核示遵又駐德繙譯官賡音泰具報娶妻生子一節經衙門函示呈內僅稱納妾生子轉咨旗籍立案似尚可行等因當經飭諭該員深知悚感雄妻妾名目有定若另請更正頗難措詞現特補備咨呈敬希察收酌予轉行藉以成全該員家事統祈裁奪爲幸

致總理衙門總辦函 光緒十八年正月

逕啓者月前奉牋布問想邀鑒入旋接冬月惠書敬稔一切覲　見事俄部聽喀自酌無甚成見巴使近與我見好此事較易就範但俄德不睦喀與巴似聞亦有意見現

屆春仲洋報尚無電傳柔遠之禮殆講解尚未有緒耶俄人蠶食帕米爾已露端倪得署電允其撤兵可以不起邊釁惟蘇滿卡地弟所考該圖實無疑義雅什里帕米爾去喀城太遠內地乾隆碑文但言追霍酋至此勒石紀功新疆督撫來文據此爲舊管之界實與掌故不符且當
純廟時師武臣力各回部懾伏恐後尚爾置而不有至於今日俄之強非回部可比兵力餉力萬不如昔設卡篤遠無益邊防去夏俄兵係由交界山谿一帶南出蘇滿卡地遠在迤西於地勢並不能扼阻徒召爭端殊爲非計銜門有局外之論最爲深算特撤卡內徙亦須斡旋現俄外部本以地界不清欲合三國議定正可因此轉移明告疆省暫緩派兵徐俟畫界英俄於該地各懷私圖議界斷不能就終成宕局時日稍久便如陳案在我不居撤徙之名而收保境之利不審高明以爲然否公函中不便顯陳聊以私布也江左旗屯一案竟無可再議愛琿條約明言原住滿人照舊在所住屯中居住即不能執精奇里河至轄爾莫勒津爲全屯之界文義極其清楚殊難斡旋不審衙門如何酌度此約寥寥數行而鑄錯不一而足眞可笑矣

俄都去歲冷至二十度外（係百度表）竟有四五日上著以爲十年來所未有（常年最冷不過數度）然在室仍然蒸暖一出門則裂面剝膚令人不可支耳董生事前已奉布容當再爲留意但目前位置不易須明年圖之頑軀尚臻平適承念尤感賤造體弱屢患半産亦無如何之事耳

致總理衙門總辦函 光緒十八年二月

逕啓者正月二十八日奉布使字二十五號函計已入察月之十一日接堂憲森字十七號來函敬悉一切查禁匿名揭帖咨稿遵當飭譯洋文照會德國外部以表中國保護教堂之據新購德館免稅一節業由微陽二電陳覆旋接衙門庚電巴館歲租百五十兩巴願總繳取年租永免歲納等因循譯總繳取年租五字語意未盡明晰不審有無誤碼故尚未與彼部商論竊維德外部業已函詢巴使似彼之免稅與否必俟巴使覆到方定但請由衙門與巴使議定辦法令其報明本國一面知照弟處想彼部當無異議也惟據吉甫述稱此項百五十兩歲租係租用正藍旗官地繳款其自置永租之

地實未納稅租歸業主（本旗即爲業主）稅歸國家款項顯有分別以理論之巴館自置之地既無稅契地丁各費則中國在德置館即應相酬不應以旗地歲租牽連俱免若巴使以此相持或仍彼此各納稅租在我亦無所損遙揣之說聊備酌奪除寒電先達外敬以詳陳再陽電歲稅五百馬實係五百二十八馬發電取簡故不及零數耳

致總理衙門總辦函 光緒十八年三月

逕啓者二月十五日奉布使字二十六號函計邀鑒察帕密爾撤兵一節於月之十三日接俄外部照會據喀城領事稟稱華兵仍紮帕地欲請鈞署由俄線電飭喀道速行撤兵弟當即函覆中國電線僅達甘省由此至烏魯木齊而至喀城計八千餘里遞寄不能迅速至喀道未有碼本無從通電若用洋文則該處官員不能憑信無庸向總署商請云云而總辦格必尼斯商之甚堅正與辦論間得衙門咸電當赴彼部告知格必意尚未愜仍持逕飭喀道之說告以此事決不能行執論良久乃詢所電彌撫詞意因酌照原文（將恐生他故語意節去）譯告適値喀使電到內述衙門告伊不能電喀道之故與弟言

畧符彼漸意解願將我電代發至鄂什城另電俄官專差趕送喀城（由鄂什至喀約十日可到）惟喀道既無電本仍苦隔閡因於電首另用俄文聲明此電係國家撤兵之事望速轉遞云云俾可接洽嗣與論及各不佔地一節該總辦云就我所見此特虛名耳日久仍必轇轕然既是中國　國家之意請俟撤兵一事了妥由貴使備文言之除皓電陳敘外並以備文月前曾與英參贊愛理鄂脫密論帕界渠言英所注意者在近阿富汗一帶之地（即瓦罕以西一帶地）若大小帕米爾英國可幫助中國得之弟言若三國約明置爲局外地貴國政府以爲然否愛理言如中國有此意當請公使轉達本國再爲奉覆嗣後尚未與晤及也日昨參贊林怡游赴外部晤格必尼斯據云續得喀使電新疆巡撫已檄令撤兵惟留卡倫數處等語我想有卡倫卽須有兵卽允撤回何以尚留煩轉告貴使能悉其故否弟思此係該總辦便述之詞自可姑置弗理又前接伊塔道來文稱俄領事吳司本不肯會同地方官訊案請告外部轉飭遵辦並據函述該處交涉案件向由帮辦領事柏勒滿會訊該帮辦現赴塔城擬請或飭該領事照約會商或另派副領事等因

弟即據情與格必言之旋據覆稱現有派往京師之學生某某擬充俄官隨員令其由陸先赴伊郡帮辦會訊業經轉赴英道矣

再前咨商洋人游歷新疆由使館發照一節去冬奉衙門函令詳定章程咨候覈定等因查條約載洋人游歷內地由領事官給發執照由地方官蓋印又俄約陸路商章載俄國商民前往蒙古天山南北兩路應有本國官所發執照由中國卡倫官蓋戳爲憑各等語却無另給護照之說（煙台約專條英員赴青海西藏由總署辦給護照不在此例）近又詳訪西國出使通例凡各國駐紮公使祇就本國人民發給執照以資護行若他國游歷之人大都驗其原有護照加蓋戳記爲認明此照來歷之據核與條約事理大略相符似可酌照辦理嗣後如遇洋人前往新疆游歷已領有本國護照者應以彼國外部及所駐公使知照爲據由使館蓋印譯註入名事由俾該處官吏憑以查驗其未經領照而向使館請給者即可停發以示限制而符約章（此例各使館亦經辦過）統候衙門裁示遵行

再啓者德館所租房屋於三月初期滿業已遷移新居查新館四層樓內尚有原租住

戶以租約未滿未能移騰者由舊館主調停在使館毗連之屋酌賃若干間暫敷棲止所需賃費可以租入相抵無庸另行開支去年二十四號函所陳押款扣至本年六月初七日（西六月底）應行收贖此項贖款擬請撥銀三萬五千兩或分年先撥一萬二千兩均候衙門裁定與否請出使經費一并於五月內電飭撥匯是荷其免租一節前於二十六號函陳達不審巴使意見若何如德國駐館並未納過稅契地丁兩項但令巴使據實覆知彼部弟處亦可將旗租房稅不同之故與之剖論（外部曾告賡音泰聞中國有旗租一項最好彼此皆免當時未知其詳未與中論）便希示及為荷

致總理衙門總辦函 光緒十八年四月

逕啓者三月二十一日奉布使字二十七號函計已達覽二十四日接誦衙門森字十八號函敬諗一切旗市一案續於二十五號函詳陳情形請示辦理鈞署慮其立此名目藉此要挾彌佩遠見自應仍持成約以杜狡謀惟江左之地早已屬俄以我民而寄彼地若其逕自徵租定限恐非江省官吏所能阻遏目前辨駁似不必與之爭地但責

其將蘇忠阿墾地永遠准其耕種如能辦到則地自在內擬稍遲再遵函示與之駁論也巴爾魯克借地事俄外部尚無覆音現在限期較近因又備文催詢鈔稿奉覽各不佔帕之說聞英廷意欲我先與俄商現叔使甫回倫敦是否與之開議尚未有信竊謂各不佔者乃議界不成後調停之方此時俄志陰圖得地（阿爾楚爾帕米爾距彼最近最所注意）英則視俄為動靜驟諭以交讓之道是我獨亟求了事不免有所鑿枘弟思商俄商英勢不同進說宜異現在弟處備文似可先言中國願與俄英同議分界後及如俄英皆肯不據帕地中國亦必願意以本旨作輔筆似事體步驟較為得宜弟揣英俄議界各存猜虞必不能成且兩國前釁暫解（俄官禁逐英員俄已道歉）并未必以議界為亟圖耳至可否先從願與議界說起尚請衙門電示遵行修約業經逾期喀使是否議及抑竟作罷便希見示俄德交惡近似有和解之意聞俄使告德邊界所增俄兵但因歲饑就食事定仍須調回德之官銀行亦聞有肯收買俄債票之說（官行肯收則債票在德可流通）歐洲戰機又可戢止矣同日接衙門森字十九號函並此領悉一切代回堂憲是禱

再俄部嘎爾斯於前月臥病今尚纏綿年已衰老此次即能病痊亦恐艱於辦事耳

照錄照會俄外部譯漢稿

案查俄歷去年七月間本大臣曾將光緒九年塔城界約所定俄屬哈薩克在巴爾魯克山內游牧者應於立約之期起十年限滿時遷往俄國一案備文照會貴大臣並請行文該處邊界官及時設法陸續遷徙於限滿之日一律騰空以符約章等因至今未蒙照覆茲復奉詢此事如何施行之處希先爲見覆以便轉告中國　國家是荷

光緒十八年三月二十四日（即俄歷一千八百九十二年四月初八日）

致總理衙門總辦函（光緒十八年四月）

逕啓者月之初六日奉布二十八號函計邀察覽旋得俄外部覆函稱俄兵游牧巴爾魯克山應行遷移一節現已飭令駐京俄使向衙門商辦等語當經電達茲特照錄譯稿奉覽不識喀使已將此事提及否去夏俄之掌樂官曰楚路斯基自製樂譜名曰萬

國頌詞裝潢成册請代呈中國　國家錄收未便拒却乃允以轉達鈞署候奪以非公事要件留存未寄惟相距日久該樂官屢來索覆擬請以鈞署已經收到渾辭覆之將來酌送華物數種言明使臣自贈以盡酬謝（書係印本並不多費但以帶出便物報之）謹以奉聞其書俟便再遞再初八日接衙門森字二十號函已領悉

致總理衙門總辦函 光緒十八年五月

逕啓者四月十三日奉布二十九號函計邀察入旗屯蘇忠阿墾地事業已繕函照會俄外部請其給與永遠耕種利益錄稿奉覽巴爾魯克借地事前晤總辦格必尼斯便向探詢據云俄使處先有函去近又發電告知即以俄國如何定見初云擬請中國亦允一事旋又縮止稱且俟喀使回信再當奉告是否俄使亦來相商便希見示喀使請撤卡倫一節先奉衙門漾電即與副大臣基斯近備述情由彼意以地既未有定屬不當一國先有卡倫堅持先撤而後勘界之說語氣稍涉閃爍且阿富汗近至蘇滿爭界彼得耗有不願英國同商之意蓄謀殊爲深狡旋奉多電復往晤格總辦告以阿富汗

屢來爭地中國正須設防斷不能撤此卡倫且現留卡倫無礙於勘界一撤卡倫阿酋必來認地無益於俄反覆駁論格但言阿富汗不能越界俄英早有成約不必顧慮帕地既須公商中國不撤卡倫便是先據其地俄國故不能允復詰以各卡係平定回亂時禁設在喀城分界之先當時俄官均無他說等語彼仍强詞支吾詞氣較和而堅執如故由電陳報外兹將兩次問答節略録呈備核陶撫處先遵漾電摘告接冬電後因復摘要電知俾相接洽附電稿

德館免稅事奉衙門魚電即繕函商告德外部上月二十八日始得來函係訂期派稅官查估稅則雖有互免之詞尚非覆允確據以故先未電覆統希察及再繕函後得德館函報接德外部初三日來函送暫不收房稅憑單一紙大約方向巴使查詢故仍無的覆謹以附陳

照録發新疆巡撫陶電稿

總署漾電喀使請撤在帕卡倫查西域圖志阿爾楚爾雅什里庫爾兩地實在境外

此外卡倫多恐不免出境特現難再允撤退須心知其故希密電陶撫相機行事勿再拘執謹聞澄儉此電札由伊塔道轉電疆撫首冠致伊塔道俄文十四字

照錄發新疆巡撫陶電稿

總署冬電喀使續請撤卡以便會勘覆以勘後儘可商量現不能撤陶撫電阿富酋又催我退目下卡倫防兵斷不可撤謹摘聞澄江

照錄照會俄外部漢文底稿

江左旗屯一案前准貴大臣照覆後復與廓總督面商一次即將來文鈔呈總署並將此事情形詳爲轉達候示茲奉總署覆稱已將貴大臣照會詳細查閱知江左滿民自愛琿立約以後歷承俄官優待中國　國家深爲欣悅現在不必辯論地界但爲按約保護滿民起見查蘇忠阿係約內所云准其仍舊居住黑龍江左岸之人非約後遷來者可比且其地係經伊開墾多年在廓總督西歷一千八百八十三年劃界之先是以總署囑本大臣請貴大臣設法使蘇忠阿得享永遠耕種該地之利益不勝盼切

光緒十八年四月二十四日即俄歷一千八百九十二年五月初八日

照錄節畧

四月二十七日赴俄外部晤副大臣基斯敬告云總署來電喀使請撤在帕米爾之卡倫防兵總署以新近派出之兵業已允撤現留卡倫是否在帕米爾地方道路較遠一時不能詳知當俟兩國派員會勘時再商此時礙難與新調之兵一同撤退特屬本大臣明白相告　基云俄之請撤卡倫係爲便於兩國公同勘地起見若中國先有卡倫則分界之事恐因之不能舉辦　告云俄國之意因有此卡倫有礙勘界然中國　國家目前並無預認設卡倫之處即爲已定之地不過因禁設已久須勘明再議不能一時撤回請貴國目前不必計論　基云卡倫不撤所有北京俄都彼此兩處雖然和衷相商然難保設卡之處兵士相遇有傷和氣俄國請撤卡倫實是好意至撤與不撤請中國自行斟酌俄國不過說到而已　告云我之私見揣度中國似無十分看重各帕之地不過甫允撤回派出之兵目前不便再撤卡倫留兵且

此卡是平定阿古柏時所設在西歷一千八百八十四年喀城分界立約之先故祇能允將來再議　基云現在帕米爾地方未定何國所屬近來阿富汗人又欲在該處佔地俄國所屬哈薩克前往牧羊已納俄官公費到該處又令納費該民勢必向俄官控告豈不因此生事俄擬今年即商分界之事該處祇夏間三個月可以會勘現在卡倫不撤分界之事又須延遲矣　告云中國亦是本和好之意故立允撤兵且前曾論及三國各不侵佔之策可見中國並無貪彼土地之意其實儘可一面勘界於卡倫並不礙事　基云中國並無他意現已明白俄國亦可相信但勘界之事總不能在未撤卡倫之先商辦萬一兵士槍聲一響彼此意見改變豈不可惜　告云兩國和好何至有此事然中國撤卡倫總須與勘界事同商　基云卡倫必須先撤如中國卡兵一撤俄國必立即派員與中國會勘請爲轉達貴國　告云前所云各不侵佔一節俄國有意否　基云尚未計及於此當於勘界時再議　告云議界之事英國近時來商過否　基云英使前告知英國現欲派員往彼考察此時不願

商及界事且俄國現在主見甚願中俄兩國同商界事不必與英合商因該處地方中俄皆係地主英不過保護之國相涉而已中俄歷來界約皆彼此遵守阿富汗則往往失信如近來有一河道本約兩國分用其水阿富汗竟獨據爲已用之類故不能三國同辦也　告云我奉總署來電已將撤卡之故奉告今當再將尊論撤卡後卽可派員會勘帕地一節轉告總署聽候定奪　基云所以請撤卡倫之故亦經詳告俄國無可說但請中國自裁可也　五月初三日赴俄外部晤東方總辦格必尼斯告云本大臣復得總署電更有不能撤卡之故因烏魯木齊巡撫電稱阿富汗屢次來認蘇滿塔什一帶地方爲伊之地要中國撤去卡倫中國正須設防斷不能因阿之請而撤卡目下爲我兩國有益之計莫如趕卽各自派員往彼議勘俟界地分定卡倫之事自然清了特爲轉告　格云中國之意已悉但在中國總以撤卡爲合宜現既不能答應一時我們亦無話說　告云中國現擬兩國先辦分界我看勘界之事斷非有中國卡倫在卽不能辦　格云此是各人各意我們看法卡倫未撤實

有碍勘界之事　告云現因阿富汗亦在爭地若卡倫一撤阿卽往認其地豈非反碍我兩國分界之事於俄國並無益處　格云俄與英有約阿富汗不能到帕密爾伊若佔去我可立卽驅逐無須防慮　告云中國已允退兵現留卡倫原設已久僅有巡查之兵在彼何至於會勘事有碍　格云雖如此說卡倫在彼明係中國先佔其地譬案上一册書未定誰是書主一人先將此書携取究非公道　告云中國設卡倫已有十年並非現議分書時將書取去現在仍允此書可以議分有何不可　格云俄人英人之游歷帕密爾者從前未云有中國卡倫在彼看來不過設有一二年如分書之時將書取去相同　告云各卡係平定阿古柏時所設並非近來新設　格云從前回汗各部皆在帕密爾一帶與喀什噶爾毫無干涉大槪設在去年俄參將伊鄂諸弗到地時前後　告云光緒十年喀城定界約時各卡業已添設當時貴國都無話說　格云喀城立界約時我們未見有各卡在該處　告云據烏魯木齊巡撫查報如此總之此等界事既彼此所說不同豈能憑空言議定可見更須派

員勘地再定　格云帕密爾地界未清中國不能設卡如此之遠　告云中國在乾隆年間取得回疆邊外各回部均歸所屬所有兵力所到之處有權可以設卡現俄國請撤派出之兵中國卽如所請且允勘地之後卡倫撤否可以商量均爲敦睦素來和好之意請俄國亦照和好之意相待不必再提撤卡　格云我俄國現亦無甚意見然總不能允中國可以不必撤卡餘無甚話說　告云俄國不必疑慮中國應向別處提防　格云中國說話狠好然卡倫不撤卽算地亦要去豈非所說與所行不符　告云先辦勘界卡倫自然可商　格云分界之事非一朝一夕可以完畢卡倫不撤是中國先據其地故俄國不能允不撤卡而先勘界我已電令喀使覆總署現將貴大臣今日所告不能卡撤之故業已告明只好另日再談　格又云此事尚須與貴大臣長久常談非一時卽可了事

致總理衙門總辦函　光緒十八年五月

逕啓者月之初四日奉布使字三十號函計已入察辯論卡倫一節業將兩次問答情

形奉布昨又申敘前論繕函催商一併錄稿呈覽彼之所以嘵嘵者總以地尙公共未經看明不應一國先爲佔據然我之卡倫設已多年從無地未勘明憑空裁撤之理以此抵制彼當無可相難姑觀其如何置覆也初八日接誦衙門森字二十一號函敬悉一切　覲見禮節各使要求難以曉喻祇可停擱以待彼自轉圜並奉函示蘇滿塔什應作撒馬塔什在喀喇蘇河阿里楚爾河二源之間界圖漏此四字但寫山口二字弟因檢查俄文輿圖二河源之間但作山口形記不標地名似界圖並未漏譯（或所據俄圖不同）以弟所聞蘇滿地方實在雅什里庫里湖北岸（小地名爲圖所不備）與新疆撫院電稱在伊西洱庫爾北十里相符似無疑義當時副將軍富德追霍酋先經阿爾楚爾河而後至伊西洱地益可明蘇滿不在河源以東之證遙揣之見並以奉質鈔件及兵部咨件均領悉

再密陳者衙門電示撇開英國勢不能行一層此次彼既不肯先允勘界則應否約英同勘尙非此時議論所及應俟商有端緒再與譽導竊維帕地界處中俄英三國間之

必須公議清釐去年基斯敬則明言之（但未形諸函牘）今乃驟變其說若非因阿富汗近事與英齟齬必係疑中英相合隱萌猜忌若議及會勘彼能轉圜固妙否則彼拒之而我堅商之則是益動其疑更爲相左似可與言中國與俄英均屬交好不便將英國撇開既俄國謂與英無涉請與我照會俾可據以覆英恐俄必有所躊躇若彼意毅然爲之英必不甘將起而與爭較勝於我爭矣叉電示阿富汗來爭雅什里地顯受英嗾情勢誠爲灼然但英人此謀非爲通道於帕（通道須從小帕密爾入手與雅什里遠不相及）乃欲拓遠阿界不令俄偪起見名與我爭實乃與我同患似宜開諭阿酋謂此地毗連三國不必專與我論應併與俄商方能勘定各界導使兩雄之自爭冀免二敵之并受管見所及附備采擇

照錄照會俄外部底稿

俄公使兩次請撤帕米爾卡倫已奉總署電報屢次與貴外部面商茲再備文申言之中國　國家因兩國邊界和睦起見立允將調赴帕米爾之兵撤回至於現在留設各卡倫係從平定回酋阿古柏後紮在該地歷年已久現在帕米爾地界尚未查

勘清楚萬無憑空言議撤之理然中國仍不改和睦邊界本意所以此時並不將設有卡倫之處認爲勘定之地可以俟兩國派員會勘地界之後再行商量若未經勘界先欲目前撤去該處卡倫斷不能允許想貴外部辦事公平自能明悉其故惟願先將勘界之事與中國商辦以釋兩國看法不同之疑是爲至盼

光緒十八年五月初九日（即俄歷一千八百九十二年五月二十二日）

再啓者德館免税事近又催請外部具覆尚未覆到惟前函彼此互免之說業已明允復又函送本年稅則憑單聲明暫不收稅似已可據因思巴使所請總繳年租一節勢難久宕且我本不收房地等稅若又將旗租總收永免允其通融在彼當更無異詞茲將來往洋文函譯稱奉覽除後電奏達外并以附陳

照錄致德外部函稿

茲接總理衙門電知貴國駐京使館向未收取印費及房地等稅所有滿洲地租每年一百五十兩並非稅項巴大臣商欲總繳十年以後永免本大臣因思中國既不

收貴國駐京使館之稅則中國在柏林新購使館貴國亦必有互酬之誼望即查覆以便轉達總理衙門定議並祈飭將前繳之印費三千一百馬發還爲荷

再啓者據叔使鈔寄衙門諫電英與俄商帕事藉此轉圜是好機會希告竹使聯絡駐俄英館以探消息等因查英擬派員赴帕前基斯敬亦已述及弟此次在俄臨行時曾赴英館探詢據代理參贊（英使請假出游）稱英廷因未能詳知帕地情形特擬派員查勘先與駐英俄使相商嗣令其使與俄外部面商自嘎爾斯患病後亦不甚提及現在國家已否派員尚未得悉彼地僅西歷六七八月可去倘稍遲緩則今歲亦不及辦云云謹據所聞以陳此後當隨時探訪以副堂憲籌邊之至意惟英俄所商似指派員之事與各不佔地一節恐不相及尚是同塗異轍所冀俄人因此稍有牽制於我或不爲無益耳

附錄五月十八日接新疆撫來電

勘儉電悉會立坎酋先派張鴻疇因帶隊難離改派田（衙門來電盛作）鼎銘坎事尚無信駐帕兵已撤退模青

致總理衙門總辦函 光緒十八年六月

逕啓者五月二十二日奉布使字三十二號函計已達鑒月之初五十一日疊接衙門森字二十二三號函敬悉一切並承鈔寄 欽定西域圖志圖說各件恭譯之餘益獲折衷自後遇有辯論於阿爾楚爾雅什里庫里兩地卽當稱爲屬地不言界內以符掌故叔使處亦已將圖說寄閱矣旗屯一案前奉衙門函示以蘇忠阿墾地納租立限名目未妥旋經函告俄外部責令准其永遠耕種昨據彼部具覆稱廓督不難允從但須該民有立約時耕種其地之據其言殊爲狡巧譯稿奉鑒現惟有仍持原說兼言該地在精奇里河至豁爾莫勒津屯相對直綫之內理應得此權利再與駁覆以後惟當遵照鈞署用意於補丁牧廠與蘇忠阿口甸二節爭得其一以期補救至衙門寄示愛琿約法文載明原住滿人均准居住等語査約文指明自某至某原似有界可言其誤在下文緊承原住滿人在所住屯中居住遂致彼得執以藉口且江左之地約中明言作爲俄屬與之論地亦苦牽礙若所譯法文果有均准居住字義則辨論卽有把握無

如俄法文二稿弟處早令譯者詳細推求俱與漢文符合若我以屯界相爭彼卽以原住所住相抵終不能得其歸宿竊讀衙門前函謂地歸彼屬人歸我管此中本易轇轕誠爲洞鑒癥結之論此案與俄外部暨廓督往覆論辨幾於舌敝脣焦弟之固陋竊見俄人日徙其民以實東隅江左荒寒可耕之壤不多滿屯一帶環近江岸水土較腴益爲彼所垂涎該屯界至所在當時究未勘明將來轇轕之端恐猶未艾誠就此時與之申明約束於現圈滿屯界內禁止俄人不再侵佔則原屯四十八處藉以永久相安雖無濟於補牢似尚可以善後若徒以空言相持結議無期於屯務轉無實益此中曲折情形亦不敢不據實以陳耳法文來稿特配注漢文語意繳還備核又英書所記英俄會議卜希路拏與阿富汗分界一條查卜希路拏卽布哈爾爲俄人保護之國以帕米爾名河洋人圖說均無是稱阿布二國經英俄議定以阿母河爲界是帕米爾河卽阿母河無疑所開英文書名係卽類書字典之屬其會議分界有前後兩次一在同治十一年西歷七十二年一在光緒十三年西歷八十七年現由金楷理詳考議界緣由另述記畧並據英

文阿富汗圖摹譯簡幅藉備查核（原圖並寄呈）惟英俄所議於拔達克山瓦罕等部已定爲阿屬若以北之什克南羅善二部英擬屬阿而俄猶未允其地即伊西洱庫爾一帶也

嗣後請遞摺件自當將奏事處咨牘封入夾板以免參差並希察照

再密啓者近接署喀什噶爾道李道宗賓來函據稱派往帕米爾馬隊三旗業經奉飭全數掃退並各卡所留兵丁二三名一律撤退等因查俄外部前請撤卡而後勘界原爲兵不盡撤起見今守卡之兵既撤蘇滿外卡又爲阿富汗所佔情形稍有不同前擬各不佔帕之說英既不允更難望俄勢不能不以勘地分界爲將來歸宿之計似可以我已盡撤卡兵告俄與申會勘之議無論彼意果否願勘在我總可自占地步至叔使以鈞署慮阿退則俄佔議將蘇滿卡地交阿暫守弗令俄佔自是一時權宜之策但阿兵駐守度非俄所甘心日後俄苟責言於阿而阿人竟倚重中國藉爲解說則俄不怨英而轉以疑我於事亦有不便阿爲我用而中國不居其名想堂憲必已籌畫至周耳謹附陳之

附錄記畧

英俄兩國之議勘阿富汗布哈爾一國交界發論在同治十一年以前至十一年之冬（西歷七十二年十月）英告於俄畧謂阿富汗北界兩國查考已久尚無確議今請正北以阿母河爲界（亦名阿克蘇河爲帕米爾中最大之川河北爲布哈爾）西至和察薩勒止（和察薩勒爲阿布俄三國交界總匯之處亦爲阿母河可渡處）極東從薩雷庫里起（英人名此庫里曰維多里亞湖故英文書或稱維多里亞湖）凡拔達克山及其屬地瓦罕均歸阿富汗屬至喀克察河入阿母河處爲止（自此以西即順河爲界）西北則有自主之土谷蠻正西則有各國共口之界云云俄人復言正北順阿母河爲界兩國意見相同西北不難互商惟東北以拔達克山瓦罕爲阿富汗屬地以本國所考察邊吏所呈報證之頗有可疑云云其時俄人於中亞細亞開拓未廣在布哈爾以東未得費爾干省在布哈爾以西未得喀思丕斯克省（此省在裏海東南即蔑爾甫諸地亦即自主之土谷蠻也）注意在布哈爾故於他處不甚力爭不久即允認拔達克山瓦罕爲阿富汗屬地（七十三年正月）嗣後阿有內亂阿與英又有兵端頻年不休光緒二年（七十六年）俄滅浩罕定爲費爾干省南界漸

近於阿而英未暇顧問也光緒九年（八十三年八月）阿富汗有兵佔居什克南羅善各地俄人責言於英謂拔達克山瓦罕之爲阿富汗屬部固於七十三年允認矣若什克南羅善各地既非拔達克山所屬卽非阿富汗所宜預聞今阿有兵在什克南等處請飭收回幷撤去所設文武官以期安謐英謂七十三年之議既言拔達克山所有屬地盡歸阿富汗則什克南羅善等處自在其中當會勘定界俄以兵力不撤不允會勘且終以爲什克南羅善既在阿母河以北卽非阿富汗所屬不然豈七十三年之議不提在北在外之什克南羅善而轉提在內之瓦罕可知拔達克山屬地僅有瓦罕而無什克南羅善相持未決光緒十年（八十七年）俄取薩爾甫地定爲喀思丕斯克省與英省定阿富汗西北界英言乘此勘定西北之便宜兼勘東北至中國喀什噶爾爲止俄亦允商但言須抱定七十三年之議東起薩雷庫理順阿母河爲界河北屬俄河南屬阿維時兩國正議西北界未遑東及故光緒十三年（八十七年）英俄互換界約但有西北一段而無東北偏考英俄兩國十餘年中來往英法文公牘幷官存各圖

得其大要如此此阿富汗東北界議而未定之實在情形也卜希路拏即布哈爾無疑（希與哈同爲喉音之不出聲者）帕米爾河即阿母河無疑以河爲界指正北一段而言也

致總理衙門總辦函 光緒十八年閏六月

逕啓者奉森字二十四號函敬稔一切旗屯一案查補丁屯草地滿人現未墾種而蘇忠阿地畝爲墾熟之區情形較急茲特仍持前說照會俄外部先爭此節錄稿奉閱喀什道李道來電昨已轉達茲將全電補錄備查盛鼎銘仍作田鼎銘因亦照繕作田並以附陳

照錄電底

欽差出使俄國大臣許憲鑒新撫接總署函會立坎酋現加派張副將鴻疇爲正使帶同英人馬繼業於六月二十四日由布倫庫爾起程並先派田令鼎銘爲副新撫照繕諭單併交照辦希電總署查核署喀道李宗賓叩東

照錄函稿

前論蘇忠阿種地一事今再申說查俄歷五月八日本大臣函中所敘二節業已解說明白一蘇忠阿確是滿洲原住之人愛琿約第一款後半之文正是爲此等原住人應得利益而設二蘇忠阿在俄國一千八百八十三年犂界之前久已在該地耕種今再爲申敘此所種之地正是在條約所載從精奇里江至豁爾莫勒津屯限制之內特請貴大臣查照原約以辦此案至廓爾甫稱可以按照中國國家之意辦理而要一實在證據似非條約所有之義惟請貴大臣仍將該地允許蘇忠阿永遠耕種以符條約意義爲禱

光緒十八年閏六月十一日 西歷八月初三日

致總理衙門總辦函 光緒十八年閏六月

逕啓者月之十二日奉布使字三十四號函計早入鑒帕事情形業由養電陳布洋報所述大率以印度各地函電爲本頗稱俄兵在帕接植電桿招徠哈民爲佔地之圖用特摘譯數則備覽查俄外部但稱巡閱不久紮又於阿佔蘇滿屢言未信其情誠不可

測而各報揣論亦無確證英人前稱與俄商議帕事再告中國以爲可釋我干係近變其說又謂俄廷言不可信勸我早與理論以示關切不知從前所商究竟若現在俄兵在帕與阿富汗爭鬨何以但慫慂他人自處局外英之用意亦殊深沈近沙侯去位格蘭斯敦執政保民黨向主與俄聯絡者目前辦法惟有嚴扼邊界以杜侵軼堅持帕界未定之說催其退兵盡其在我與爲相持就常理度之七月以後山路雪封無地用武俄固不能不束手而歸耳現在由俄綫通電疆撫皆由伊塔道收發但查計日程轉遞至烏魯木齊須距七天肅州至疆省三千一百里用五百里馬遞到日亦可相同如後有軍情要件似可仍由隴電遞達免有意外阻滯至遞喀道之電則由俄費爾干省之鄂什城轉交書信館接遞須旬餘可到尤形周折前衙門咸電係俄外部代飭驛遞三月十六日發二十四日到尋常郵寄不能爲例前德人抝四著書詆毀巴使一事近始由刑司傳訊有烟台領事曰倫次者告假回國代巴作證抝四之詞不爲刑司所直遂暫停辦一面令巴使遞寄親供再行斷結然抝四所控瑣而又空在巴固不難辨覆也

致總理衙門總辦函 光緒十八年七月

逕啓者閏六月二十六日奉布三十五號函計已入察月之六日接誦衙門森字二十五號函敬悉一切俄兵赴帕一節前經吉甫偕同林怡游兩赴外部催其退兵格畢尼斯屢以俄國已知華兵撤退與中國毫無嫌隙斷無爲難中國之意俄國在帕並不佔地必不久紮等詞相告弟以初八日赴俄初十日赴外部晤論格畢所言大致仍如前說弟詢其退兵時日則云國家訓條令其巡閱事畢撤回現計天氣漸冷不久當退但不能預說日期又詰以彊撫來電俄兵現在阿克什屯紮與所謂巡閱之理不符格畢諉稱未知又告以中俄卽無他故阿克塔什距我現在華界太近在我守邊將士不能無疑自應按本分道理防備反於兩國交情不好看應早撤去格云守境乃中國應辦之事俄國並不見怪又告以俄與阿富汗有事而與中國無嫌兵應向西不應留於東邊格云現以此事告我國家必云兵已將退可不必論辯我必以尊意轉達請爲飭查臨出格畢復言俄國願與中國相好一切事件及帕密爾事均肯和商云云察其衷情

與我似無他意而退兵終無確詞除真電外並以續陳弟詳繹洵撫養電俄兵自費爾干省南境入帕朗庫里爲首經之地朗讓譯字之異當是一地今則西隊起蘇滿東隊抵阿克他什則朗庫里未必紮住至庫倫里薩雷闊勒均在境內在彼仍言將退而我但禁其不侵華界措詞不免示弱竊謂俄意本在爭帕今我之兵卡均撤與彼無所齟齬其無侵犯內界之謀可以斷知若其兵弁游弋偶有闖軼則守界之兵理得遏禦彼來犯界而始拒之釁不在我不爲生事此在嚴備以杜窺伺不宜預言以絀虛聲俄事能否就範誠不可知然目前辦法祇有分界催退催退則不越界自在其內二者並施爲相待之計耳蘇忠阿墾地近接俄外部覆文仍執前說索取該民在立約時耕種憑據并稱約文自某至某專指立約時滿民居住而言詞甚堅決現俟一面再與商論並請函商依堯山將軍飭將蘇忠阿地畝能否設法查得在愛琿立約時開墾事據以助辨論敬候衙門酌奪前擬洋人遊歷新疆驗照蓋印一節現奉衙門核准照辦因思各國洋人前往該處遊歷亦必有就近向所駐使館請照之事自應一律辦理以符事體擬即由弟鈔錄案稿咨明

出使英美日本國大臣查照備案統希察核又伊塔道謂俄領事不肯會同地面官訊案一節正副領事與華官相當職品久有明文誠如衙門函稱該道不解條約之故然所賴改訂俄約有由領事官與地方官公同查辦之語地方官字意所包較寛當時曾與格總辦剖析言之故格但意主調停並未有不應會同知縣之說弟前在署時見英道擬繕照約清釐伊犂籍產各條及此次函述創辦通商事務情節大約辦理公事頗肯認眞現於前月接該道來電幇辦俄員業已抵伊想會審各事從此可臻妥洽矣巴爾魯克一案俟與晤詢後再開再格必之必易於牽混文義因改寫爲畢字附陳

再喀約一直往南之說此次俄外部仍言將退并未叩我以何處爲界故亦未與揭言以留餘步然將來議及分界果能辦到在我尚可藉此歸宿第自阿富汗肇釁英人觀望袖手以至俄無所忌藉口稱兵志在鯨吞視四五月間面議情形迴一變局此議如何湊泊目前殊無把握耳

再寫本電碼經春間添增字數重寫一本由吉甫函送想邀察收竊以紅字刻本現在

發出漸多不能甚密嗣後弟處如有要密電件用此新寄寫本者仍於電首加一新字以爲識別（此新字仍用紅字本）特以預布至新寄之本除添增外字碼悉照原存寫本並非另繕也

致總理衙門總辦函 光緒十八年七月

逕啓者月之十六日奉布使字三十六號函計邀鑒察十六日接衙門銑電以阿兵已退促俄退兵遵即赴俄外部論催格畢諉稱渠處尚未得信但謂計時俄兵亦必將退所有國家意見均於上次告知無可再說又言儘可請新疆巡撫放心決無所犯云云因晤論仍無確詞故未電達弟訪諸英館參贊愛理鄂脫（去年游歷中亞細亞者）據稱帕密爾山嶺東高而西下其山巓約高共度二萬五千尺（高於海面之數）非人迹可到東段山面平地如朗庫里阿克他什等處高一萬五千尺天氣一寒即斷人迹西段山勢迤邐遞下在蘇滿雅什里一帶尚高萬二千尺若欲屯兵度冬亦甚勉强等語是秋涼以後俄兵卽不回國亦必漸移而西我之邊警總可少紓且俄兵經行帕地糧食皆須儲備就地無處

覓售冬時山路封凍運餽尤艱似彼部將退之說殆非盡虛歟前日得叔使電稱英外部願電署使與弟處密商會同催俄退兵屬弟酌辦竊見英人與叔使所商帕事至今無一踐言心頗疑之及與往晤乃知英署使所得電信則云薛公使商請中英合催俄退現在俄兵未犯阿富汗境不便與中國合辦將來有事甚願幫助等語弟亦與爲周旋謝其政府關切而已

致總理衙門總辦函 光緒十八年七月

逕啓者月之二十日奉布使字三十七號函計已入察巴爾魯克借地一案弟於二十四日赴俄外部遵衙門函示告以中屬哈民無地安插催其設法遷移格畢稱俄因此事甚覺爲難惟有請轉達總署飭知塔城地方官與俄領事寶德林商一調停之法本部已向該領事告知弟復屬其再飭邊吏籌遷則云得喀使電告後已函告該處總督且候其所覆如何其言雖和婉不免有延宕之意附錄問答奉覽查前衙門以喀使所稱酬答各端函致長將軍籌覆鄙意以爲核其酬答之利亦宜防其現在之弊此項哈

民雜處境內其於邊防輿情必不能一無窒礙似應一并查察以備辯論將來果能依限徙移自爲善策若不得已而另與審商尚可擇其尤弊之件與申禁戢抑或以無可取因即示以大度不責其酬而要令訂明十年以後必不再借在我藉可預佔地步管見所及聊備堂憲采擇至如何由塔城　吏相機商議之處想迴電達後衙門業已酌辦無俟贅陳矣

照錄問答

十八年七月二十四日赴外部晤總辦格畢尼斯告云俄屬之哈薩克借住巴魯克山年限將滿應即遷移一事昨接總署信云此事准貴國駐北京喀使來文稱該民一時遷徙不易請再展限十年願以兩項利益奉酬中國等因足見和好之意但該處中屬哈薩克年來戶口加增無可安插因此礙難允許已將此意照覆駐京公使矣現在限期漸近特囑本大臣再向貴部商請作速設法遷移該民爲盼　格云此事我們亦甚爲難無處覓地以居該民故屬喀公使向總署商辦展限之事　告云

中國亦知貴國爲難無如中國安插哈民更見爲難故不能答應　格云貴國不能答應一節已得喀使電知好在限期尚有一年敢煩貴大臣告知總署飭諭該地方官與俄領事商量該處領事卽前天津領事竇德林曾與面談近時又有信去中國地方官又熟悉彼處情形或有調停之法亦未可定　告云尊論自當代告總署但尊處應告知貴國邊界官設法儻能將該民遷移別處則更善矣　格云接喀使電時已將貴國不能答應展限一節通知該省總督籌畫矣俟其回信來時當再設法此時仍先煩貴大臣告總署轉飭該處地方官和衷同領事酌商爲妥

致總理衙門總辦函 光緒十八年八月

逕啓者七月十七日奉布使字三十八號函計已達覽俄兵巡帕一事屢向外部詢催業於二十九日據基斯敬覆告已得伊鄂諾弗來電俄兵業已啓行旬日間可回費爾干等由鹽電陳布蓋天時地利若或限之彼固不得不爾耳閏月間奉衙門養電轉令喀道查覆一節頃始得李道七月十一日覆電稱阿克塔什卡爲俄所毀卡兵八名被

羈旋釋無峠事並因往返補印故致遲達云云以事屬已往不另電陳茲將原電錄呈

奉覽查帕事歸宿以分界爲要議然俄人蓄謀深狡是否願商既不可知而在我如何畫分應請先由疆臣相度地勢參攷舊制指定山川名稱通盤籌定乃可與之啓議非一時驟及之緒惟阿克塔什卡地在烏仔別里直線以東俄兵毀卡而入亦爲越界理應先與詰論擬據哈道所電照會俄外部大致謂帕地尙未定界而阿克卡地照喀城所定界約應屬華界俄兵不應越入請其轉飭邊將以後照約內界限勿再侵犯等語（先言帕界未定於界事仍留餘步）藉此將喀城前約畧與申明明夏俄兵再出即可執此以爭禁其東向似亦綢繆牖戸之一策也是否可行統希堂憲酌定電示遵辦弟現集覓俄英新出帕地各圖并洋人游歷書籍擬摹印帕密爾專圖正在起草計兩月後可竣藉備將來勘地之用先以附陳昨接衙門微電初三補光祿卿謹此領悉

照錄接喀什噶爾道李來電 八月初五日

駐俄欽憲許鑒潆電蘇滿東俄擊阿兵斃十一傷二擒五聞已釋戍阿克塔什卡被

俄毁卡卒八名被羈旋釋無衅事實眞因往返補印故遲印璽

致總理衙門總辦函 光緒十八年九月

逕啓者八月六日奉布三十九號函計邀察鑒旋於是月初八二十一日迭接衙門森字二十六二十七號函敬悉一切禁運外洋軍火咨件聞薛叔使據英外部言既經知照各國駐京公使無庸另行照會是以未辦弟以中國在德采辦較多似仍告其外部爲周到業經繕發平順命案得英道所繪領事花園圖閱之情形較明平順既有應行是路之理更不得以入署行刦相誣因詳查彼部來文逐一駁論請其再行飭查若使公道不泯該領事當無可置喙耳照會底稿兩件鈔奉台覽巴爾魯克事前於三十八號函陳達是否喀城守吏已與俄領事接議應候堂憲裁示再行辦理去冬喀使初請

覲見有援雍正五年前例之說是年俄使薩瓦來京曾蒙 召見旋赴恰克圖議立界約與約章會要所載年分相符弟近搜采俄人記載得薩瓦自記當日 覲見一則將如何行禮一一明敘特爲譯出幷原俄文鈔寄藉備查攷恰克圖接綫已否

定議如有章程希便示及

照錄摘譯俄使薩瓦使華事記

據俄人尼闊賴喀敏斯克按照莫斯科册檔庫所藏會議外部底本所輯西歷一千六百十九年至七百九十二年中俄使務彙編譯出是日天未曙距黎明尚有兩點鐘派馬三十匹無鞍韂鞦轡來使館俄使偕商會董蘭格乘車隨員人等照派來馬數乘騎俱佩刀以行歷五重門經一點鐘之久始抵　宮俄使行至　殿前由參贊手接取國書捧書前行餘均在後隨同中國官五員進　殿行三跪九叩禮復進至寶座臺上　皇上盤膝坐椅上俄使跪捧金綢袋袋裝國書二高舉過頂　皇上雙手受國書隨遞與在旁大臣先是大臣曾告以呈進國書時禁勿言至此寂靜肅然　皇上命理藩院大臣至面前令傳諭俄使中國自與俄國和好彼此善視今　皇上亦深洽意現承俄后主特派使臣前來　皇上甚嘉悅故此次接待爲歷來接待使臣未有之典且自兩國立約以來從未肇生重案即或邊界偶有事

故諒該使必能辦理帖然云云時俄使在右邊墊上跪聽卽以臘丁語對理藩院大臣曰使臣深感中國特待俄廷厚意現本國已改換政治深願　皇上聖躬康健永慶昇平並請遣派信實大臣將邊界事件會議清理庶敦兩國和好請爲轉奏等語以下接敍會議邊界事宜不備譯

照錄致德外部照會

查私運軍火例禁綦嚴中外皆然總理衙門以上年八月間江海鎭江等關盤獲英人梅生私運軍械炸藥接濟會匪係向香港購買進口津海關同時亦搜獲輪船私運洋鎗等件若不重申禁令後患無窮查通商條約章程載凡火藥彈子砲位大小鳥鎗等類械屬違禁不准販運進口又硝磺白鉛應由華官自行採辦或華商特奉准買明文准進口違者全貨入官又同治四年四月據總稅務司申呈內稱香港總理大臣因知中國嚴禁私販軍火當經立定章程其條款云若有採辦者必持中國大憲所給護照或海關所發印憑以及該口領事官所給之憑據呈繳方准運出香

港之口等語現恐日久視爲具文自應嚴加整頓總理衙門特於光緒十八年閏六月初四日專摺具奏奉　旨依議欽此嗣後所有外洋軍火一項除海軍衙門南北洋大臣各省將軍督撫都統府尹派員採辦由關道知照稅務司方准運售外其民間私購軍火一概不得發售洋船不得裝運入口違者全貨入官以示懲儆藉消內地之隱憂即以保各國之商務實於中西情形均有裨益除由總理衙門照會各國公使查照條約辦理外相應照會貴部大臣查照可也

照錄致俄外部照會　九月初八日

本大臣接奉總理衙門來文以華人平順被駐伊犁領事署巡兵鎗斃一案照貴大臣俄歷去年八月來文並吳領事稟稿而論意見各有不同今附來伊塔道所呈該處領事署督圖說屬本大臣將此案實在情形再與貴大臣辯論等因查此案關鍵總在辯明當時平順是否有意作賊或是迷途無辜受槍致命照貴大臣來文吳領事稟報似平順有意行刦可爲證據者有五茲特一一爲貴大臣詳論之按來文第

一所云平順左右潛行漸近領署一節查領署花園有東西大路一條可由洋街通至中國城市向准中俄民人行走是平順行走此路並無不是且伊兩次受槍之處據吳領事面向伊塔道指說均在此大路之旁可見平順係過路之人非有意到領署行刧也第二所云巡兵喊阻不肯停步一節貴大臣試思該華民係一農人何能知領署巡兵用俄語照武營例喊阻如果平順係有意爲賊必聞聲逃避不肯再向前受槍並受人拏獲也第三所云該華人所遺草刀其柄過長可以行凶一節查鐮刀本係割草所用不能指爲凶器至於刀柄卽俄都所用割草之刀其柄有過俄尺一尺者者何得謂爲過長平順身上既無別項行凶之器鐮刀一柄不能作爲行刧之據明矣第四所云兩處血跡足見不止一人一節吳領事從前報知中國官時並未將此節言及且一人受傷數處一點鐘之久難免東行西倚血濺數處乃必有之事不能以此斷其不止一人第五臨死之前自供一節更不能作爲憑據查吳領事致華官之函稱平順身受要傷四處如此傷重必昏暈自供言詞未必能如平人清

楚細查以上情形平順並無行刼實據可見所稱割草黑夜迷路是實中國辦案斷不能憑吳領事所據平順臨死自供一節卽作爲行刼之據以上駁論五款中外尙有吳領事於案出不久之時曾因請保護領署一事信致伊犂將軍有該處百姓均以平順爲冤枉可見衆人公論所云非中國官一面之詞吳領事亦聞知之也凡一平民無罪受槍致命已甚可憐若再以刼賊之名加於死者身上未免大失仁愛之道以本大臣特再詳敘此案情節請貴大臣再行文飭伊犂領事將此案查察明白秉公判斷爲荷附送上吳領事致通知平順受傷之事及請保護領署之事華文信稿兩紙統祈察收

許竹篔先生出使函稿卷七目錄

致總理衙門總辦函 光緒十八年十月

逕啓者九月十一日奉布使字四十號函計邀鑒入十八日接衙門森字二十八號來函并摺片二件繹誦之餘彌佩籌邊至計旗屯一案前請轉商江省查取蘇忠阿開墾在先事據不審有無證佐容俟酌察情形或俟彼部催及納租再與詳商奉閱巴爾魯克山借地事譯長少白將軍覆函於形勢利弊言之至爲深切哈民借牧科城之地年期又復有限自須力爭收回爲正辦至長函所引同治三年界約人隨地歸一條固足用爲抵制然必該處屬吏寔有扣回彼國屬民之力乃可動其顧忌當於催詢時參用其說以爲瑳磨喀使分界之說弟方揣其宕不議界潛圖并帕今乃公然言之可謂巧而且悍弟奉沁電後於上月二十九日與格畢尼斯往復晤論在彼國以喀城界約一直往南之說過於寬混難作商議根據次言尚候俄廷酌定知照喀使詞雖和婉而不肯照約之情肺肝如見且意主在京商辦晤論之間輒以游詞推卸尤爲巧滑旋奉豔

電復備文申明係商分兩界中間之地以爲案據茲將問答節畧幷照會稿錄呈現俟俄廷如何定覆再爲相機辯論隨時電陳查自伊鄂諾弗帶隊回國後各報久不道及帕事近日法報始言俄留兵六十餘人在穆爾格阿布河護俄屬哈薩克昨日英報述中國調兵千餘人入帕費爾干省將添兵前往運送糧械需馬千匹調集甚艱等語現屆嚴冬大雪封山敵以無所用武即分界一節在我據守約章嚴行斥拒彼亦無計可售但明年春暖以後彼族恃其力征又將游弋郎庫里阿克塔什等處以爲恫喝是未雨之謀修備爲急謹就喀城情形略就管見繕具一摺錄稿備核所言稍密故不用咨送前擬繪印帕米爾圖尚未竣工茲將草底一幅（尚須套印山嶺另繕字樣）幷敘例寄呈又隨員錢恂終始是役於帕地山川頗稱能說擬有分界私議一篇輒用代呈藉備攷證至李相所轉倫敦電報云云俄廷拓土之謀每諉稱將弁自爲非出國命寔則陰主之去秋俄皇曾賞伊鄂諾弗佩刀一柄以奬其勞怒其入帕殆飾言欺人耳馬士打山界圖譯稱穆斯塔格山在葉爾羌西南譯員熟辦俄事無逾駐法參贊慶常一人現已函商叔使

暫調未知能來否茲有正摺及片計四件懇祈代備　安摺飭遞爲感

附問答節略照會稿摺片稿圖敘例錢隨員私議並漢洋文地名各一件

再英知俄兵入帕無一語催其撤退用意極爲持重是結英之策已知無益惟近聞英國執政宣告於衆亦有與俄商議帕事之說擬請衙門接見英使時將現在情節告之度該使必述之外部俄人覬併全帕必非英所甘心冀藉使之聞之之機動其人自爲戰之志亦無形之牽制也（亦使英人事後無所藉口或令弟告諸駐俄英使候電示）統備堂憲裁酌是幸

照錄照會俄外部底稿

本大臣於昨日曾向貴衙門東方總辦商辦帕米爾分界之事茲再將總署之意照會貴大臣請煩查照貴國駐北京公使曾向總署商辦帕米爾分界之事擬從烏仔別里山口先往東再往南爲分界底子與光緒十年喀城界約所稱兩國交界至烏仔別里山口爲止從此一直向南之地屬中國向西南之地屬俄國等語不符是以中國不能允許我總署所擬係將此界約爲底子然後將中間餘地商量勘分自然

易於辦理矣在中國不難接歷來書史以驗各帕地實屬中國所以欲憑喀城界約商辦者因係兩國商訂之條并可見中國格外相讓以敦和好之誼也須至照會者

光緒十八年十月初一日即俄歷一千八百九十二年十一月初七日

照錄問答節畧

十八年九月二十九日赴俄外部晤總辦格畢尼斯告云接總署來電貴國駐北京公使現奉貴部訓條來商帕米爾分界事確否　格云果有此事前接喀使電稱中國願意商分帕事故令其先通知中國俄決不佔喀什噶爾地方因即商辦分帕之事　告云總署囑詢貴部分界之意如何　格云我們擬照地勢而分以山中水分流處即可作爲分界底子以便將來再爲勘分淸楚　告云喀使所說分界係從烏仔別里山口先向東方再向南總署不能允許因光緒十五年喀城界約有云兩國交界至烏仔別里山口爲止此處一直向南之地屬中國向西南之地屬俄國等語希貴部一查此約　格云我們適接喀使來電稱中國不允我們所擬底子欲照八

十四年喀城分界條約商辦等語我們尚未議定如何答覆按喀城分界條約立未多年我們如何不記得但我之私見此約所云烏仔別里以下之地語意實在過於寬混難以作准蓋當時彼此均未明白該處地方形勢故只含混言之如依此而分恐於兩國利益有礙如按地勢將山嶺分水之處分之不拘東西南北之說則盡善矣否則儘可再想別法此不過底子而已後來或應改易尚未可知　告云兩國所定之界約如果不能作據則更有何據定斷何為中國何為俄國之地　格云以分水為底子最靠得住　告云自喀什噶爾邊界起至帕米爾極西中間山水分流之處甚多不憑條約何從將應分地方斷定　格云我們想以薩雷闊勒地方分界係中國無人不知者　格又云我們並不說要分此地不過以此山之水分流處為分界底子而已　告云薩雷闊勒但論至烏仔別里直線處已有二百多里地豈能如此議分　格云該處地理我亦不甚明白但聞薩雷闊勒山係從烏仔別里山口起

告云我恰不能相信如中國要尋出帕米爾為屬地憑據實在不難而且甚多現

但援據喀城界約爲商分帕米爾地方辦法不過體兩國和好之意欲易於商辦此事也　格云如此約所云確實淸楚豈不甚好無如語意過於無定將來各人看法不同豈不更見爲難但此皆我的私見非公話也國家意見未定我不能與貴大臣論如何分法方纔所說已過分矣　告云無論閑談公話道理總是一樣究竟我應如何轉覆總署之處望明告　格云請轉告俟俄國國家商定後由喀使轉覆　告云因總署囑本大臣來此商論此事如貴國國家定見如何作覆不妨告我　格云此事係由喀使辦理仍當由喀使轉覆然亦可告知貴大臣　告云總望覆告喀使時將如何定見告知爲盼　格云但時日尚寬不必過急　告云當此冬令本不能在帕米爾辦理勘地之事　格云然能早些將底子商定亦覺從容　告云務請將中國願照喀城界約商辦之好意告知貴國國家　格云喀使來電已言之矣不必再達我亦不能定此事可否候國家定議如何再說

附帕米爾圖敘例

帕米爾古稱帕米勒尼耶帕米者波斯語平屋頂之稱勒尼耶者世界之稱猶言大地一屋頂也後轉稱爲帕米爾按圖自赫色勒牙克嶺以西徐氏松西域水道記卷一喀卜喀山亦曰赫色勒嶺譯音相符回語謂銳形之山爲牙克徐記質言作嶺耳又新疆省公牘有黑孜吉牙克卡名疑在其地連山攢聚南北約二度有餘南至因都庫什山北至後阿賴嶺東西約二度東至赫色勒牙克山西至噴赤河什克南地載籍沿稱皆屬之葱嶺帕米爾諸山今皆無名但有山口之名其間山勢豁闢時見坦麓以其地處極高故以平頂肖言之平頂中又山脈隆起界爲數區此數區者各異其名而終不離帕米爾之稱如塔克敦巴什帕米爾大帕米爾小帕米爾阿爾楚爾帕米爾光緒十六年所譯中俄界圖作雅什里帕米爾異名同地此四帕最著稱郎庫里帕米爾薩雷茲帕米爾和什庫珠克帕米爾界圖作哈爾果什帕米爾瓦罕帕米爾爲地凡八均以山嶺爲界帕米爾山勢東西行與赫色勒之南北行者異脈帕米爾水皆西流與赫色勒以東之東流者異向昔人謂葱嶺爲天下之脊洵不虛也全帕皆童罕生植物故鮮居民哈薩克布魯特諸部游牧人夏往而秋歸平地積雪孟夏方融山嶺高於海面二萬數千尺終年積雪居多各帕地高一萬二千至五千尺不等冬令人跡尤罕游牧人所需食用各物

非東逾赫色勒購自薩雷闊勒即西下山購自什克南全帕情形大略如此至於各帕所在皆近水澤蓋兩山之間必有川受川之處左右必有平地帕中山形多坦迤而少銳削故兩山豁分而平地較廣者即成一帕出葱嶺之塔什庫爾干自近者始曰塔克敦巴什帕米爾居全帕東南自瓦呼羅特山口以東爲一水渾楚鄂帕山口以北爲一水二水會合於伊烏札拜庫爾干左右平地皆塔克敦巴什帕米爾地也（伊里蘇山口爲入塔克敦巴什要道）曰小帕米爾在塔克敦巴什帕米爾西阿克蘇河自鄂依庫里出曲而東北流其左右皆小帕米爾地也（尼若塔什山口爲入小帕米爾要地或曰此平地迤北至阿克拜塔河入阿克蘇河處爲止小帕米爾亦宜止此）曰大帕米爾在小帕米爾之西北流之伊什提克河西流之帕米爾河左右皆大帕米爾地也（北與阿爾楚爾帕米爾所界之山獨高如哈格斯等山口皆不易過）曰阿爾楚爾帕米爾在大帕米爾之北自察提爾塔什以西雅什里庫里以東左右皆阿爾楚爾帕米爾地也（東之尼赤塔什西北之模乍奈兩山口皆入阿爾楚爾要地）雅什里庫里以西爲全帕西界過此則山嶺陡削地勢漸下湖流偪東注入什克南境（西流會於噴赤河）即不名帕米爾亦有謂帕界宜止於噴

赤河則與命名之義不符說蓋未確曰薩雷兹帕米爾在阿爾楚爾帕米爾之北穆爾格阿布河左右曰郎庫里帕米爾在薩雷兹帕米爾東郎庫里四周及阿克拜塔左右此二帕不甚著曰和什庫珠克帕米爾在薩雷兹帕米爾北喀喇庫里南今爲俄國費爾干省地庫里之北爲後阿賴嶺此湖此嶺即乾隆二十四年我師追霍酋所次地稱爲霍斯庫魯克之戰是也此全帕極北之界曰瓦罕帕米爾在大帕米爾之南小帕米爾之西自布才拱巴什以西布才拱巴什界圖作關巴茲伊巴再即去歲俄兵禁逐英游歷官楊哈思班處瓦罕蘇河左右皆其地地爲拔達克山所屬瓦罕所居今屬於阿富汗其南爲因都庫什山爲全帕極南之界巴洛哈爾山口爲南出帕米爾要地二帕己在俄阿境內故游歷人罕論及

圖以帕米爾爲主而北起緯度四十一兼繪俄羅斯境南訖三十四兼繪印度境東起中國中綫西三十八度半繪喀什噶爾葉爾羌諸城西訖四十八度半兼繪布哈爾阿富汗諸地庶於全帕地理益得明晰

圖中兼注中英俄三國經綫地在中國中綫偏西故數自東起中綫以觀象台爲主在英中綫東一百十

六度二十八分四十八秒為近來推算最確之數在英俄中綫偏東故數自西起英以格林伊治天文台為主俄以卜爾可倭天文台為主經綫北狹南寬不用推方法法用切綫對數推成取無欹邪傾側之病然究失大地眞形且施之緯北三十度以外地尤不相宜緯綫東西微弧不用平行法經綫推方則緯綫相距遞加而平行圖為整幅不分截以取形勢貫串幅式不使過大庶便循展圖無比例尺者以帕地無處非山非虛空鳥道之數所可量絜也

此圖會萃衆西圖而成所據俄文者凡六曰七十六年回部圖此圖稍舊而甚詳曰八十四年中俄交界圖此圖成於光緒十年正中俄勘定西界之後曰八十七年道路圖西圖各有所專此於東南道路特詳為行軍圖中最備之本曰八十九年中國圖曰九十一年亞洲交界圖此圖凡二十七幅專詳於亞洲交界之地為俄圖中最精最詳之本惜未全出現所據者為第二十幅喀什噶爾一帶地稍及帕米爾境曰九十一年游歷圖此俄人康穆才甫斯基光緒十六年第二次游歷圖彼國地理會於十七年印行所據英文者凡三曰八十三年印度北境圖曰九十年阿富汗圖曰九十二年游歷圖此英人楊哈思班光緒十七年游歷圖彼國地理會於十八年印行為英圖最新最詳確之本今圖大半本此又以法文二種德文三種互為參攷視西人現出各圖似以此為最備之本

中俄界綫自廓克沙勒山起至烏仔別里山豁爲止悉准光緒十年所定界約（圖永山豁以東據俄文亞洲界圖與約文吻合圖永以南據俄文道路圖大致亦合）墨綫之上加繪紅綫以取明顯自烏仔別里以南印入帕米爾境中國邊界尚未勘定故不接繪再南而東當葉爾羌之南與印度毗連西圖大率以葉爾羌河爲中外之界然未有劃界明文別以紅色虛綫識之其迤西印度（克什米爾以斯里那戛爾爲都城）阿富汗（以喀布爾爲都城）布哈爾（都城同名俄圖所不及）俄羅斯（費爾干省）各界均有墨綫惟布哈爾與阿富汗以阿母河爲界行水可表西圖例不繪綫其自喀克察河（水在拔達克山境北流入阿母河）以東英俄於光緒十年（八十四年）勘定西界後尚未續議又各國與帕境相錯處亦未定界故均不繪

帕米爾當萬山之中凡山徑豁開可通人行之處條約謂之山豁通稱謂之山口最爲要隘圖作✕形者皆是有道路可通者以細綫識之又西人測定高於海面之數（數皆英尺）亦談帕要義擇要汔之川流之間以虛綫者水有停涸或西人測量所未及也

地名標記西例以居民衆寡爲別大率十萬人以上者作▩五萬人作◎二萬人作

⊙不及者作○地有新舊屯堡者作☆此圖帕內地名無論有無居民皆作○其餘回部亦多墝埆諸城戶口至多不過數千人就其差數區作⊙○不能悉協常例內地一帶亦不及再參中例中國圖例以省府州縣爲別覽者會而通之可耳

此圖於帕米爾地名特爲備譯帕外從略迤西尤畧惟俄屬費爾干省與內地相通路程其地名亦詳列之至於新疆識畧所載外裔凡三十有五其五已著稱一溫都斯坦即印度二圖伯特即西藏三愛烏罕即阿富汗四布哈爾五克什米爾其四孜得其地而爲圖所不及一噶斯尼屬布哈爾二塔什罕屬俄三坎達哈爾屬阿富汗四拉虎爾屬克什米爾其六存疑一沙克拉瀛環志畧或作差特拉勒二綽善三哈普隆志畧謂即巴勒提屬城均無孜四拜爾哈疑即圖之巴爾朱安五黑斯圖濟疑即瑪斯土治六博洛爾西人謂即巴勒提·其准以道里方向切以洋音確有依據者凡二十悉見於圖此二十者今尚有酋長而屬於各國者六曰乾竺特公牘一稱坎巨提會所居地曰棍雜自明塔戛山口以南至印度界皆其地曰瓦罕會所居地曰喀喇噴赤自薩雷庫里南布才拱巴什西伊什喀森東瓦罕蘇河左右皆其地此部久屬阿富汗曰什克南會所居地曰巴爾噴赤自雅什里庫里西希瓦湖東根屯達爾雅河左右皆其地曰羅善會所居地曰喀喇瓦瑪爾自那齊爾西什克南北巴爾唐河左右皆其地此二部光緒十五年爲阿富汗所佔俄向英爭其事至今未決曰達爾瓦斯會所居地曰喀喇和穆自瓦希牙南

拔達克山北噴赤河左右幷完治河左右皆其地此部光緒二年屬布哈爾曰拔達克山會所居地曰維薩巴特自希瓦湖斜上西北至噴赤河邊西南逾喀克察河至塔爾干一帶皆其地此部久屬阿富汗餘爲英俄阿布四國屬邑霍罕本回部大國於光緒二年爲俄所滅今但存其城名

近時西人之精測量游帕地者歲不絕跡所撰圖說多得自親歷愈後愈確今據以成圖所繪山川方向不但與官私舊籍不同卽與界圖所譯亦有小異如布倫庫里小喀喇庫里兩湖相距界圖東西斜行今爲南北直行塔戛爾瑪山界圖謂卽穆斯塔格阿塔今分爲二山英人楊哈思班在小喀喇庫里東岸測定雅什里庫里下流界圖入穆爾格阿布河今入噴赤河餘如薩雷闊勒一帶水道山形亦有酌易踵事易爲龔臻翔實

對音譯字動輒歧異西域圖志新疆識畧二書所列地名不免互異一書之中亦或前後互異今譯交界地名則據條約內地軍台卡倫各名據識略徼外地名有舊文可考者用舊文無則用界圖譯名庫里回語卽湖所列諸庫里皆省去湖字然亦間有變例如界圖郎庫里查係 內府圖之里揚庫里薩雷闊勒查係識略之色勒庫爾西域水道記作塞勒庫勒謂爲外藩總滙之區今攷其地在塔什庫爾干南北一帶迤北自布倫庫里起南接塔克敦巴什帕米爾凡跨河左右皆是至今仍爲往來孔道雅什里庫里卽

伊西洱庫爾近時函牘已有稱用故亦仍之必俟向未譯漢乃始標配新名烏珠吾祖歧之又歧頗爲致愼焉

帕地皆回族游牧之所畸零散處未必盡有地名且一地所在易歲易人名亦隨易自各國游歷頻仍或出己意命以新名或詢土著譯以西語除大庫里大山口之外往往同地異名諸圖不能悉合此圖所標新名爲界圖未及者大率据用英書並摘英俄人游記三種附後俾資印證

此圖博訪衆本先施甄擇工繪既畢次第校譯其間搜稽掌故審析方言酌稱名之異同究界址之起訖辨山川之脈絡徵部落之存亡乙刪再四然後寫定隱括之恉具如右例始於今年七月凡三閱月而告竣任其事者歸安錢恂暨德意志人金楷理錄寫者大興董宗漢也壬辰十八年秋九月嘉興許景澄識於駐俄使館

附英人楊哈思班游記

八十九年（光緒十五年）爲考察乾竺特（即坎巨提）情形八月八日發於拉達克（地屬克什米爾又名賴）往

沙昔都拉（二百四十英里）此通葉爾羌商路適中地也過山口四（高萬七千五百尺至八千五百尺）無薪草可求者百七十里（英里數後倣此）每年八九十月間葉城拉城商隊往來不少惟地勢過高空氣過薄人馬皆憊喀喇崑隆山口尤高時已積雪河水夜氷二十一日至沙昔都拉購物於奇靈（卡在葉城南三百十里）爲長行計

按新疆識略載庫庫雅爾卡通邊外諸部落奇靈卡通圖伯特（即西藏）部落又云和闐以南皆大山砂磧路不復通若由葉爾羌庫庫雅爾卡經和闐西南月餘程可達西藏第山路險隘瘴癘逼人故無經行者詢之克什米爾及安集延喀齊商回言由西藏西北喇達克之地貿易有至葉爾羌者先年準噶爾大策零敦多卜擾藏卽由此路攷卽楊哈思班所經稱爲商路者是也若由幾勒幾特北行踰因都庫什山亦可以達新疆但較商路爲險峻耳

九月三日擕弁一兵六（廓爾喀人）繙譯一（拉達克人）渡夫二（巴勒提人）鄉導五（乞爾吉思人卽哈薩克）沿小河西行頗見青草河濱本有居民以避乾竺特之擾故四散平地名哈爾楚斯棍昔年

人聚處也楚斯棍者安息之義哈爾同教中名人路北高山陡峻流氷排下流氷者高山層氷終古不化層壓而下有似水流故謂之流氷氷流夏速而冬緩其壓力之重遠甚於水能移萬鈞巨石流至低處遇夏而融即成河流徐氏松西域水道記曰氷中含巨石如屋及其融時氷細若臂衝石於顛柱折則摧當者糜碎其即流氷之狀歟路南山名阿克塔克圓頂無流冰為阿奇爾山之一支阿奇爾與穆斯塔格兩山間其川為烏帕朗河初五日至庫闌奴提路夷坦履小石而行即河身之末有水者是為葉爾羌河源北望西望均有二萬數千尺高峯北即崑崙西人以葉爾羌南奇靈卡外西至薩雷闊勒一帶山為西崑崙越日至奇拉克沙特是地本有居民予曾到此初七日順河而行山勢漸束河窄如㶁南北頻渡水沒馬腹忽覩高山即前二年阻止之所遂宿焉平明乘河水未澌夜冰未化而行明日至喀喇什搭里穆塔里穆者耕種之義喀喇什回教名人見廢屋廢冶野有舊膛地產銅鐵石中又露金苗入山即喇斯庫穆矣喇斯庫穆者大曠地也明日至喀魯爾水草頗腴樹有高二十尺者因休馬力又覓得水草數區據云較哈喇哈什河旁為勝聞此一帶向多居民凡貿易人欲南逾穆斯塔格而至巴勒提者多出於此近乾竺特肆擾居民散而行旅亦絕云予將過阿奇爾山而探烏帕朗河亦名爾新

河乃由南路行

按自喀魯爾沿葉爾羌河西行至宗章戞爾者爲大路楊哈思班志在探察山川無取直達故自此紆道而南

初行甚崎嶇拾石累梯以渡馬阿奇爾僅一山口無歧路在山口望烏帕朗左右峯尖如鍼積雪不化踰嶺進探其源知亦流冰所成遇一山測得高二萬八千三百尺次日見流氷南來絕烏帕朗幸右岸有水沖流冰之隙僅乃得過氷厚百五十尺至二百尺再進河面不及三分里之一又有流氷從喀喇闊隆來周視身旁皆流冰裂處五六尺恒懍懍至高萬七千尺處而回二十一日又自阿奇爾行順烏河而下至蘇格穆準噶爾溯攷河源知從穆斯塔格流氷來二十三日南行意欲得穆斯塔格通乾竺特間道二十四日履氷行明日雪馬行無路但見流冰從穆斯塔格來有似海汊長二十六里闊三千六百尺又明日仍雪乃回三十日至蘇格穆擬往烏帕朗與葉爾羌河合流處時已十月而山雪尚融河水未減行三日見一河從士　沙洛

山口來入烏帕朗闢沿河有路踰此山口可至乾竺特彼族之掠葉爾羌行旅者卽由此來河口一堡亦彼所築爲避扼計者也又三日見一河當是葉爾羌而水小於烏帕朗色青且迴清異所見頗疑之鄉導云此眞葉河前　冰融多故水多而濁今冰融少故水小而清也此處亦名喇斯庫　河兩河合流處地名宗章戛爾（章戛爾者草地宗者大也）

按烏帕朗河源及蘇格穆準噶爾等處卽楊哈思班紆道游踪非西行所必經至宗章戛爾始歸大路其從人之繼運糗糧者係從大路西來會合於此

此處上溯葉河源百八十里溯烏河源百五十里烏源短而水倍於葉二河所拱之山卽阿奇爾長百二十里山脈由東南而西北峯高至二萬三千尺東南與穆斯塔格連屬有大流冰童山無樹宗章戛爾亦有犀治田塍舊跡樹有杏李塔克敦巴什人向耕於此予向帕米爾進發地勢漸高行一日遇俄人康穆才甫斯基同行有德人名剛拉德者究植物學者也西上伊里蘇山口（又名科爾布高一萬四千四百尺）一頗易過從此無

壁立之山卽入帕米爾

按自沙普都拉至伊里蘇當葉爾羌西南新疆識略載葉城西南二百六十里和什喇普卡通邊外博洛爾部卽此一帶

入帕境駐塔克敦巴什三禮拜此帕米爾水分二派一從瓦呼羅特來一從渾楚鄂帕來平地長三十五里上坡闊約一里（高萬五千五百尺）下坡闊四五里（高萬三百尺）所居爲哈薩克及薩雷闊勒人又有瓦罕人聚耕下坡俟冷未熟卽刈二水合處有堡曰庫爾干伊烏札拜再下河左高礁上亦有舊堡二堡現均無人予北往塔什庫爾干一行晤我國康勃蘭（句）包爾二人彼先我發自拉達克攷察西崑崙與法國格致人都羅葉同行闘途遇俄人野甫察甫乃究礦學者也冬令將至亟須往乾竺特乃回（法人出巴洛哈爾山口往幾勒幾特）塔什庫爾干當七十四年（同治十三年）英與阿古柏通問時奉使者已詳言之（奉使人名福舍）居人爲阿爾種類（歐洲人自稱爲阿爾）

按塔什庫爾干西人謂爲漢唐以來東西相通之孔道其附近一帶統名薩雷闊

勒攷新疆識略葉爾羌西至色勒庫勒回莊八百里正當其地西域水道記敘邊外諸部遠近皆以塞勒庫勒爲樞紐與孔道之說符又云種人黃鬚繞頰如獅毛不同諸回與阿爾之說亦符此地多通波斯語蓋其種也

塔克敦巴什南踰明塔戞山口卽乾竺特地十一月積雪已厚以長毛牛負囊橐而行山口高萬四千四百尺路有巨石知爲古時流冰所經之地下山口里許有一流氷過此卽易行乾酋居棍雜名沙甫得阿里汗後爲英所逐逃入中國遣人來迎明日過數澗兩崖壁立頂有積雪至米斯戞居人已不恭而屋村各爲堡四面壘石爲圍性强悍然不如印度北部人之善戰其四出刦掠皆酋所使所得大半歸酋掠商隊或遠至庫庫雅爾此路爲洛廓脫英人康穆才甫斯基輩所屢經空氣較厚呼吸較舒米斯戞人稍解耕種山脈下垂如箑水流其間土較腴細將至帕蘇又一流冰其融處高僅八千尺至古爾米特乾酋親自棍雜來迎然砲列隊相與人幕彼言我幸被上帝命得親斷父母死罪而殺之幷投殺兄弟於山下遂登是位巳告我上國克什米爾悖逆如此不

足與談駐棍雜一禮拜由幾勒幾特而至斯里那戛爾（克什米爾都城）

按是年楊哈思班注意乾竺特故塔克敦巴什外未游他帕

九十年（光緒十六年）夏自克什米爾北行同行者爲馬格里（即英使館洋員馬格里之子華名馬繼業）略通華語七月杪抵拉達克有我國畢犮（句）來那爾二人先在此彼將往新疆帕米爾一帶行獵遂於八月二日偕行經舊路過喀喇闊隆三十一日至葉爾羌城駐三禮拜西上帕米爾蓋必從新疆平地而上方明所以名帕米爾之故過和色爾達巴（句）喀喇達巴（句）托喇特三山口度一窄澗名湯吉塔土水急甚馬行頻危兩旁陡崖上有大孔似昔日橋梁之迹再西踰池吉里克（句）科克馬馬克二山口而至塔戛爾瑪平地由此再南卽塔什庫爾干矣稍休備人畜資糧爲進帕計十月三日行越三日下尼若塔什山口之西坡見平地闊約四里北界圓頂山不甚峻無積雪此平地卽小帕米爾也山口望見一石礁名阿克塔什人謂小帕米爾東北以尼若塔什爲止予謂非也此平地順阿克蘇而下直至阿克拜塔河入阿克蘇處爲止則小帕之界亦

宜止此予沿伊什提克河而上此爲大帕米爾東北境將由此而入阿爾楚爾帕米爾全帕東半各山多圓頂西半自薩雷庫里起山勢漸高庫里北名阿克察克塔什者尤高北麓有溫泉（帕地溫泉各游記所載不下十餘處）由此至察提爾塔什爲阿爾楚爾帕米爾東界西望平地闊四五里直至雅什里庫里止皆所謂阿爾楚爾也庫里西高峰聳起上有積雪爲全帕西界庫里南與大帕米爾交界之山亦高有積雪山口頗不易過庫里北岸地名蘇滿塔什者有石碑上鐫滿漢回三文拓一紙譯之知中國追二和卓至拔達克山界而立也此帕居民尤少大約因蘇滿而外竟乏水草之故西向阿克蘇進發見上流有哈幕二三十駐焉天氣清朗入夜較冷河闊百二十尺至百五十尺岸邊有草水雖深有數處仍通人行至察提爾塔什離舊路而北登尼赤塔什沿阿克拜塔河而上時甫十月河水全涸覓所謂郎庫里者郎庫里水不外流色青黑味極鹹四面皆圓頂不高之山塔戛爾瑪在其正東喀喇庫里距此不遠爲帕中巨湖因往一觀四面高山西面高二萬三千尺者孜甫曼峯也湖無流出之水驗石

上舊痕知古昔水勢較高東行過喀里他彎順瑪爾堪蘇河而至喀什噶爾卽在此度冬帕米爾平地不一往往闊四五里塔克敦巴什最高餘亦萬二三千尺蓋帕中平地與歐洲亞爾伯山峯正平八月間幕內盥具已氷十月間寒表降至冰限下五十度法倫海表傍水游牧草亦不多近山極粗極短之樹不可以木類論全帕罕木故多以草根馬矢爲薪牧人氈幕圓形所食以牛馬乳及乳餅爲常品間宰羊食之麥麵則珍甚矣

按此從葉爾羌西行踰尼若塔什而至小帕米爾穿大帕米爾而入阿爾楚爾帕米爾又北踰尼赤塔什而入郎庫里句和什庫珠克兩帕米爾游畢東行至喀什噶爾而度冬焉

俄國駐喀城領事名畢托甫斯基精於格致及其文案名洛夾在此已八九年又有耶穌會人名亨托里司克亦久居於此長於游歷又有法人考物產者名勃郎考西藏者一名提托爾特郎一名勒那爾瑞典人考地格者名瑞林海丁卽日往羅布淖

爾我國人名若爾治者亦游歷到此幷前此二獵人均萃喀城

按歷考西人游歷新疆衞藏者多以喀什噶爾爲總匯地

九十一年（光緒十七年）七月將行我國人的維森適來彼爲考穆斯塔格山者五六月雪方大融山路不通取道喀喇闊隆而入路滑難行鋪氈度馬終不能進馬死從人散徒步來喀城遂與偕行入帕論喀城入帕之路當西沿格什河左而上惟此時河水方盛不能過不得已循右岸過難行之山口下山口見一湖闊約十里疑爲圖籍所無比至方悟山水盛洩積瀦成湖不久仍涸爲平地耳離此平地一日至布倫庫里的維森別予而西予南至小喀喇庫里見二山頂相距約二十里此二山頂南爲塔戞爾瑪北爲穆斯塔格阿塔向皆以爲一山二名緣從喀什噶爾西望見穆斯而不見塔戞從塔什庫爾干東望見塔戞而不見穆斯遂譌二爲一耳予從小喀喇庫里出塔什庫爾干而入塔克敦巴什仍舊路逾瓦呼羅特山口取其易過過山至瓦罕帕米爾瓦帕與小帕合處地名布才拱巴什無房屋祗一亭昔哈薩克頭目名布才

者被殺葬此故名拱巴什（回語墳墓）距此不遠有游牧二幕及俄兵十名越數日俄人依鄂諸弗帶兵二十名來與酬酢茶酒一日予即回塔克敦巴什駐克里克山口對面凡六禮拜十月四日的維森來明日同回十三日至幾勒幾特

按楊哈思班至布才拱巴什爲依鄂諸弗所逐的維森西行俄人禁其游歷居之於費爾干省游記皆不言蓋諱之也

附俄人康穆才甫斯基游記

八十九年（光緒十五年）奉地理會之命由鄂什取道帕米爾訪察喀費爾依斯坦（阿富汗屬地）如不果則訪察喇斯庫穆（葉爾羌南境地）及西藏一帶先是積雪不化比戒行雪大化山水冲損橋路隨修隨行踰阿賴向後阿賴意欲出庫達喇而從什克南入帕然雪軟馬不能步改渡穆科蘇河以過嶺仍不能過不得已由西路經喀爾提錦（句）瓦希牙（句）達爾瓦斯等處此數處爲布哈爾東面三省喀爾提錦在蘇爾哈帕河左右（即克則勒河）居民爲塔奇爾（阿爾種類）游牧爲哈薩克踰戞爾達尼喀甫塔山口（在大比德嶺）即至瓦希牙

此部居痕素烏河左右痕素者渾也亦有酋長地多水草故布哈爾中部人亦游牧於此居民亦塔奇爾其性惰故貧甚可耕不耕之土隨在有之南達基盛七月七日至喀喇和穆此達爾瓦斯酋所居地達爾瓦斯者回語門也噴赤河方從峭壁洩下有似乎門故名喀爾提錦瓦希牙達爾瓦斯三部近十三年來始屬布哈爾達爾部居噴赤河左右無不耕之土植物葡萄之屬甚蕃冬暖居民爲塔奇爾回教二種民懷故主不甚喜布哈爾政令噴赤兩岸村落櫛比夏令湍急不能船渡居人縫革爲囊吹氣令浮跨於囊上以手拍水而過喀喇和穆候暖時屆七月亥刻尚八十八度法會海表熱度駐此五日得單報知阿富汗兵佔哈蘭部落名在希瓦湖南噴赤左右拔達克山等地將及什克南予恐什克南至因都庫什之路爲所阻止即致信什酋酋名塞黑阿克巴耳沙一面避至噴赤上游二十日在羅善得什酋信言阿富汗已佔其半境若欲往因都庫什非得阿富汗兵官所允不可因即致信阿官官名沙黑塞特回信言非告諸喀布爾王即阿王不可倘不允卽未便前進且以早離阿富汗界爲勸予退入完治河邊完治河有鍊鑛質精

純比戸有冶鑪不但售於布哈爾東境卽各帕米爾人亦售之越日得什酋續信言現被圍於喀喇瓦瑪爾此爲羅善酋長所居之處蓋二酋同困一地也什酋旣未肯遽降完治又無通帕之路不得已仍由達爾瓦斯山回瓦希牙旋得阿官信言已轉達阿王屬且俟予乃仍由喀爾提錦庫達喇等處爲進帕計道聞喀喇瓦瑪爾已爲阿所破什酋逃入布哈爾予由庫達喇東南沿穆爾格阿布河行三日無日不遇什克南避難人下模乍奈山口而至雅什里庫里西有阿兵東有華兵予居其中劇費周旋阿人禁哈薩克毋得市我以物不得已獵獸而食八九兩月遂專游帕境十月一日得阿王回信不允不能不改用地理會第二說入喇斯庫穆矣論帕米爾當北起後阿賴南訖因都庫什平地高於海面萬二三千尺不等河流大者爲阿母河又有岔河四一穆爾格阿布二瓦罕蘇三提屯達爾雅四沙克達爾雅此四河成四平地有草可牧卽所謂帕米爾也雅什里庫里長三十唯斯特俄里名闊五六唯斯特四面皆甚高相傳帕米爾爲無人地非也冬夏均有人跡但不多因四境人頻肆搶奪擄掠民不安居之故近稍輯

止人亦漸聚矣帕中各戶均蓄奴隸大半從乞托拉爾句雅辛句乾竺特等處買來此皆英人保護之地也瓦罕蘇河邊平地長四十唯斯特最爲英人所垂涎有居民千七百人均塔奇爾稍解波斯語頗喜我俄羅斯

按康穆才甫斯基游帕兩月絕無敘述蓋彼先於光緒十三四年游帕俄儲贈贐七千羅布以寵其行歸後地理會給以勳章彼族謂珍於尋常寶星所著書甚秘僅印百冊不可得見訪得一本仍非全帙核其游跡除大小兩帕之外北至喀什噶爾南至葉爾羌後藏及乾竺特一帶而尤詳於喇斯庫穆河旁云

喇斯庫穆山均有積雪喇斯庫穆河旁樹林蕃茂可以代薪當出伊里蘇山口時遇一溫泉可以浴身予游喇斯庫穆凡兩月十月十一月止兩次遇人初遇英人楊哈思班楊君昔從中國北京騎馬至克什米爾蓋亦善游者也繼遇乾竺特盜一夕予擒一兵邏行遙見火光知爲乾竺盜約八十人亟下馬匿樹後摘馬蹄鐵倒裝之以混馬迹所向疾趨六十英里與從人相會越二日此輩亦來派數人來窺伺動靜予告以

係俄國國家所派爾若在我槍子所及界內恐不利彼稱不敢犯後訪知爲有哈薩克人爲楊哈思班任輸運給貲甚厚盜聞而謀掠哈人也此兩月間所勘喇斯庫穆河凡八百三十英里河邊不乏可耕之土廢村落廢水池廢溝渠隨處皆是必前此人煙所聚又每一山礁上均有舊堡訪知五六十年前地果繁盛後爲乾竺特所擾民不安居故成荒墟地乏雨凡水皆雪化故鮮植物而動物頗不乏也河水兩旁冰而中泓仍澌人渡甚危十一月二十五日至沙昔都拉有英國新建之克什米爾堡規模煥然（哈薩克人爲英守堡兼兌商隊負載之利）地高萬二千五百尺時已冬令不能入藏意欲在此暫止即致函英駐克什米爾大臣（名尼斯別脫）懇其許予并隨人度冬一面向各處採購糧食近沙昔都拉祗哈薩克二十戶特商隊負載爲生者儲物不多未能分及也沙昔都拉有玉鑛然喇斯庫穆所見尚勝於此十二月十四日購物差備旋聞尼斯別脫不允不得已往哈拉哈什河擬由東道進藏二十六日離哈拉哈什河而抵西藏北界陟一高平地地高萬七千尺上有圓頂山亦彷彿一帕米爾沙磧舍鹻無物產

上有數湖草黃色不茂候冷常在百度表冰度下三十三四予聞玉隴哈什河有溫泉欲訪之行三日前有山口高萬九千尺爲分隔哈拉哈什句玉隴哈什兩河之山予恐馬無水飲憊不能行乘夜兼程行夜半至溫泉處馬死三之一行囊棄去不少詎知泉不堪飲馬亦不飲死者更多風雪交作鄕導畏縮乃盡棄各物僅挈日記測量器於三十一日回向西行過萬八千尺之山口風雪更猛羣棲一幕中予知山中大風當東方明時必暫息而距萬九千尺處尙有九英里欲乘風息時過此山口非夜行不可乃冒風行比天明正抵山口風亦果息然從人大半殭凍矣九十年光緒十六年正月四日回至哈拉哈什河此處哈薩克人助予帳幕糗糧駱駝方克取回前日所棄各件得尼斯別脫三函三函同文分道而投言俄人考究地理者不可逗遛於克什米爾故即日由沙昔都拉入奇盭山口而往新疆入奇盭始見居屋慶更生焉

按康穆才甫斯基考察喇斯庫穆者兩月其游蹤皆在葉爾羌正南一帶事既畢英酋禁其在沙昔都拉度冬始爲入藏計其甫入即返者則天寒道險之故因止

奇靈而度冬爲

至奇靈後資罄不足以回瑪爾葛蘭幸我國駐喀什噶爾領事借羅布四千得復整行裝予思西道爲英人所阻北道仍可入藏乃於二月中旬順崑崙北坡東去近和闐聞我國人畢甫察甫（此人携鑛師探測鑛苗東至吐魯番等處著書載產銅之地不少）在泥雅又有鑛師在和闐予卽訪鑛師於和闐三月七日又至泥雅駐一禮拜十五日辭畢甫察甫而南至索爾憂克此爲崑崙北麓有金沙沙在河內人卽在河淘取有堀至四十尺深者予順托古玆達板西行至波魯從前我國人布爾司滑爾司基（極有名之游歷人）在此波魯人相待極優布爾司贈波人以我國君后子女照相此時波人舉相前導以迎事爲中國官所知克里雅地方中國官屬予往見予馳往比至以有病不見予遂回波魯波魯人爲予修山中㵎橋助予馬匹幷爲負行囊予給元寶五以酬之五月五日南行初十日到藏由波入藏現在歐人往來不少惟爲時太早尙非通行初順庫喇哈河頭不易行二三日卽否此處平地高萬六千尺隨處皆氷得水槩難寒表在二十至二

十四與克里雅之熱表三十者相去懸殊（均百度表）此處游歷以七八九月爲最宜予不及待六月五日由波魯回和闐暫息七八九月予在聽雜布河上下考察爲向來歐人所未經者河邊居民甚多種類不一福舍曾言之（福舍即英人之聘於阿古柏者）未親見也八月杪在葉爾羌城與楊哈思班及他英人相遇九月杪至喀什噶嗣循克則勒河右岸幷瑪爾堪蘇河而至鄂什

按康穆才甫斯基此行擬游喀費爾依斯坦者蓋以喀費爾部落繁多在因多庫什山以南均因不信回教不願屬於阿富汗英有直隸於印度之意俄人亦未能忘情也至喇斯庫穆以南乾竺特以西樹林之中亦尚多零星小部徒以人跡罕至未有專屬英俄均極注意計康穆才甫斯基游此凡兩閱月游聽雜希河凡三閱月云

又按光緒十七八年俄人依鄂諾弗兩次入帕其游記均未之見惟德意志地理會人言其於達爾閣特山口之外又覓得數山口可通因都庫什以南而不肯明

言未審確否

附英人戈登游記

七十四年同治十三年三月二十一日發自英吉沙爾取道薩雷闊勒及帕米爾而爲瓦罕之行

按戈登卽同治初元統帶常勝軍之人回國後値英廷與阿古栢新疆稱之回酋通問福舍爲使戈登預焉先由拉達克至葉爾羌喀什噶爾等處又由英吉沙爾西行爲帕米爾之游

南經伊玆吉雅爾大回莊再南六里入山凡言里皆英里卽英吉沙爾河所自出自此至薩雷闊勒均哈薩克人所游牧間有耕種者其犂用馬他哈薩克用牛薩雷闊勒人用長毛牛沿河西上至喀斯喀蘇山口此山口乃夏路冬令雪封不便通行下山至車吉里拱巴什譯言四十墳墓界圖作車吉里坤巴斯見中國廢卡新疆識畧葉城西南七百里有亮葛爾卡倫通邊外諸部落未知是否其東有路順察林克河而下河入葉爾羌河凡百二十里可達葉爾羌惜其中三十五里乏可飲之水耳次日過湯吉塔土窄澗

爲此路最險之處冰化時澗水滿溢不通人行澗中溫泉三四崖上有巨孔昔年橋梁迹也（揚哈思班由葉爾羌西行至塔戛爾瑪平地亦取道於此）出澗至池吉里克山口山上有湖迤北有山口尤高名揚布拉克若出揚布拉克可避湯吉塔土之險然現尚有冰不能行也（亦夏路夏令湯吉塔土水滿即出揚布拉克）下池吉里克山口過與提澗（薩雷闊勒有回莊名與提與澗相近）亦難行順河而西即至薩雷闊勒之塔什庫爾干蓋距英吉沙爾十日程百二十五里矣（一路均有哈薩克將近薩雷闊勒兩日程始罕遇）

按揚哈思班謂塔什庫爾干一帶七十四年奉使人已詳言之今考戈登之外有醫官倍羅通波斯文撰有喀什噶爾志一卷於所謂薩雷闊勒一省者言之果詳塔什庫爾干爲石方堡（粗石壘成有似於城相傳已古）沙薩哈（人名阿古柏所遺鎮撫薩雷闊勒之官居此已五年）居堡中下堡八里即所謂薩雷闊勒平地（亦統名塔什庫爾干有回莊十二）此平地迤南頗遠幾至乾竺特（包塔克敦巴什帕米爾在內）闊約三里耕種皆在西坡（即尼若塔什一帶山之東坡河邊卑濕不任耕種止供游牧）居住皆在河邊（石堡之下南北長十二英里）皆塔奇克人宗希那回教與內地回民之宗蘇尼教者不同與哈

薩克風俗亦異（人爲波斯種故通波斯語行禮以一手加額爲敬亦波斯俗非如回教之叉兩手抱肩也）聞從什克南等處內遷已閱七世近乾竺特擾其南阿賴哈薩克擾其北（此種人今屬俄）民不安居故人煙稀少地宜二麥（有鬚無鬚）二豆萊菔畜產駝馬牛羊（兼有長毛牛）之屬悉備河邊多柳河名塔克敦巴什（一名塔什庫爾干一名克雷闊勒一名提兹那甫一名葉爾羌）距喀什噶爾界（當是托喇特卡）二十塔什（每塔什當英國四里）河水清潔此平地往南轉西實與塔克敦巴什帕米爾相連但彼處稍高耳（薩雷闊勒波斯語高地塔克敦巴什回語高地河流又名塔克敦巴什皆一地相連分爲二名之證）夏令三月冬令九月此平地東北三里許又有平地曰塔戛爾瑪（與薩雷闊勒高下相等過山之路又平二地又實相連）形如小月（兩端銳中寬微彎）長十二里闊七里水南流入塔克敦巴什河草地腴美兼任耕種（犁用長毛牛）亦冬夏可居（兩平地均有冬夏常住人）薩雷闊勒人（常住人）哈薩克人（游牧人）各半哈有頭目駐此塔戛瑪爾平地迤北有圓頂東西行之山（東連塔戛爾瑪山西連尼若塔什山二山皆南北行此獨東西橫屬）山不甚高山北又有平地曰赫色勒牙克其水北流入小喀喇庫里庫里距山約二十里山西南有山口曰巴爾提什（在尼若塔什直北）踰此而西亦至阿克塔什平地而通大帕米爾（戈登等人以小帕米爾大帕米爾薩雷兹帕米爾東界一

帶南北直行之平地統號爲阿克塔什平地聞之哈薩克人云赫色勒牙克平地與阿賴平地相連小喀喇庫里在其南半大喀喇庫里在其北半長百三十里有草有薪阿賴之哈薩克願游牧於赫色勒平地以較帕米爾爲低未知確否

按塔戛爾瑪平地赫色勒牙克平地南半或通稱爲薩雷闊勒氣候最平水草最美游歷人亦多以此爲理裝停頓之所

四月二日發自塔什庫爾干入興干溯溯長四里在塔什庫爾干西四里起水從尼若塔什山口來入塔克敦巴什河溯中有地名章戛里者闊約半里爲行旅暫憩之所次日抵尼若塔什山口之麓地名科喀察克又次日過山口此爲大道非甚難行然時有餘雪故盡一日方過此山過北行爲東西大分水界尼若塔什山口又名興提爲由東至西入大小兩帕之總路山下平地南北行名阿克塔什長約六十里闊約三四里山口望見圓頂紅色山其北爲大帕米爾其南爲小帕米爾通大小帕米爾其水即阿克蘇河予斜向西南入小帕米爾宿恩庫里小帕情形與阿克塔什略同惟草遜之次日離塔什庫爾干第四日沿河行二十四里溯三英里地質含鹽故雪化較早南面與塔克敦巴什帕米爾分隔之山不甚高東西行東連尼若塔什山北面與大帕

米爾分隔之山闊而圓頂（亦東西行）再西至格什庫里（即鄂依庫里又名察托庫里又名巴爾喀提牙辛瓦罕人呼爲小帕米爾湖自下尼若塔什至此四十五英里自恩庫里至此二十四英里）湖長三里闊不及一里高萬三千尺湖邊山勢漸高高於湖面二千尺西有流冰小帕米爾自阿克塔什平地至布才拱巴什長五十六里（湖西地形陡下下約七英里即至原有人居之布才拱巴什或謂瓦罕不名帕米爾帕米爾西南以布才拱巴什爲止）

按下尼若塔什山口以後即入小帕米爾至此已出小帕米爾而入瓦罕帕米爾矣

湖西二十五里地名朗憂爾昔有居民耕種今成荒墟瓦罕密爾遣子來迎（密爾者酋長之稱酋名甫提阿里沙哈）再沿河而西至沙和達（二十四英里）冰已化河水漸大頗不易行故夏令商隊往來皆北出大帕米爾云自離尼若塔什山口以後當通至阿克塔什平地之處尚有樹木可以當薪一入帕境便難遇拔草根之似木者當薪至朗憂爾復見樹木（皆柳樹及白皮樹自此以西皆然）未至沙和達里許即爲平地闊約一里直西至喀喇噴赤止沿河村落皆有常住之人沙和達西三十三里有村曰巴巴唐吉再西曰桑爲帕米爾河

南流入瓦罕蘇處此兩村之間居民夏令大半出巴洛哈爾等山口游牧於乞托拉爾而留小半守其所種之田秋歸策羣力刈之歲爲常四月十三日到喀喇噴赤瓦罕會所居地自薩雷闊勒起七日程至沙和達十二日程至喀喇噴赤瓦酋知禮貌酬酢殷勤凡十三日喀喇噴赤者五堡也堡濱河河闊百八十尺冬令易渡夏令水大則否瓦罕不產鐵販自拔達克山等處完治河旁多鐵而馬蹄易鐵孔亟不得已鎔帳幕鐵椿爲之是處貿易不多東來者布匹酒類和闐等處來西來者馬匹靛青及諸染色印度產瓦罕酋榷其稅每馬所負不論精粗稅一羅比三安納斯羅比印度錢名自此至薩雷闊勒無稅至和闐喀什噶爾方有稅

按自布才拱巴什以西入瓦罕帕米爾境至喀喇噴赤實已不名帕米爾矣

予將作歸計聞大帕米爾雪深六月杪方通人行人馬乏食可慮故先於四月十五日遣兵探路八日而回言薩雷庫里之旁雪果不少但尚可通行乃於二十六日啓行是日大熱法侖海表日中至九十九度宿朗戛爾奇什此爲瓦罕極北村落自此至薩雷庫里皆無村落沿河東北行溫泉不少山不甚峻十八英里至攸穆哈那有瑪什河南流來會河長二十五英里沿瑪什有路過山口又有河入穆爾格阿布

河（此山口爲什克南瓦克之界）八日程可抵什南三日程可抵沙克達爾雅河（沙克達爾雅河旁昔有小部落卽同河名今歸克什南而向在大帕米爾西半之哈薩克今居其地此路冬不通行）自朗憂爾奇什東二十五里山路漸窄旋又寬坦卽大帕米爾矣

按戈登自瓦罕東歸取道大帕米爾故自西界入

大帕米爾河旁有樹可作薪兼有美草與小帕米爾阿克塔什差同二十九日至皮拉巴司距大帕米爾湖（卽薩雷庫里又名維多利亞湖）二十五里自此以東卽無薪拔草根以代土人名爲爾部棲甚珍視之五月一日抵大帕米爾湖（高萬四千二百尺東西約十英里南北約三英里湖西地名布尼庫里回語湖脚也湖西水流出處濶十二步深五寸速率每小時流英里二里半湖中有溫泉）時尚滿冰味不鹹（凡水有流出之路則味不鹹郎庫里水不外流故味鹹）左右山又高於湖面五千尺南岸線直而地平北岸線弧而地高蓋北岸有闊約三里之涙形地湖東隅平地漸窄窄處長八重（此處雖窄而平難定分水界英人托爾細測得湖東十二英里之處高萬四千三百二十尺有河北來分兩岔一岔入湖一岔東流爲阿克蘇河初源卽此可定分水界）過此八里而平地又闊水卽東流湖東又有兩小湖（夏無水）從此湖南望有山口名鄂穆者可通小帕米爾及朗

戞爾句沙哈土巴等處約二日程湖東十八里有水自小帕米爾來名沙哈達爾雅（即沙哈土巴處）兩河合流即名伊什提克此處山中有數歧路南通小帕米爾北通阿克塔什平地順伊什提克河而下八十里至阿克塔什迤邐斜坡不甚陡削左右山平而圓頂間亦有小徑可通他帕初四日出大帕米爾

按戈登歸途出大帕米爾仍至阿克塔什阿克塔什平地甚長此已在小帕米爾之北須再向東南行方歸舊路

大帕米爾與阿爾楚爾帕米爾之間有小高平地名塔什哈爾果什（此處有路通什克南瓦罕）平地西半有湖名圖茲又名薩色庫里（水鹹）東有小河即雅什里庫里之源從前中國追二和卓至此大戰土人至今稱之

薩雷茲帕米爾爲阿克塔什平地極北之西半（平地南北甚長）此平地極南至塔克敦巴什帕米爾皆與薩雷闊勒相連薩雷茲帕米爾東界曰阿克拜里克（當在阿克塔拜河入阿克蘇處）西界曰巴爾唐（當與巴爾唐河相近）巴爾唐有克什南常住之人（多果樹氣候必暖）哈薩克人云阿克拜

里克距郎庫里一日程距大喀喇庫里四日程距小喀喇庫里三日程距雅什里庫里二日半程予度彼所謂一日程者約十五里也

按此二條乃戈登得之傳聞非所親歷也

帕米爾平地東半迤坦而下西半陡側而下帕中諸水除塔克敦巴什外餘皆入阿母河因阿克蘇河挾而西北流也所以論帕地分水界應順尼若塔什及赫色勒牙克山

按此一條綜論帕中水界

離喀喇噴赤百五十里距塔什庫爾干不遠沙薩哈遣人來迎予在塔什庫爾干少息往東進發過科克馬馬克山口易上亦易下十四日至車吉里拱巴什二十日至葉爾羌（自庫什庫爾干東至葉爾羌一百八十英里）二十八日又行六月二十九日至拉達克

按戈登此行雖僅游大小瓦罕三帕而於全帕山川形勢敘次瞭然此書傳本稀少西人亦視爲珍笈訪而譯之以見二十年前彼族已注重帕地如此

許竹篔先生出使函稿卷八目錄

許竹篔先生出使函稿卷八

致總理衙門總辦函 光緒十八年十月

逕啓者月之二日奉布使字四十一號函計邀鑒察帕米爾分界一事迭次與俄外部磋論並備照會駁其所擬無理並言若照喀約所稱兩界之間亦可由兩國派員相度彼地山水以定勘分索其答覆旋奉衙門效電卽赴彼部告以郎庫里及以南地方留有俄兵該處係屬中國界內應卽飭退據格畢尼斯答稱俄兵在郎庫里不過十數名但爲接應穆爾格阿布河卡兵來遞信及牧放馬匹所需並無他意詰以俄兵不應在華界留紮則言當以尊意轉告兵部然喀約語意實在明白恐兵部未必見允復與詢催照會所商勘界之議格言中國主意俄國亦不能允派員會勘亦屬無益辯難再四則言分界本出中國之意現電復喀使暫且停議兩國相好不分亦好等語詞狡而決殊爲憤懣以後惟當堅執喀約不稍鬆勁以與相持問答節畧併照會稿附呈又英國駐俄公使日莫耳繹者八月間自本國來曾約弟面晤述英外部有中英兩館遇有帕

事密相關照之屬因於數日前以俄使在京議商界事其意甚貪中國不能允許作爲使者私意密告之渠言夏間本擬英俄派員赴帕察看以憂爾斯病中止嗣後與署外部基斯敬提及彼但推託候嘎來再議今知嘎大臣病不能至亦擬向彼催詢中國可將此議宕緩將來再當密告等語順以布問前擬商調慶常來俄並擬以他員對調一節現得叔使函復法國有勘分滇邊土司之請又有各處教案均待爭辯不敢遽換生手度係實在情形未便相強現在參贊林怡游於約章輿地閱歷增熟屈指此外譯才亦無勝於現辦之員惟有與該參贊加意討論以盡爲命之責耳再茲有謝　恩摺一件懇祈代備　安摺飭遞爲感

附錄致俄外部照會

帕米爾分界一事曾經本大臣於本月十三日同貴大臣面談至於中國不能答應喀使所擬辦法之故則不特已與貴大臣及格總辦明白言之且已於本月初一日照會貴大臣詳細告知矣茲再與貴大臣論之凡議兩國分界之事欲使彼此無意

見不同之處則莫若引條約辦理爲最妥今貴國所擬之法祗云按照地勢然自烏仔別里起兩國之界須先向東方再向南則中國不特不能得中俄應公分之益且失喀城界約所載已屬中國界之地想貴大臣必能諒及中國實在不能答應之故矣若照喀約爲分界底子亦尚可兼按貴國所擬之法商辦其法可於烏仔別里起往南屬中國往西南屬俄國兩地中間之地尋出有山水之處按地勢議分不難得一公平合理之界以中國　國家必擬按照喀城界約以分自烏仔別里起之地也如貴大臣以爲可行則請照覆以便轉達中國俾兩國於天氣好後可以到該地之時先行派定大員由兩國會同前往該處查尋合理之地以爲分界之用昨日承貴部云云如俄國所擬之法中國以爲不行請中國另擬一法詳細照會前來是以備文照會請煩查照

光緒十八年十月十七日（即俄歷一千八百九十二年十一月二十三日）

附錄問答節畧

光緒十八年十月二十二日赴俄外部晤總辦格畢尼斯告云奉總署電聞有俄兵在朗庫里及南邊一帶囑請諭令退出　答云我知俄兵共百數十名紮穆爾格阿布河分十數名在朗庫里湖未知所云卽此否　告云大槪卽此當兩國議分界之時該處應屬中國故請飭退兵　答云祇因夏天俄兵經過之路業已阻住現在穆爾格阿布河之卡兵要藉此遞信或資馬匹牧放之用却無別意貴大臣所云當告知兵部我不能作主也　告云請告知貴國國家中國亦無別意因此地在烏仔別里往南之東應屬中國界故請退兵　答云雖可告知兵部但我知兵部必覆云穆爾格阿布河之卡兵必藉朗庫里兵爲往來接應中國必知帕米爾之地勢天氣若何若但云烏仔別里往南靠東地皆屬中國俄兵不能前往俄國勢難聽從俄兵之在朗庫里非與中國爲難退出恐不能也　告云中俄和好無間該處地旣屬中國俄國不應派兵在該處　答云要知該地屬中國與否尚無確憑　告云照喀城俄約該地實屬中國　答云我已說過喀約不甚明白不能作爲憑據要以山水之勢

而論　告云我中國却以爲甚明白　答云我們不如此　告云今先說明庫里退兵之事請告知兵部尚有分界之事日前與基大臣談及復有照會送來已閱過否　答云閱過似與我們前此所談者同其中有擬派員勘地一層我想彼此大段未曾說合派員前往亦是無用　告云中國意見照喀約辦理亦不離貴國按地勢之意　答云中國能說出山水之名確可作界則尚可議論今只云到彼往尋則可不必因就地圖上看只有薩雷闊勒之山南北直行可以分界其餘皆是橫行並無合式之地　告云中國之意總要俄國答應按喀約辦理至於地勢則派員前往自可尋覓　答云我們不能答應按喀約辦理　告云我在此與貴總辦商過三宗要事一江左旗屯之案一巴爾魯克山俄民遷徙之案一即帕米爾之案大概於俄有益者貴國即以條約爲憑無益者即不以爲憑未免有欠公道　答云俄國並不謂有益無益只看和約明白不明白明白者即可爲憑不明者難以作證　告云中國主意都在前日照會請爲見覆　答云容鈔示兵部或費爾干省地方官再爲奉覆

告云請貴國要知中國並非有意與俄國爭此荒寒之地實因約上已載之語不能不守　格出示滿俄文原約云喀約只云往南二字所謂南者左右均可非必一直前往不能挪動也蓋當時未識此地故只如此說　告云即如此講今先向東再向南即非約意　答云約文既不明白前次按地勢而分此時未分者亦按此法辦理豈不甚善分界之事乃中國先願相商我們並不急急現在已電復喀使暫且停議俄國定見總是如此兩國相好不分亦好無庸多論　告云若照俄國所擬中國按約有失地之處萬不能遷就非不願與俄國和商也　答云所可說者已說過我亦無話可答

致總理衙門總辦函　光緒十八年十月

逕啓者月之二十三日奉布使字四十二號函計邀鑒察弟奉衙門漾電後復與俄外部詰論撤去郎庫里兵責其前後語言歧異近於相欺彼亦無詞但云業已詢查俟後再說并仍諉稱願由喀使始終商辦等語至詢及阿克塔什毀卡事彼言未知業已備

文詰令究辦弟於郎庫里阿克塔什等處皆執據喀約切實指定中國界內之地再四爭論毫不鬆動而彼則飾詞諉爲未定界之地俄兵亦可前往實爲狡猾茲將問答節畧及照會稿鈔呈俟彼覆後再與詰辨前伊鄂諾弗撤兵回費爾干時英使亦據俄外部所告相聞弟接九月養電即以兵不盡撤密告英使渠旋得印度電信亦以留兵一節詰諸俄外部彼則覆稱俄兵二百餘名在穆爾格阿布河係爲保護俄屬哈薩克等語（據英使所述如此）此後未聞英廷與俄理論英使所稱催詢派員之說近日亦未見告英於帕事極注重而舉動如此眞不可解順以附聞喀約第三條滿俄文昨託俄外部代錄交來茲特轉錄備查據巴克他訥查譯似但有往南而無一直字意滿文畧同未審確否然即云往南彼欲往東而南仍是違約也俄人議造悉畢利鐵路去年所辦西段由茲拉托至車利雅賓之路計百五十俄里已於前月造竣開行火車又定計接造至鄂穆斯克城（城在額爾齊斯河濱）路長七百四十俄里分四年造成有駸駸東達之勢矣

再帕米爾各地西人均言一歲惟三月可以往來前英參贊愛里鄂脫曾言郎庫里阿

克塔什等處秋後卽絕人迹今俄兵居然屯紮其地殊與向來衆說不合因復詳考其故蓋該處本爲回族夏牧之地一屆秋凉游牧人卽徙帳他適帕中各山口大半積雪封沍游歷洋人往來不便糗糧馬草無可購覓亦均裹足故相沿有三月之說俄則蓄謀屯兵遂出常理之外然儲備食物不能支及數月踰險餽運終形艱阻勢難寬留大隊猶爲天時所限耳

附錄致俄外部照會

夏間俄兵曾到近薩雷闊勒之阿克塔什地方一節本大臣曾與貴衙門東方總辦論及茲接總署函稱據新疆巡撫來信俄兵於夏間到阿克塔什時曾毁中國設在該處之卡倫並將守卡華兵數名押禁數天等因總署查阿克塔什係在烏仔別里以南極東之地按喀城界約係屬中國毫無疑義而俄兵如此行爲殊爲不合素知貴大臣辦事公平特囑本大臣轉告請查明此案將該兵弁等照例申儆以固邦交特此備文照會請煩飭行爲荷

光緒十八年十月二十五日即俄曆一千八百九十二年十一月初一日

附錄問答節畧

十八年十月二十五日赴俄外部晤總辦格畢尼斯告云總署看俄兵紮郎庫里事甚重又有電來囑本大臣再來奉告查從前中國因和好之誼允將派往帕米爾之兵撤回後俄兵旋即到彼七月二十九日基大臣告本大臣云伊鄂諾弗帶往帕米爾之兵已啓行回費爾干省矣本大臣曾電告總署後總署接新疆電報尚有俄兵在郎庫里一帶本大臣來問時貴總辦答稱祇留一卡於穆爾格阿布河今查又有留在郎庫里之兵是前後之言不能如一近於見誑郎庫里在烏仔別里東邊實屬中國無疑俄兵留在該處實與中國面子有關務請即令退兵　答云從前之事可不必說若說現時之話貴大臣日昨已來說過我們已將所說轉行該處提督官查辦矣當俟覆信到時再說至於過去之事我們再說一句如無中國並阿富汗之兵到帕米爾伊鄂諾弗之兵必不出也　告云現中阿二國兵已退回俄國亦應退兵

答云當俟該處提督回信不能十分急急我不解何以不待回信連日來說　告云因中國看耶庫里留兵事甚重總署又有電來我奉中國訓條理應來說　答云我並無不願之處不過此事應俟回覆來時方有話說貴大臣奉訓條來問事體如何或剖明貴國之意或傳貴國之話均無不可我亦當以友誼明白奉告惟事在兩處相議總不能妥當此事前由中國向駐華喀使商辦喀使卽奉諭在北京商量似此事應始終在北京商辦爲妥　告云今日來商之事却與分界無涉乃請撤兵之事　答云貴大臣本可來說卽分界之事亦無不可來說不過我們主意所有界事當在北京由喀使一手經理　告云昨得總署來信復有一事來問因夏間俄兵到阿克塔什地方將華兵拘禁數天並毀中國設在該處之卡倫中國設卡在中國界內俄國兵弁不應越界生事應請查明究辦　答云此事不知悉但該處地方一定屬誰的却尚不知道似可無庸查問　告云阿克塔什近於薩雷闊勒實屬中國業已備文請爲查辦卽可送閱　答云我記得似俄兵曾到過阿克塔什一帶但此地

不能算已屬中國亦難保後來俄兵不再到該處蓋我們以該處即分界之處當未分界時可以前往　告云中國以喀約爲據該地東邊之地應屬中國無可改移答云我們以薩雷閼勒山爲分界之處亦無可改移　告云可惜貴國所認定者無兩國商定之憑據　答云豈不說過喀約不明白難作憑據可說者已說過我亦不再說　告云喀約十分明白應以爲據我亦說過亦不再說但撤郎庫里兵一節一有回信請即通知　答云有信即當通知但尚須時日請問郎庫里地方有中國民居否　告云現在似乎無有　答云恐夏間亦是無有所有者不過游牧而已俄國亦有游牧在該處　告云如貴總辦日昨所云留兵本爲通信等事祇須來往何必留紮在郎庫里　答云或尚有數名在該處我實不知但分界之事如我在北京必告中國凡事須按理一想喀約定在八十四年當時無人知該處地勢且阿富汗則將羅善什克南佔去中國則設卡在蘇滿塔什當時皆不講約章今俄國最後到帕米爾中國即以條約爲詞何也如兩國不先往俄國亦不往矣　告云俄國固是後

往帕米爾然別國既已退兵俄國亦應退兵　答云阿富汗非受英人驅使必不敢佔羅善等處俄兵亦不往該處祇因大家皆往俄知之則不得不往亦不得不紮兵了　告云俄與阿如何爭論係在西邊如不到東邊中國界上中國却不說話　答云阿富汗亦云俄只管在東邊與中國爭地不來西邊最好豈不一樣總之此事應在北京細商我們這里不過閒談而已

致總理衙門總辦函 光緒十八年十一月

逕啓者上月二十九日奉布使字四十三號函計邀察入俄兵留住郎庫里一節月初復向詰催彼部仍以道遠未得覆信爲辭前日又得照覆乃答弟上月催辦議界之件於原件詰論事理全不置辨但言意見不同不能會勘可謂滑極譯稿奉覽十月三十日接誦衙門森字二十九號函并各鈔件一一領悉詳繹喀什噶爾李道稟稿所論按照前約分界及穩守布倫色勒等處邊隘各端與堂憲藎籌遙合其謂英人不能越阿富汗而作三分之局亦極有見近又由陶中丞寄到地圖一幅當即移送衙門之件證之西圖於

邊隘形勢亦頗詳明（邊外迤西則方向不甚準合大小帕米爾一帶尤有舛誤）弟上月摺稿擬在塔什庫爾干塔格爾瑪分別屯防據圖所列防營正在是處亦徵不謀而同又李道禀稱俄兵馬步約三千餘人恐是彼軍張大之詞緣英使莫耳繹於八月間面詰俄外部入帕兵數則云馬步連所雇哈薩克人共八百餘名在彼告英固必誑飾然充而倍之度亦不能過二千人此時留帕俄兵彼則自言二百餘人尚未審喀城所報情形若何也現在界議既難就範彼國大隊之兵天寒暫歸春暖再至自在意中在我應禦之圖亦祇可堅守成約陳兵相持舍是別無善策惟現守之邊所控一帶山梁正喀使所擬分界之處此外未定之界應屬於我者一時尚無收束若爲持平之方誠無如衙門漾電中俄之兵均不出入一說可以暫弭衅爭弟審揣情勢俄之違約佔帕其謀已著驟與明告我兵不出轉疑中國意在息事勢不足以動聽竊謂兵事宜尚聲勢喀城防營分屯較廣核之圖內所列防守西北各營均爲通俄要地未可移調色勒庫爾一帶現值帕事喫緊原防勇額恐尚單薄似宜增兵益備先壯軍聲（俄兵大出當在四月春間布置尚赶得及）然後反覆示以進止利

害之機彼知我非僅託空言或冀有所轉圜若理喩不應則可抽色勒之軍出尼若塔什山口而屯阿克塔什即李道稟與色勒庫爾中隔山梁之地西人稱爲阿克塔什平地北距現留六爾阿烏之俄兵紮處約百餘里以爲進規之計而遏俄兵南向之路但塔敦巴什卡亦須防守處其自小帕米爾抄入似可與守邊之議並備斟酌綜而言之嚴兵自守杜敵內犯一面據約詰論不與定界此西例不認之說如阿富汗達約取什克南羅善俄人至今不以兵爭亦不肯允認策之稍緩而較穩者也兵既出紮不能保俄之不爭利鈍之數雖難逆覩然彼軍糧薪餽運艱遠秋涼以後積雪封山不能久屯多兵阿克塔什地勢狹長東西相距不及十里夾河扼守有險可恃主客勢逸敵不如我此策之先人而於理可行者也帕事事變未已難以測其歸宿謹就臆見所及切近於事者詳析陳之弟仍當執約不移隨時力催移撤以與磋磨黑孜吉牙克卽克則勒治業克此爲英語六爾阿烏卽穆爾格阿布譯音相同可無疑義矣

再巴爾魯克事弟於前月向俄外部詢論據稱彼省守吏迄未見覆駐塔領事所商如何亦未有信茲遵衙門函示備文屬其轉飭領事照約和商錄稿奉覽查此案利無可

抵舍索地別無辦法然塔城所議能否合攏殊無把握如罷商而後彼仍一味延宕年限愈近彌深焦灼弟輾轉籌思冀爲抵制之術若用長少白將軍前說據同治三年約內人隨地歸一條聲明如屆時不遷應照約將該哈民扣歸中屬於我亦爲理直但借住哈民至六千戶之多臨時箝制亦甚不易尚希預行密商少白將軍能否籌辦以爲操縱弟又思中俄訂接電線甫有成約或將此事暫停開辦藉與相持亦未審於所訂事宜有無窒碍是否有當統備堂憲酌核是幸

附錄致俄外部照會

本大臣前據貴衙門格總辦所述電請　國家諭知塔爾巴哈台地方官與該處俄領事設法商量居住巴魯克山之俄屬哈薩克按八十三年塔城界約應於明年遷徙之事中國　國家現已諭知塔城地方官與寶領事商辦並照會貴國駐北京喀使矣茲奉總署函諭特將此節奉告並請貴大臣諭知寶領事務與塔爾巴哈台地方官將此事遵照所訂界約和衷商辦俾將此案如期淸結爲荷

光緒十八年十一月初八日（即俄歷一千八百九十二年十二月十四日）

致總理衙門總辦函（光緒十八年十二月）

逕啓者上月初十日奉布使字四十四號函計已入察弟奉衙門漾電旋赴俄外部催詢郎庫里撤兵之事彼仍諉稱天冷雪阻尚無覆信詰以應由國家發諭飭退彼稱不能允辦須候查明再四詰論但言當告兵部速辦云云除電達外茲將問答節略照錄奉覽又弟於八月間曾函致長少白將軍詢問巴爾魯克俄屬哈民情形茲得覆函所論形勢利病大致與前覆衙門之函相同並悉山中樹木華民難於往採（與當時原奏樹木仍歸我國管用情形不符）界上卡倫亦未安設是名爲借住已與彼境連成一片議借之時遷就過多現在辦理更爲棘手來函並以錄呈前譯印帕米爾圖附譯西人游記近始印竣先奉一册備覽內俄人游記稱沙昔都拉地方建有英堡英官禁其在此度冬一節（在第十九頁）查沙昔都拉界圖有此名其地在奇靈卡外應屬葉爾羌近閱疆省所繪圖內有賽圖拉卡準以譯音方向疑卽是地（徐松西域水道記聽雜布河所經沙圖城音亦近似）若果英人築堡卽爲越界應

否飭查有無其事之處敬請堂憲裁奪

再長少白將軍另有再啓內稱頃准方之中丞函稱伊犂經光緒六年改約以霍爾果斯為界險要盡失儻以帕地易還霍爾果斯迤西舊卡則疏勒西境尚不嫌蹙帕米爾僻在深山即百計爭還勞費無益閣下儻致函總署或可動聽少白將軍亦以收回屯牧舊地較昔年本未列入版圖之帕米爾相去霄壤等語知照弟處竊維軍撫之論意在以無用易有用未嘗非變通良策惟俄人謀佔全帕現方執約與爭雖歸宿實無把握而舍此亦別無辦法伊犂定界已久少白將軍謂俄人廣修市埠沿邊布置恐彼未必輕舍亦已深知其難若驟與改商徒鬆爭帕之勁難券返地之謀似亦不可不慮然邊計至重非可臆揣謹照錄原函統候堂憲裁鑒

附錄問答節略

十八年十一月二十二日赴俄外部晤東方總辦格畢尼斯告云前日得總署電屬本大臣來問所商郎庫里退兵事該處已有回信否　答云未有回信據我看來如

有兵在該處亦不過五六名以便通費爾干省信而已　告云祇因俄兵愈紮愈東總署之意應請貴國國家電諭該處卽行退兵務卽轉達　答云此說不能照辦現有六禮拜之久未聞該處有兵向東之信國家既將貴國所問轉達該省查明祇好等候且卽使該處有兵亦不過數名在郎庫里湖這邊但爲通信必不到東邊喀什噶爾等處　告云中國非疑俄兵到喀什噶爾一帶而請退兵係因邊界之事總貴

兩國公平相待免傷和氣故請速退在郎庫里之兵以固和好之誼　答云我已照

貴公使來說之話託兵部轉達該處地方官了至今未得覆信此是公話至我之私見不過中國不宜以該處卽屬中國俄兵不能前往且我私想如果在郎庫里之兵專爲通信冬令無別路可通恐亦不能答應退兵也　告云中國現在並不計論俄兵到蘇滿塔什一帶之地祇請於喀城界約所定中國之地不可駐兵亦算和平之至貴國必當允許　答云大家皆以帕米爾地屬公無論何國之人均能前往如中國阿富汗英國均已去過此時亦讓俄國人去有何不可　告云當中國派兵往帕

米爾之時俄國請勿進兵當卽允許撤退若論施報之誼俄國亦應從中國之請況中國請退郎庫里之兵按喀城界約爲俄國不應駐兵之處乎　答云中國從前亦許久方退兵且俄國於喀約看法不能如此各人可到之處俄人亦可到　告云固是俄國可照力量辦事然於邦交之道總須按理商辦如此邊界小事似不值不按道理說話使人不服也　答云前此都是閑話可不必論惟貴國請退在郎庫里俄兵爲正事我答未知有俄兵在該處否卽有亦不過數名因天寒爲駐穆爾格阿布河兵通信之計已告兵部轉飭該處地方官查辦矣此乃實在之話餘可不論　告云中俄兩國自商還伊犁以後所經交涉事件極多均能辦理妥協多藉貴外部調處之力本大臣現爲帕米爾事常來催商幸勿厭煩爾我職司通兩國和好之情有事總應和氣商辦爲要　答云我並無厭煩貴大臣之意我做得到之事必願意做請問總署數次來問是否復有得俄兵前進消息　告云卽爲在郎庫里之俄兵一事所商已有月餘故盼尊處早飭退兵未知兵部飭查之信是否電達該處地方官

答云却未詳知想總是電告土耳克斯坦總督但由此前去路遠雪大總不能十分快速　告云可否請告兵部如未用電達即再爲電催　答云我當告知兵部以貴大臣又來催問此事請爲從速辦理

附錄長將軍來函

本月初一日接奉手示下問懇勤藎慮虛衷見於言表欽佩之至久擬馳緘上達祇以事冗未遑仰荷先施不遺葑菲敢不謹就聞見所及用獻芻蕘以備採擇巴爾魯克山一案前經總署函詢當將該山亟宜索還情形肅緘具覆計必鈔達冰案查伊塔兩城毗連俄界爲新省門戶由伊犁到省精河及庫爾喀喇烏蘇是其要衝由塔城到省老風口雅瑪圖及庫城各處亦其要衝而巴爾魯克山則介居伊塔庫精之間其山東北由雅瑪圖直抵塔城東南之老風口南出該山之陽即至精河城下西南則緊接伊犁沁達蘭卡倫東南沿奎屯河可趨庫爾喀喇烏蘇一帶四通六闢防不勝防此形勝之在所必爭者也俄人藉讓路取鹽兩端爲展限十年之請是以畫

餅虛名而欲我受棄地之實害也請言其概該山爲形勝之地東達新省西達伊犁東北達塔城如骨鯁之在喉儻遇有事則該處哈薩克卽其嚮導伺隙久而路徑熟其爲害一也伊塔極邊特新省爲後路如彼分扼精河老風口或橫截庫城則伊塔皆有斷絕糧餉之虞而新省已無右臂其爲害二也該處本爲塔城額魯特牧地嗣因俄屬哈薩克借住以致塔城蒙哈無地游牧又借科布多所屬烏梁海之阿爾太山暫居近年烏梁海蒙古屢向塔城索還　欽派沙振亭星使前來勘辦現與塔城額都護議定自光緒十八年立限三年無論巴爾魯克山能否收回屆期卽行交割是塔城立待收回巴爾魯克山以便安插蒙哈人衆其情甚迫否則塔屬蒙哈卽無地棲止有窘生計流離堪虞其爲害三也中屬蒙古哈薩克與俄屬哈薩克同一牧養爲生乃俄屬哈薩克盤踞該山頻時搶奪我蒙哈牲畜跟跡追捕阻於俄界行文俄官又不究辦旋卽縱放復來仍行搶奪偪處滋嫌日久斷難相安其爲害四也該山泉甘草肥俄屬哈薩克久居其地以資蕃庶將來生齒日繁更必視爲固有久假

不歸其爲害五也況該俄屬哈薩克於庫精雅瑪圖等徑頻出搶刦行人不安於途又恃俄人護符藏垢納奸久則爲逋逃淵藪其爲害六也且自此山議借之後我所應設之巴爾魯克莫敦巴爾魯克各卡倫至今未設彼族出入毫無稽查即該山樹木華民亦難往採既失地利又潰大防其爲害七也至於喀使所云華民准其七河斜米兩省湖內白取鹽斤及察罕鄂博山口任便出入兩節查伊犁所食精河城北喀喇塔拉額西柯淖爾之鹽取儁甚便至伊犁迤南額魯特境內達布遜淖爾之鹽現已分屬俄界邊境蒙古就近以皮張換取者間或有之彼如禁阻則我蒙古自有精河之鹽可取不患食淡塔城食鹽東半境者皆取於哈喇達布遜淖爾及愛里克淖爾西半境者皆取於烏蘭達布遜淖總之西域多產鹽之地無待仰給俄鹽也至察罕鄂博乃川口非山口也寬約三四十里昔爲布倫托海赴塔台路南山屬中國北山屬俄國當年分界應於兩山下平原居中之地建立牌博俄人狡黠强將牌博建於南面山麓以致促我台路按同治三年界約兩界之間應留二十丈公中之地

是我行人於此二十丈公中地內原應行走不得謂之越界因榮潤亭將軍時運礮被阻經英介臣參贊將此台路改向哈屯山南取道木呼爾岱行走不過由察罕鄂博其道直捷由木呼爾岱其道迂折多行兩站耳頃接額藹堂都護來函謂現在該處往來商民蒙哈有票皆可暢行卽令閉關塞竇亦可改道由哈屯山行走等語所謂商民者乃我蒙哈貿易小販非華民之經商可比是其地容走不容走於我無所損益若因此而致巴爾魯克山不能收還則太覺不値來示所慮各節因已燭照靡遺而此山實關伊塔新疆全局要害久爲俄哈盤踞其害不可勝言若稍涉游移終必無索還之日惟賴執事鼎力斡旋使彼就範以期珠還合浦則邊疆幸甚國計幸甚無任虔禱之至

附錄長將軍再啓

再啓者頃准方之中丞函稱伊犂舊界同治三年經明大臣勘分伊犂河北境以惠遠城西二百里之圖爾根河爲界光緒六年曾惠敏改約以惠遠城西九十里之霍

爾果斯為界而伊犂河北索倫營領隊所轄十卡倫河南錫伯營領隊所轄十六卡倫全入於俄不獨險要盡失且無以安插旗丁今俄人欲得帕米爾彼明知是中國地鄙見倘以帕地易還霍爾果斯迤西舊卡則疏勒西境尚不嫌蹙（俄兵現駐之布倫庫爾距城五百里）而伊犂稍減逼處之憂如不能展寬至圖爾根即展至奎屯河亦尚合算帕米爾僻在深山縱百計爭還每年轉餉增兵勞費無益伊犂為西域重鎮有益於伊犂即有益於通省大局閣下倘致函總署備具圖說剴切言之或可動聽萬一能成亦疆事之大幸也愚昧之見乞裁酌之等語弟查伊犂舊界順圖爾根河依博羅呼濟爾等卡倫劃分博羅呼濟爾山口實為伊犂西面總要隘口自新界分至霍爾果斯河險要全失防不勝防儻能以帕米爾窵遠之區易回博羅呼濟爾等卡倫以內之地實於伊犂邊防大有裨益惟查俄人於沙瑪爾一帶廣修市埠又於沿邊立營建卡闢地遷民布置經營頗費財力恐彼未必輕舍然在我如能以僻遠之帕米爾易回伊犂霍爾果斯河迤西各卡照同治三年明大臣誼會同俄官雜哈勞議定界約第

三條順圖爾根河依博羅胡吉爾等卡倫為界俾伊犁西面險要可以收回而我索倫等營所失屯牧舊地復完則較之帕米爾尤關緊要惟賴閣下鴻謨碩畫歸我鄆讙龜陰之田實為　國家邊局大幸謹照方之中丞來書肅函奉懇再啓

致總理衙門總辦函 光緒十八年十二月

逕啓者月之三日奉布使字四十五號函計邀鑒入臘鼓迎年敬維籌祉延釐為祝弟以上月杪馳抵德館赴彼歲會月之初八日德皇嫁妹循衆詣賀事畢以俄館事件緊要即以初十日馳回森都前歲德皇第三妹出嫁查經傳　旨致賀故特電陳請示十二日奉衙門來電後遵即備文照案辦理德皇傳命申謝謹以布聞此次俄廷遣太子赴德致賀賓主酬酢舉觴起祝情意歡洽俄德派員續議通商稅則亦有端緒議者謂兩國有言歸於好之兆矣慶常不能調俄弟因思嘎爾斯養疴在法義境內嘎與慶常甚熟擬令就近往見論述帕事為釜底抽薪之計月初至德屬之漢挪威省約慶常晤商知嘎君概不見客無從進言仍屬其探訪俟渠病痊返國有期再謀見之惟近據

英使言嘎已衰病不再涖事歸否無定（渠老病利於暖地）則所商恐亦成子虛耳密電寫本近查石部原碼補遺均無礙字實爲疏漏茲補呈碼數一條希查碼塡補以便後來繕用前印帕圖今始竣工先附一幅（所繪山脊特令疏晰易辨山脈縱橫）希察入外奉呈圖百五十幅敘例游記一百部又洋文地名表兩册裝箱另寄請俟到時查收是荷（如可備用請酌發疆省致閱）

再密啓者月之十六日接衙門咸電適外部基格兩君或病或有事至二十一日始與格總辦約晤業撮要電陳茲錄問答節畧奉覽此次格畢頗以分界議定自免衅爭爲言無如我據喀約無可再讓彼亦不肯鬆口無從迎機商榷帕事棘手實在於此至疆省近稱俄欲佔塔格爾瑪色勒庫爾等處該地皆在喀境邊內雖虛實未定情形自更吃緊竊謂辨論與兵力每相須而行現方催撤郎庫里之兵而又誡其勿入邊內措詞不免鬆動弟四十四號函曾及出紮守邊二策出紮之說應候相機酌行至守邊辦法正以扼防色勒庫爾 帶爲主前函本有增兵益備之請誠得兵勢加厚畫邊列屯在彼領事裨弁人等知不可犯戢其玩心則俄廷無所鼓煽當不致遽逞隱謀若與彼辨

論則仍執約爭界前說不爲所牽庶不墮其術中現計嚴寒未解俄兵未易前進無論入帕入邊至速當在春杪我之布置亦能赶及惟請堂憲裁之至敵情百變萬一陽託和好陰肆闖軼使我軍猝難定計亦所當慮查自布倫庫里至色勒庫爾西面大山（新印圖譯稱赫色勒牙克山）實爲回疆天險門戶似宜預飭各軍隨時徼防該處各山口但有敵人越入此口即應遏阻遏阻不聽即便擊禦無庸更俟諮請（西國戰例臨陣格殺弗論俘獲者均不誅殺以備事後講釋此宜令軍中知之）如領事再有恫喝即可以此明告之昔曾侯能成改約之功而不及阻佔越之役一則楚軍新捷聲勢可倚一則粵師屢挫敵無所忌前事之利鈍概可知耳英使前月告俄外部以阿富汗與布哈爾前定之界尚須釐定幷帕米爾事亦須商定請兩國派員會勘署大臣基斯敬謂目前派員無益未允而請先想辦法底子據英使所述云云似俄之應英亦無非宕字訣也

再前接洪堂憲電開念劬願偕金楷理履勘帕地等因當即詢之隨員錢恂果稱願往查帕事日益棘手勘地之舉尚非此時所急至由費爾干出烏仔別里正當俄兵紮處

若所領彼國護照言明游帕則明以帕米爾爲俄轄既非所宜不載於照又恐被該兵阻止且在俄境雇覓嚮導呼應亦多不便均如來電所慮現查該員本差滿將歸或擬取道費爾干由伊爾克什坦入華先至喀城再酌赴帕行止較爲妥順洋員金楷理辦理繙譯事件未能遠離尚須另籌舌人伴送亦不易事也希代回洪堂憲是懇

附錄問答節略

十八年十二月二十一日赴俄外部晤東方總辦格畢尼斯告云因得總署電催問請退郎庫里兵一事兵部已否查詢明白飭令退兵　答云兵部覆稱郎庫里駐兵無多專爲通穆爾格阿布河卡至費爾干省之信無礙分界之事　告云中國按約以此地應屬中國所請退兵貴國能否答應　答云兵部以該處爲未分定之地並無居民無礙分界之事冬令又無別路可以通信雖未得該省總督覆信恐不能撤兵　告云本大臣職應聯絡兩國交情不瞞貴總辦說如俄國不允中國請退郎庫里之兵恐是激動中國政府意見於兩國交情大有妨碍應請貴處切實設法爲是

答云我亦願兩國和好無間當盡心設法但此事主意出自兵部此時我亦無法

告云該處邊界俄兵官尚有向喀什噶爾道要本屬中國之哈薩克人衆又聞有添兵前進之說故總署狠看重此事囑本大臣與貴處切實商量兵部祇辦兵部之事此事實關兩國交情還是請貴部與貴國家商明以固邦交方好

答云邊界官要人並添兵前進兩節我未有所聞第此事看法不過中國把喀城界約看得太結實以爲郎庫里地屬中國我們則因喀約未指出實在地名以郎庫里尚是未定屬誰之地可以駐兵祇此看法不合亦何致有失和好

告云此次電諭屬本大臣與貴部商論者亦因天氣不日就暖恐邊界官兵不知貴國家睦鄰美意任意舉動故不如預先告知貴國中國於此事已到不能再讓地步貴國當設法不致生出別事方好不然因此荒地致乖交誼似甚不值

答云我們極願意彼此永遠和好俄兵亦斷不至喀什噶爾一帶實屬中國無可疑議之地卽貴大臣今日來說之地亦因未分淸楚故我們以爲可以駐兵儻能將界分好則各守疆界自然都無此等爭論

矣　告云分界一層亦當由俄國想法使中國可以答應蓋中國願以喀城界約爲底子亦是到不能再讓地步　答云喀城界約實在難憑當時兩國勘分之員意見不合且限於天氣添此空空兩句其實當時大家皆不明白該處地勢如阿富汗英人等之在羅善什克南等處割據不淸者即此之故既要分界只好照山水之勢方是正辦　告云界約既有一直往南之說自應遵守如按貴國所擬是自烏仔別里起立即往東毫無一點往南中國何能答應　答云我想毫無別法倒請中國另想一法爲底子　告云此分界之事亦非今日可以說完現在郎庫里退兵一節貴部既欲中國知俄國有意和睦若能將此節辦好即可作爲實據　答云恐兵部看重通信未必見允　告云既云通信而設以後雪化路通此兵即可撤矣　答云只能將郎庫里設兵之故奉告何時撤兵非我之權以後不敢輕說　告云照此電覆恐中國　國家不能允許　答云即請詳細電知並請言明俄國決不到喀什噶爾一帶實屬中國之地此節係遵兵部及本衙門大臣之諭命我誠心奉告　告云中國

却無慮及俄兵到喀什噶爾等處所囑本大臣頻來催問者實因郎庫里駐有俄兵按約必應理論尚請貴總辦與基大臣切實籌商俾中國不到不得已之處至爲切託　答云當詳細告之

致總理衙門總辦函　光緒十九年正月

逕啓者去臘二十六日奉布使字四十六號函計已入察前擬洋人游歷新疆驗照蓋印一事本月間據俄外部派員持護照一紙內載俄都司某帶武員一名兵丁八名從僕二名前往新疆甘肅四川等語請爲蓋印弟思隴蜀兩地本經衙門允喀使所請准其游歷但彼國官商騖遠者衆若由使館就近驗照過於便捷後來益致多事因告以甘肅四川皆係內地須由總署發給護照使臣苦無此權託詞却之彼部意雖不愜而理難相强亦遂作罷不識喀使曾以此爲請否惟洋人游歷一事各使館辦理向無定案去年俄總辦格畢尼斯論及此事曾出英館漢文護照相示弟言蓋印亦能保護此總署新議章程以後他館自亦如我所辦查驗照蓋印前經弟鈔案知照各處此次於

蓋印之案將內地分別不辦亦須各館一律方免藉口擬請衙門再行飭知遇有洋人游歷內地西北各省仍由總署發給護照無庸蓋印再俄員游歷屢次帶挈兵丁前歲游藏道死之員聞帶兵十數名雖其意祇爲自衛無關他故然準以泰西他國兵無故不得入境之例究非事體所宜竊維目前事勢游歷之風已難禁阻保護爲主國之權在我不能不任方可杜其以兵自衛之漸擬請衙門於該使以後請照時曉以此義或令將兵丁繙作從僕其人數亦不宜過十名以冀稍示限制若來弟處請驗亦當照此與商是否有當統候堂憲裁定是幸俸薪分別復成仁施周浹已奉咨行卽於本月遵辦同聲欣感

再擬限游歷人數之說意在專指以兵作僕一項言之非括該游歷人共數合幷陳明

再前接洪堂憲嘯電令酌派隨員錢恂勘帕一節業於去臘附啓在案茲復詳籌情形入帕須俟天暖雪泮計由喀出邊俄兵亦正調隊游弋之時我往寇往難保不有阻礙且由俄入喀現無熟悉譯員可以抽派俄境一路亦苦無人照料躊躇再四祇好暫行緩辦惟新譯帕圖係錢恂一手經理於該地山川界畫實已瞭如擬乘銷差回華之便

飭其前赴衙門面陳帕中形勢或聽候堂憲傳詢似亦可備講求邊事之助該員素長攷據近於西人各圖說頗能盡心鉤索蕭何得秦圖書具知天下阨塞固不在身歷其地也除俟啓行有期另牘呈達外特先附陳之昨又接洪堂憲馬電所需慶常譯件當經照轉屬其逕行寄發以取迅速查英俄會議阿富汗界約時喀什噶爾尚爲回逆所據薩雷闊勒爲其一部其西治塔什庫爾干但西界至帕何地恐無確攷耳

致總理衙門總辦函 光緒十九年二月

逕啓者正月二十三日奉布使字四十七號函計邀鑒入二十五日接奉衙門森字三十號并鈔件圖說一一領悉二十八日赴外部催詢巴爾魯克事據格畢尼斯言尚未得有領事信息弟復切告年限日迫華屬哈薩克借住蒙古牧地亦須騰還故 國家決意要請俄國遷移務飭從速商辦等語格畢謂中國不允再借業已轉告該處巡撫現在且候領事所商來信再談仍是一味延宕殊爲焦灼是日格畢言及帕地分界事曾電格使詢明中國主意若何因述願我指明實地與商之意當於豔電陳達迨得衙

門冬電復向詰叩格畢未變前說惟言俄國看法原以薩雷闊勒山爲界之說爲是但總署不允故請另想有理可作分界之地再爲商量並允電喀再詢等語似彼部但令喀渾言致詢至如何商辦則俟我自行酌告卻非該使從中有所作難查去冬我執喀約擬向東往南彼部已明言罷商今之一再詢我是復露受商之機然但云我可與商不言如何允讓詞氣仍涉吞吐弟故謂其意近調停而語尚緊若置不與論則彼將藉口我不與商界議又復拒闋故爲酌告之請其間曲折電有未盡用備陳之又衙門歌電游歷請照一節即上函所陳之事業經蓋印驗照辦訖仍告外部以後如無總署訓條使館仍無驗辦內地之權其兵丁八名亦與言明但能繕作隨從之人彼亦應諸稱以由駐京公使轉請視逕請使館驗照在彼究稍周折前請知照各館分別西北內地各省無庸蓋印之處仍宜酌辦以爲平時常例可耳漠河金廠委員被害一案業已照會催其查明究辦錄稿奉覽該廠員役因公過界身死不明亟應認眞伸理惟彼族刁展伎倆誠如原稟所慮大半推託支吾永無了案之期因思去年參將柴洪山在塔爾

巴哈台中途被俄屬哈薩克行劫其初照會俄酋推言查無其事迨該將前往俄境自行購線緝訪得有劫賊姓名始得獲案訊服此案既據俄民見有船隻拋棄似宜將該民姓名住址查明以作證據或密行設法查察謀害下落能得案有實徵庶彼族無可諉遁柴將前事亦一辦法也蘇忠阿屯地既據江省來函開墾在立約之後而此時地已歸俄勢難以東三省駐防戍例與之開導容俟相機催論冀安屯業俄督廓爾甫於前月病故俄廷現派在莫斯科營務處之提督杜哈斯基往繼其任廓督在東多年人尚安靜未知新任如何耳

再李相密函及所摹帕界各圖均經領悉查地圖交界之線必經兩國勘定乃爲確文若地未議分但由一國自行擬議或爲游歷人標識以便攷覽者皆謂之虛線或贏或縮均不爲議界之據英外部繪送之圖以弟所聞祇係勸我如此劃分並非英所允認去春英俄互商會勘帕地英又嗾阿富汗來爭六爾阿烏（即穆爾格阿布）一帶之地迹其所勘所爭皆爲圖內華界英廷不應有此矛盾之舉謂爲英認當時譯者所述羇有所疑至

俄圖轉向東南界線查俄文西歷七十七年土爾吉斯坦圖即新譯帕圖叙例所稱七十六年回部圖□□□率本此早有此本近時德法各圖亦均如此不過與圖家通行標識之虛線英領事謂本於伊鄂諸弗立馬所繪亦非今俄文八十四年中俄界圖即不用是線且俄外部與我爭界但言地勢應然並未牽引圖線作證可見俄亦不以此虛線爲可據也茲將俄德法各圖寄呈聊備查察現在我執喀約爲據若秉公講理即不藉他證無慮不勝所患者俄人恃其力征導諭不應其兵繼出再謀進佔界事棘手正在此不在彼耳英使去冬與俄外部約籌帕事辦法又有文催詢旬日前探詢俄尚無覆文恐所議亦無端緒也

附錄致俄外部函

奉總署文開據黑龍江省金礦總辦稟稱於去年夏間派通事郭玉貴帶同水手王勇乘船往對江俄界分散草票去後久無消息復派通事往查據覆郭通事等祇分票一二處訪聞該處俄民見其所乘之船拋在江邊草票遺散等情似此郭通事等顯係在俄地被人謀害身死查伊等係奉差前往分票專爲俄民利益起見中國官

派伊等前往亦爲兩國鄰誼起見今被人謀害生死不明殊屬可憫倘不查究明白將凶手治罪何以服人心而安行旅且中國官下次亦難再派人往分草票矣此案業經中國官照會貴國總督並海蘭泡巡撫查辦總署特令本大臣行文貴部請飭該處地方官嚴速查緝匪徒按律懲治爲盼

光緒十九年二月初三日 即俄歷一千八百九十三年三月初八日

致總理衙門總辦函 光緒十九年二月

逕啓者本月十六日奉布使字第四十八號函計邀察鑒是日旋接衙門咸電藉悉喀使已遵彼部所覆接洽指地之議但近日爲彼中耶穌生沒等節俄主又赴黑海界議大事俄外部須候諸白恐答覆未必能速此時彼之用意竊以爲喀栢等僅司傳述未必遽有成算耳前日接長將軍來函述及會議巴爾魯克一案期以二月派員前往並慮俄人倘仍請展借欲於議分帕界准予多分地面爲遷居俄民之所等語查陶中丞前欲舍帕地而索伊犂舊界今少白將軍又擬以此爲商收巴山之資雖立說各異而

視該地僻遠別有注重則所見相同陶說重翻成約恐不易辦若巴山形勢關係伊塔要隘如將來所指帕地於彼此相持之間兼提巴案藉為操縱似可以備一策謹照錄原函統候堂憲裁奪月前德報云費爾干省擬准備馬步兵兩營礮兵兩隊將往帕米爾未知確否近英報稱俄派員在布哈爾境設關收稅（布王去臘來俄都與商允此係確事）帕之西境什克南等部以貿易失利且怨阿富汗王薄待有叛阿附俄之謀云云此說如確則阿境東壓俄頗得勢英亦為之掣肘矣茲有正摺及片二件即希代備安摺飭遞為感再

碶鏡翁鈔寄電底一函並發回臘月摺件均已領悉

再帕地形勢全以山嶺脊脈為斷故新譯帕圖於山脈縱橫摹繪特詳近又覓得俄文阿母河圖備列全帕地勢所繪縱橫山脈及諸帕界畫頗覺清晰（山脊上加藍色者為積雪狀以表最高處）足與譯圖相印證（俄外部出示即此圖惟係光緒十二年所印為時稍久地名較少）但水道易明山脈支分歧錯驟觀未易辨別茲將俄圖寄呈略就要地標譯并點記各地界至以便查覽按圖自烏仔別里山一支東行又折而南行曰赫色勒牙克山（俄稱為薩雷闊勒山）為喀使前擬之界其山甚高

而脈最長故爲東西分水大界（說詳後恂議中）山之東坡爲布倫庫里爲小喀喇庫里西坡爲郎庫里又迤邐而南東坡爲色勒庫爾西坡爲阿克塔什平地其山再南派分二支一支東南行而短包抱色勒庫爾一支西北行東坡爲塔克敦巴什帕米爾西坡爲小帕米爾再南即因都庫什與穆斯塔格山界矣烏仔別里又一支迤南行包郎庫里之外過派格士別爾山口仍合於赫色勒牙克山是爲郎庫里西面山界山之西坡爲阿克拜塔河郎庫里亦以此河爲水界阿克塔什平地曲折而長南自尼若塔什山口起北至阿克拜塔河（尼若山口之南即小帕米爾故有以阿克塔什屬之小帕米爾者）沿河克蘇河至阿克拜塔河合流處又爲阿克塔什平地之水界（河之西濱倘應爲阿克界但其處當阿爾楚帕大帕東口山之界脈未能確指）烏仔別里又一支西行旋折而南過阿克拜塔爾及帕沙脫山口又沿喀喇蘇河（譯圖漏繪）過尼赤塔什山口以至薩雷庫里東爲衙門現指之界（此界按圖地名較少記其約略）此外諸帕大率以東西行之横山前後相距爲界此則各地界至之大概也竊查英之印度在南藉東西行之横山爲屏蔽故以因都庫什爲門戶喀城在東藉南北行之縱山爲屏蔽故以赫色勒牙克爲門

戶若郎庫里阿克塔什等地則又爲山外之屏蔽（諸帕山皆橫行無關險要）惟塔克敦巴什（俄圖未列帕名）（水道亦不合當以譯圖爲確）與色勒庫爾似隔實連爲葉爾羌南境之屏蔽視諸帕爲最要此又喀城邊外形勝之大概也

附錄長將軍二月十七日來函

前由俄台肅復寸緘計邀青鑒巴爾魯克山限滿索還一案現准　總署函鈔照復俄國喀使允由伊犂將軍塔爾巴哈台大臣派員與賓領事商辦自應遵照辦理查此案係光緒九年九月初三日訂約借給應扣至十九年九月初三日始滿十年限期擬於二月間派員前往現已咨請額大臣先行照會賓領事查照即請賓領事先期行文俄國邊界督撫我定合宜之地預備該山哈薩克遷回安插以便交收第查喀使來文仍以展借爲請將來文牘之照催當面之爭論必有多番曲折尚須別籌機要之策以濟口舌之窮容俟隨時肅請指示惟念帕米爾界務正在相持前方之中丞來函擬請以該處易回霍爾果斯河以西索倫右翼地面未知能否辦到倘俄

人終以巴爾魯克山寄牧哈薩克無處安插爲詞仍請展借將來可否於議分帕米爾界務准予多分地面以爲遷居巴爾魯克山俄屬人民之所如能辦到則是以篤遠之區易回形勝之地於新疆仍爲有益仰乞藎籌酌度相機妥辦尊處如能將帕米爾事虛與委蛇一俟巴爾魯克山商有端倪由弟隨時緘請吾兄調停辦結較爲妥協愚昧之見未知當否尚祈教正

許竹篔先生出使函稿卷九目錄

致總理衙門總辦函 光緒十九年三月

逕啓者二月二十四日奉布使字四十九號函計已入察俄外部今歲不派兵一說核與所告英使相同惟中國調兵運械屢見英報並有俄因我有意用兵故又肯商之論不免以我添備不已爲疑故擬請衙門酌告喀使略示聯絡除電陳外並將兩次問答節略錄呈郎庫里駐兵彼部堅稱祇數名不審新疆所報情形若何仍當隨時催其移撤以顧宗旨嘎爾斯患病漸愈自義移奥因授意慶常前往訂談凡接晤兩次其詞尚爲和平而忌英之心特嘎甚君已於日昨返俄仍作郊居未蒞任俄主在黑海閏須月外旋都也慶常所呈問答轉錄奉覽竊維俄兵果不進佔於目前事局稍得寛展然界務不定則邊事轇轕終不得清嘎意初指阿克蘇河以東爲言縱言如議不合無妨從緩固亦調護息事之意然强敵偪處日萌窺伺宕緩之策非我所利昔年英師取緬曾俟初議畫八募爲界英廷亦有不與八募可許中國設埠通海之說遲之數年而此議

已不能踐恐帕事宕後將來亦受此病但嘎君所擬界地語本渾略未能知其端委就地勢論之阿克拜塔爾河源正當烏仔別里直南由此循河而南又東南循阿克蘇河至尼若塔什山口（此處再南即小帕米爾似宜聽英俄自爭若歸中國則替二國作碰墊後來必受其累）此一帶河東之地畫歸我有則郎庫里山（郎庫里西面山無名權以郎庫里名之）曁赫色勒牙克山各山口爲中國所獨（以山爲界山口兩國所共以山外之河爲界則山界全屬中國）於邊庭門戶愈臻完固至河外之地山脈歧雜（指南北縱行者言）地更窵遠無益邊防誠有如陶撫院所稱僻在深山百計爭回勞費無益者緩急之故今已灼然惟交涉之道爭寸爭尺不便無故放鬆似可乘彼就商之機參用長少白將軍所論要以如約歸還巴爾魯克作爲彼此調停之策如能辦到舍荒遠而收要害在我正不吃虧喀城原約於直南道里遠近及至何地爲止均未明載無從懸揣今日議界不能不就地勢扼要爲斷在堂憲通籌操縱自有權衡聊就嘎說而推論及之

再上次四十九號再啓内有一支東南行而短包抱色勒庫爾一支西北行等語西北方乃西南字筆誤希代改正是禱

附錄問答節略

十九年三月初四日赴俄外部晤副大臣基斯敬告云昨閱法報貴國添備一隊兵擬赴帕米爾業經啓行不知果有此事否　基云我們未有此議今日本有一事奉告前月據土爾吉斯坦總督電告中國在界上添兵運糧調聚駝馬情形甚急請調兵進赴帕米爾等處以備抵禦華兵兵部向我們詢商已告令暫行緩辦但中國如此舉動如果激成戰事貴大臣須記明釁係由中國而起望轉告貴國　國家爲託　告云此節早經東方總辦提過且云已電喀使轉問總署現知總署覆稱添兵但爲自己邊防如俄國不發兵中國兵亦不出邊云云未知喀使已電達否　基云未有電來或且用信通知現在兩國商議界事之時總須表出和睦好意不可用兵力作勢顯露脅制之意恐因此激出事釁轉爲不美　告云喀什噶爾一帶離北京太遠且無一直電綫通行諸事遲緩當去冬俄國武員聲言要奪塔戛爾瑪駐喀領事亦云俄國要得薩雷闊勒等處謠言太多邊界官照此稟報　國家不得不加添邊

備此時或正兵到之時適逢其會非現議分界特添兵到該處也　基云貴大臣之言自可相信但邊界將弁不知底蘊容易生事俄國以此刻方在商議分界總冀有成不宜用武定擬今年在穆爾格阿布河之兵不動亦不再行添兵即有往各處觀探不過兵一二名而已故請告中國切勿於界上增兵致啓釁端爲妙　告云中國亦願商成分界之事若能說明彼此不派兵最好但貴國去冬分兵駐紮郎庫里此地按約而言係屬中國在俄國則稱爲未定之地前據格總辦稱係冬令大路雪封藉此通信駐兵不過數名此刻雪化路通俄兵理應移撤方合各不派兵之理　基云我想道路已通此兵諒可撤回　告云郎庫里兵如即撤去正可見貴國和商之證貴大臣能於今日允定否　基云我不能深知彼地情形未敢保其必撤聞該處略有水草俄兵或因遞信或因牧馬往來於彼皆未可定然總不過數名之兵無礙於事不能算作駐紮佔據請勿疑爲派兵生事現俄國並欲與英國議分阿富汗地界之事如派兵巡閱英國亦所不願即此可見俄國今年必無派兵之舉矣　告云

雖如此說但中國京都離邊地太遠一聞俄兵在郎庫里不論人數多寡總疑意在佔地本大臣所以以此相商　基云俄國武官亦巴不得有爭戰之事總望彼此不聽外言今年俄國不派兵主意已定仍請貴大臣電告總署停止添兵以釋人疑　告云我以爲中國卽有調兵不過自守本境我意但可電告總署以貴大臣面告定今年不派現駐穆爾格布河之卡兵到各處巡閱亦不添兵赴帕故請中國亦飭防兵勿出邊外以免生事云云貴大臣以爲然否　基云可請照此電達　告云總署告喀使所擬分界之地址俄國意見如何　基云中國所說之界雖有地名其實仍是喀城界約往南之意殊無可商　告云貴部如何覆我總署　基云如此似不必覆　告云兩國看法不合不妨說明　基云容查之或已由格總辦電告喀使亦未可知　十九年三月十一日赴俄外部晤副大臣基斯敬告云上禮拜三所談之事已照尊意電告總署前日得電覆屬告貴大臣中國本願與俄國和商分界之事如俄不添兵並不移動中國亦決不派兵出邊　基云此言固好但前日彼此談後我

們又得消息知中國復添礮並由英人代運洋槍七千桿前往邊界究是何意倘儘如此接連下去俄亦只好預備但貴大臣須記非俄國有意起釁爲要　告云如果傳聞是實仍係上次所云乃去年籌備之事該處邊界從前原未看重近來別國均爲注意故不得不稍爲整頓然祇在中國境內佈置並無到交界之處　基云俄國現無調兵生事之意中國卽亦不必添兵貴大臣既云中國不願生事而槍砲陸續增運豈不言與行背乎　告云請貴大臣要作兩層看法中國所應允者係彼此皆不派兵出來以便商分界之事此是一層添兵在自己境內者因從前謠言俄國要取薩雷闊勒等處之故布置在先非今日新政也又是一層　基云雖云中國境內然一日可到界上如只一次我們亦不必論說如此接連增兵增械豈非要與俄國爲難我們安能束手相讓乎請貴大臣告知中國何如　告云當以尊意電告總署但中國在自己境內設防是應爲之事譬如貴國去年留兵在穆爾格阿布河此豈僅在界上耶中國自去年撤兵後從無派兵再出之事　基云頗聞中國常常有兵

出境欺凌俄屬哈薩克俄國駐兵穆爾格阿布河祗爲保護該民起見　告云此等議論恐是好戰之武官有意播傳全無實事請弗聽信　基云消息眞假我們亦能酌揣譬如分界一節中國說出地名仍是一直往南舊說可見並無和商之意　告云分界大事非一言一次可決原須兩國慢慢相商方可合攏中國並非不願和商　基云俄國停兵主意現仍不改中國能有意和商最好至於添備兵械一節仍託貴大臣告中國此後弗再如此舉動　告云我當電達總署然添備緣故我已說明亦要貴大臣莫聽謠言爲妙　基云中國聽謠言信俄國要取華地卽添兵增砲以備打仗若英國公然將乾竺特取去中國竟聽之可見中國之偏厚於英國也　告云乾竺特係在邊外非薩雷闊勒一帶之地可比且與英國彼此商定會議立王尊意未免誤會　基云此事我俱知之　告云俟我電告總署後再行奉覆　基云請電達爲託

附錄駐法參贊官慶常與俄外部大臣嘎爾斯問答節略

光緒十九年二月二十八日駐法參贊官慶常奉派前往奧國薩雷斯堡爾城與俄外部大臣嘎爾斯會晤僅將三月初一初二兩日晤談要語摘陳如左　嘎云去冬本大臣在義國養疴許大臣曾以總理衙門囑令貴代理助辦俄事欲遣至敝處晤談想爲帕米爾之事無如彼時病重未能約會月前病愈適貴代理復奉許大臣之諭約期相見本大臣因彼此共事多年相信佩服是以奏請我國主允准會晤并奉諭推誠晤談詳細具奏　慶云許大臣與總理衙門所以遣派本參贊會晤者一因貴大臣辦事公平於歷年中俄交涉重大之事尤能和衷共濟言歸於好一因本參贊隨從歷任出使貴國大臣辦事有年彼此相信無所拘泥一因帕米爾一事中國決有定見凡條約應有之利權礙難減損今貴大臣回俄在邇恐中國意見或未明悉特來相告　嘎云我國主准我會晤之意亦欲將俄國意見表明以免誤會今此事有何辦法貴代理如有所見不妨言之　慶云本參贊並無議事之權然泛論此事總以守條約重邦交捨小利顧大局爲第一要義兩國和好二百餘年邊界相連

二萬餘里和則兩國同受其益戰則彼此同受其害想貴大臣早有同心必不肯因此荒山不毛之地致傷兩國之好　嘎云貴代理所言誠爲有理但帕米爾一事原因他國播弄而起非俄欲生事端俄屬浩罕等處與帕毗連若他國毫無舉動則至今帕境可相安無事乃近年某國在帕生出事端我國主前與本大臣及兵部大臣會議邊防之計披圖詳考深知帕地荒瘠無利可取但其地勢爲印度浩罕往來捷徑今某國吞併克什米爾乞託拉爾乾竺特諸部又慫恿鄰國佔據帕地逼近俄境若不與爭將受其害是帕事重在他國不重在中國亦與新疆險要全不關涉特此表明俾總署得悉底蘊　慶云俄國與他國相爭與中國無涉吾華但欲固守帕米爾應歸華屬地界不侵鄰境亦不容他國侵我之地此最光明磊落至貴國籌備戰守以過强鄰則帕米爾西境尚有便道歷經貴國將弁康穆才甫斯基句伊鄂諸弗查探明悉儘可自行布置不必闌入華屬帕米爾界內則中俄自然相安　嘎云中國前將乾竺特全部之地拱手與人現在某國在彼駐兵據爲己有以致帕地受逼

何以坎巨提讓之如此容易帕米爾在中國實爲無用之地反如此鄭重　慶云中國於乾竺特僅與英國會同立王作爲兩屬並未將該部割讓貴大臣所言恐係傳聞之誤至帕米爾地方誠爲荒瘠之區但中國既有管轄之權又有成約則無論肥瘠不能捨棄並非與俄爲難　嘎云乾竺特之入他國版圖人所共知無庸申論但帕米爾向歸浩罕既已歸俄帕地自應與之俱歸　慶云帕米爾歸浩罕管屬說未之前聞而其屬華則確有證據一則從前官兵迭入帕境平定巨寇勒石紀功至今猶存一則帕地向有中國兵卡見於貴國公牘一則帕地之民向受華官約束應中國差徭一則貴國游歷將弁皆謂帕之東境歸華管轄未有定界此皆中國實在證據況有成約尤爲堅固　嘎云歷期紀功碑碣西域處處有之不過古蹟並非界牌從前帕地並無中國兵卡自收復新疆以後始用帕界回民添設邊卡而亦未入帕之腹地前年某國嫁禍於中國揑造帕米爾界圖慫恿新疆官兵深入帕境佔據蘇滿地方致被阿富汗兵驅逐殊失國體厥後阿人復爲俄兵擊退足洩中國之忿此

事可笑之至然中國亦太失計矣至帕米爾屬浩罕一節俄國亦有證據從前浩罕亦常派兵入帕但未定有界址　慶云曾憶崇宮保在俄定約之時聲明貴國邊界至瑪里他巴爾山而止乃二三年之後竟由瑪里他巴爾山拓至烏仔別里亦屬可觀然亦未提帕米爾一字假如帕地果屬浩罕當時豈有不知之理此係閒談並非爭辯想貴大臣當亦謂然　嘎云可惜當時分界大臣未將烏仔別里以南之界劃分清楚至有今日之轇轕　慶云喀約雖未指定地名而兩界之方向確有可憑愚以爲俄界既往西南華界一直往南則兩界分綫之閒尚有餘地可作甌脫則彼此之界不分自分　嘎云喀約所載方向極爲渾含一經考察處處扞格故我國議者皆怪定界大臣捨帕米爾天然界限而擬一空空洞洞之虛綫大爲俄國受虧之事

慶云吾華亦有全帕應屬中國喀約有所吃虧之説正與貴國之爭全境者情形相同故喀約已屬限制不能再有減損想貴大臣公平爲懷必不爲浮議所搖　嘎云貴代理此行是爲兩國和睦起見我亦願和平商議今日貴代理初到此地姑請

稍息明日再談何如　慶云公事不敢言勞但恐貴大臣病愈之後久談不相宜耳以上初一日晤談　嘎云本大臣雖在外養疴而我國主於國家大事不時寄諭顧問帕事曲體閣下與吾子駐法叅贊尼格老迭次切囑之意前月聞中國新疆添兵恐兩國邊吏激成事端爰詢中國有何辦法嗣因總署所指界址太偏西境彼此看法相隔尚遠假如阿克蘇河以東之地作爲界限似尚可商未知貴代理見解如何　慶云此乃兩國界務大事不敢臆對惟泛論此事總應以喀約爲範圍欲尋界限之分畫當在喀約直綫之西不當在東如再加限制難以合攏　嘎云自烏仔別里直綫往南至薩雷庫里湖爲界一節幾割帕境强半難以允從　慶云此係貴國書籍所載喀約所訂衆證確鑿之事中國並未多爭據本叅贊看來此最公平之辦法倘貴國再欲減損則中國亦將爭取全境不受喀約之限制務請貴大臣勸俄主勉從總署之議就此了結省卻許多是非　嘎云我向來辦事最能體量卽如崇宮保來俄索還伊犂之時我之疆吏及在京大臣多謂伊犂係膏腴要害之地萬不可還本大臣

以地屬中國力勸前國主讓還中國帕地情形不同故難決斷　慶云伊犁一案正是貴大臣辦事公平之據今帕事條約具在無難決斷此在貴大臣之斡旋耳　嘎云本大臣一人不能作主須商兵部請我國主定奪帕米爾一事中國若不聽他國言語則事尚不至此　慶云中國辦事自有權衡斷不聽人閒話但願貴國事事與中國和衷商榷永無嫌隙則他國無從游說矣　嘎云我願中國新疆堅固不令他族逼處邊界侵入華境　慶云中國正欲整頓邊防爲自固之計貴國主前有誡飭邊吏勿生事端之說應請再飭費爾干省帶兵將弁勿貪功生事至貴國前遣駐帕之小隊若能撤回更爲妥當　嘎云小隊兵數無多皆在穆爾格阿布河距華界尚遠我國不能撤回但中國之兵不出邊外我亦不添新兵而已　慶云帕米爾東境中國每年夏間有出隊巡哨之舉現在帕境解凍在邇出哨與否尚不可知即使出哨亦必不出帕之東境所轄界限應囑貴國帶隊官倘見華兵在東境往來切勿驚動不可入吾所轄界內　嘎云此事須商諸兵部請示國主此時難以說定　慶云

兩國駐兵之事宜早爲籌畫以免臨時誤會別生枝節　嘎云我當留意惟分界一事彼此意見若不相合可以從緩商議似無妨碍　慶云無論遲早總不能出喀約之範圍　嘎云許大臣有商議之權否中國願在京商議或願在俄商議究竟何處爲便　慶云許大臣旣爲駐箚之　欽使凡兩國交涉之事皆可商議許大臣久經出使練達公事必能與貴部接洽相與有成　嘎云究竟何處商議爲宜尙須斟酌　慶云中國無成見祇要貴國和衷商榷不損中國利權則在京在俄同是一樣但須切囑喀使以貴大臣之心爲心自無扞格　嘎云我旬日內可抵俄國暫駐薩斯克以待我國主還都現將彼此談論情形先行報明俟月內我國主還都再爲詳細面奏　慶云現有三句要言請奏明俄主一中俄交好辦事中國斷不聽他國之言二帕米爾界務總以喀約所訂爲根據不能出其範圍三帕米爾歸中國管轄之地界俄兵不可闌入此爲目前扼要之端務請貴大臣設法維持免生釁端　嘎云本大臣必盡力維持以顧大局至我所論俄國意見亦請代達總署以免誤會　慶云

當詳細稟明許大臣轉達以上初二日晤談

再啓者德館新購房屋業於上年閏六月間將湊付房價收借各款緣由咨請備案查去夏與德意志銀行商借德銀七萬九千馬四釐起息至本年五月十七日即西歷六月底一年期滿除收回暫付印費三千一百馬及前餘三百九十三馬共三千四百九十三馬外尚不敷七萬五千五百餘馬今歲磅價較去歲又漲照時價合算約需庫平銀一萬八千餘兩擬請堂憲核撥銀一萬八千兩隨所請經費銀兩同匯以湊借項此外應付息款及屆時所合磅價或有短絀即歸常年經費內支銷計此函到時已在五月初旬距借款期滿甚近是時磅價冀當稍平希與咨請經費從速電飭解匯是幸又奉撥後仍乞電知俾得接洽也

致總理衙門總辦函 光緒十九年三月

逕啓者月之十五日奉布使字五十號函計已入察竊查弟以光緒辛卯正月到洋扣至本年臘月連閏三年期滿業經具牘呈報自維一介非材再膺使役正應勉力馳驅

以圖報稱祗以莅俄以來交涉日多去年邊界事起尤爲棘手雖歷遵堂憲指示據理辨爭不敢稍有鬆動而負重才輇塗長智短以致辦理迄今總無寸效若再因循戀棧將來設有貽誤負戾滋深且俄地奇寒土惡罕覯向來使覲終任不過兩至自洪堂憲始矯前轍歲屢往來弟則值多事之秋兩歲之中駐德者僅六閱月夙體多疾久羈於此又違節宣時嬰頭眩內熱諸患精力尤苦不支凡此竭蹶下情不敢自諱溯俄德近今兩任皆係先期數月奏請更換特此援例乞請務冀新尹以年內成行明正抵任俾弟得及時受代早釋仔肩公私均受其益惟堂憲曲體而矜全之不勝禱盼現在帕案未了今夏暫不移德擬就彼都江外島地賃屋小住稍資調攝兼便辦公並以附聞

致總理衙門總辦函 光緒十九年五月

逕啓者三月二十日奉布使字五十一號函計邀鑒覽上月二十日接誦堂憲森字三十一號來函幷鈔件一一領悉自奉衙門四月文電當經電覆所有我兵進紮阿克塔什附近情形近與俄外部晤過數次並未提及英報於俄兵蹤迹近日亦無所述四月

初印度電傳俄添兵至穆爾格阿布營內以後亦無續信或冀今夏帕事暫可安靜嘎爾斯回任曾由北洋轉電奉陳嘎病雖愈而不能耐勞故至今尚無見客消息弟以月之初三日曾告格畢尼斯云兩國此時言明各不進兵以待和商固是進步但我意總盼地界分妥方爲了事現值嘎大臣銷假辦事我想伊於此事必有公平看法倘能和衷商結甚爲美事現因未能見客請先行轉達如有主意可以告我格言嘎大臣於各項公事一時尚未接洽當俟從容將尊意代達等語弟又以格畢意在專委喀使屢與導說牢不可破東方交涉事總辦極有權而嘎告慶常則有在何處商辦尚待酌定之語又曾兩次詢慶來俄否其意較爲活動因於月初屬慶常告以如在外商辦可請總署調俄冀免彼使留難隔膜之患慶處皆由其子通達消息現尚未有覆音叔使處已商明可令慶靄堂暫來一二月以上僅事前布置順以奉聞疆兵進紮之地是否在尼若塔什山口來函如有地名希便示及巴爾魯克事弟於去冬四十一號函本已有力爭收回之議今承抄寄少白將軍來函詳籌辦法不媿老謀深算其限滿設卡一層先

立界限以資根據如能辦到頗爲扼要第三端多分帕地之說長函似主分別緩急誠未免爭帕之鬆動第三月望間所陳則擬俟所指帕地彼此相持之際藉爲調停與長說用意微有異同今承堂憲示以各辦各案以免糾纏尤佩遠見弟業即遵此致覆少白將軍奐俄國新授黑龍江總督杜哈斯基旋來訂晤弟因與往還並延之飲讌畧示聯絡該督爲言到任後必體兩國睦誼善待中國民人弟因使臣與其國邊吏未便逕議公事但託以遇有交涉之案務宜公平商辦爲要伊於月之初旬啓程由大西洋遶美國日本而至海參崴期以七月抵任臨行復言將來中國官有事相商可以通知伊處必爲查辦等語此固覿面見好之詞然察其性情尚非喜事一流應否轉告吉江兩省請衙門酌奪奧世子實係奧主之姪其父爲奧主胞弟序應繼位故稱世子游蹤新報未有確述因託駐俄奧使詢其外部旋據覆稱世子係作常人游歷不煩禮接其行程但至香港而止幷代奧外部致謝中國政府關念之意云云除已順便電陳特再布聞繙譯官李家鏊攷究俄國勘造悉畢利鐵路情形譯成節略又攷全國鐵路道里印

有圖表各訂一本懇爲轉呈衙門另備圖表五十本裝箱另寄并求存收查其所攷尙屬詳明統希查照是荷又英議院論帕事一節摘譯附覽

再密啓者昨接衙門蒸電卽向英使莫耳縪密詢據稱阿富汗界事凡自薩雷庫里湖起順河而西皆爲應商之界惟七十三年英俄定約以阿母河南爲阿界嗣後阿兵佔取什克南羅善二部踰河而北實背成約經俄與英爭論迄今未決故此次所商以此爲最要亦爲最難英不能令阿退讓二部俄不肯聽其背約須籌調停之法至瓦罕東界小帕米爾以我意之論此處應中俄阿三國合商方爲公妥俄詢薩雷湖以南一節遵咸電未與告知英使並稱現雖各有執爭而兩國意見尙順可望有成英國雖代阿商然仍留意兼顧與中國相干之利益因俄人但知利己不顧他人不願其權太盛也所歉不在此商以後詳細情形未能盡悉可由貴國駐英使館向俄外部探聽等語弟因託其轉達英外部如所商有緒及與中國相干之事或告中國使館或由駐京英使逕達總署以便暗相接洽英使允爲致函除元電布陳外用備言之再繕函間得慶常

自巴黎來電云嘎尚猶豫先以附陳

致總理衙門總辦函 光緒十九年五月

逕啓者月之十三日奉布使字五十二號函計邀鑒入十六日奉衙門願電次日與基斯敬訂晤當將所談情節電達俄兵添調至穆爾格阿布河營內英報惟四月初間一述現無續音彊電所告當即此耗英俄方在商量斷無有事阿部之理察其語氣似因我兵進紮彼亦增備然彊進兵紮情形彼之所聞想涉添砌故冀一知所紮地名便可與折論也慶常函稱嘎爾斯之子述其父覆云帕事何處商議本無成見惟聞去年京中議論此事頗多誠恐在俄商議復蹈崇使改約之轍故本部諸人不以爲然據喀使云中國似亦願在京商辦故嘎意且看以後情形再酌等語一時似難導諭格必尼斯請假他出近晤基斯敬月之十五日復以前說相告即詢嘎主意之說並言我雖現無商辦之權但嘎大臣有何看法可以轉達總署基允與嘎籌議稍遲當再催詢以覘如何也平順命案近得彼部照覆稱據伊犂領事稟覆並送到領事園署地圖該園前後有門夜

間關閉平順非越牆不能入園且有兩道血迹爲證其決爲行盜無疑無可再行查辦原稟及圖閱後送還等語仍是護前狡辨昨因交還圖說即於函內聲明中國恐難照此看法俟請示再論亦是總不允其了案之法茲將來往函件譯錄奉覽餘俟續陳現有正摺一件敬希代備安摺飭遞爲禱

附錄俄外部來文

准貴大臣去年十月十六日來文以華人平順於一千八百八十七年被槍致命一案貴國　國家看法不同並議論各節照會前來本大臣查此案曾經伊犁俄領事於當時卽行詳細查驗而本衙門復將來文寄去飭令查明稟覆茲接該領事稟覆將稟稿並領事署地圖一紙送閱仍請交還查稟內所稱領事署花園有門兩處至夜間均關閉嚴密與伊犁地方官所云平順係迷途悞入者不合夜間欲入此園非越牆不可墻下之血跡卽越墻之據也似此豈但地方官以平順悞入花園一層不是實事卽貴國　國家亦難信平順於夜間在外國人住屋之旁窺探爲無心也稟

內又云所驗血跡乃兩人之血跡更足以實平順之來既非一人爲有心作歹之據以稟內所稱各情節平順心存爲盜而來已成確案俄國國家只能抱歉伊因此致命而已據該領事稱現署中所用中俄之人均非平順死時之人故本大臣通知貴大臣於再行查驗一節斷不能辦不特於事無益且恐失兩國和好之誼至於貴大臣文內所稱俄領事有請將軍保護一節即是平順寃死之據本大臣查俄領事並非求將軍保護領署不過告以百姓如此多事並欺寃領事恐於領署有礙倘中國官不設法保護俄領事只好打算自已保護等語似所傳有訛爲此照覆惟盼貴國

國家於此案與俄國家同一看法是幸

光緒十九年五月十一日即俄歷一千八百九十二年六月十二日

附錄致俄外部照會

准貴大臣俄歷六月十一日來文附伊犂領事稟報華人平順於俄歷一千八百八十七年在該領事署花園受槍致死情形文稿一件並領事署地圖一件准此當將

來文譯送總署候示遵辦外本大臣不無抱歉貴國國家於平順致死緣由看法與中國　國家不同蓋中國深知平順係無辜慘死也先此照覆並附還領事稟稿及圖各一件請察收是荷

光緒十九年五月十七日（即俄歷一千八百九十三年六月十八日）

致總理衙門總辦函（光緒十九年六月）

逕啓者上月二十日奉布使字五十三號函計邀鑒察同日暨本月望日迭接衙門森字三十二號三號函并鈔件敬領壹是俄外部商界一節初以我兵進紮拒不肯談兹又稱由兵部詢查塔什干總督俟其覆到方可商議業由先電陳達旋於十四日與基斯敬晤及嘎爾斯在鄉仍不見客詰以該處地利邊吏早經詳報何待臨時始查則云我外部不能專主必須聽兵部攷究清楚乃有主意其言誠否亦不敢定只好姑待之基斯敬又言兵部得換班回國之員弁稟報華兵近已安靜紮止據此情形以後可無阻碍商界之事等語弟復得長將軍五月來函稱昨接南疆信探報俄兵之駐讓庫爾

六爾阿烏兩處者不過三百人現已無他動靜與壘撫蕭電不符當是時有先後合而論之在彼既已釋疑彼兵亦實未增調今夏邊事諒可無虞矣巴爾魯克事長函稱已會議兩次俄領事一味甘言支吾意在展限七八年云云大約持之堅久當可收效惟近悉領事寶德林病故俄外部將派曾署領事之柏勒滿前往其人告假在森都接替之際不免稍稽時日耳請匯經費及房款上月接衙門佳電准撥後適印度停鑄銀幣銀價大跌英鎊市價由庫平銀四兩八錢驟漲至五兩七錢餘各國商情爲之震動因電滬道暫飭德華銀行候信匯洋旋因需歸借項於月杪及本月中旬兩次陸續匯到五萬餘兩鎊價略平然尚在五兩三錢以外第一次庫平銀百兩合三百八十一馬餘第二次合三百七十九馬餘視去夏匯價又落二成（去夏百兩合四百四十餘馬）可謂市局之大變現聞美廷集議將增官收銀數以維之不識所議得成否西人則謂歐洲積銀過多銀無所用以各國皆用金幣故市價斷難挽復果如其說中國以後購置軍械分償洋款益受漏卮之困不獨使費一項之虧耗已也驗照蓋印分別內地一節業奉衙門通咨

當即遵悉柏百福尚未抵俄所請幫繙中俄字典俟其交來當爲派員相助

再弟今臘差滿業於三月間具咨並函陳竭蹶下情懇請衙門先期更換等因在案嗣於四月初旬移寓島地其處林木暢茂天氣較善每日或隔日以午刻蒞館申刻返鄉自謂足資遣攝無如兩月以來所患諸恙仍不見痊遇事稍致思索便苦心神不甯現計喀城邊事暫可安靜而界議如何就範一時尚無把握值此交涉重要之時既非庸弱所能勝任尤非病軀所可勉支不得不再行瀝陳敢懇堂憲准如前請迅賜奏辦以重公事而免貽誤不勝企禱

再駐德二等繙譯官賡音泰在外納妾生子育女用度較繁前以銀價逐年減跌所領俸薪時形不給今年雖經加復一成而銀價又落二成仍不足以支持查該員不幸折骸成廢在洋則日用不敷回華則安插無所眷口之累將無已時萬不得已擬請將應領俸薪仿慶常廣厚成例改發足成以示體恤如蒙准行其起領足成月期即請自本年七月爲始伏請堂憲鑒核是幸

致總理衙門總辦函 光緒十九年七月

逕啓者六月十九日奉布使字五十四號函計邀鑒入俄外部副大臣基斯敬近來事忙限以禮拜三日見客有要事則可特定自四月以來弟屆日必往隨時與之探論自奉覆濛電後旋於月之五日赴外部催詢帕事基斯敬仍言兵部尚未查察清楚國家不能定計無可奉告弟因曉以應乘邊界無事早日商妥若遲延不了設有釁端兩國均爲無益等語再三辯論彼總以現無主意一味推託據此情形顯係有意延宕茲將此次問答節略錄呈容俟再籌催導覓間湊泊奏調慶常一節自奉 俞旨業請叔使轉飭並由弟函催起程矣竊以慶之調俄固賴傳述爲助然此事樞捩尤以能徑與嘎面商爲最要嘎爾斯現仍鄉居養痾各國公使罕見其面非稱 國家所派正恐難於請晤慶常前請衙門照會喀使轉電本國一層雖稱與常例未符而非此不足以重委任俄事方艱似宜暫寬成格優假事權俾該員得盡所施想堂憲自當鑒及也餘俟慶常到後如何商辦再行布陳又頃接叔使來函帕事昨詢英外部據云兩三月前俄

在外部作爲私談者數次外部屬其請示俄主迄今尚云未接回信遂爾中輟等語是俄之應英亦同用宕訣順以附聞

再此次經費匯洋適值銀價大跌異常耗折近時銀價較前畧好（每磅約庫平銀五兩一二錢）然仍所差無多聞美廷購銀之舉議院尚在籌商如秋冬間鎊價能退至五兩以內擬求衙門添撥經費三四萬兩俾將匯價前後牽算不獨俸薪稍免吃虧即使館公用亦得撙節（同一德銀支數匯價愈短算合銀兩愈多）惟市情低昂無從逆揣應俟屆時酌量電請特先陳述緣由（電請時可省聲敍）謹請堂憲鑒核是幸

附錄問答節畧

光緒十九年七月初五日赴俄外部晤副大臣基斯敬告云有兩禮拜未晤想帕米爾分界之事必有主意見示　基云尚未有實在主意可以奉告　告云上次晤談貴大臣稱兵部得該處換班武員禀報情形以爲以後於分界之事可無阻碍本大臣業將此節電告總署中國甚盼乘此邊界無事之時早將分界之事商起或者天

尚未寒本年可以辦妥今可請貴大臣於中國所擬地界如何看法先爲通知　基云此時邊界諒可無事但兵部現於該處情形總未查察清楚因此國家未能決定主意至中國所擬地方俄國實難允許因仍是喀城界約往南之說也　告云中國所擬之地亦不全是一直往南亦有偏東相讓之處　基云起手竟在往南之西以下偏東處甚少　告云兵部查察乃貴國自辦之事我意不妨請貴大臣將中國所擬之地何處不能允許指明我可轉告總署以便和商　基云此時尚不能奉告總之前此中國告知所擬地界時駐京俄使已經言明本國難允矣　告云界事遲延不定恐以後界上難免有意外之事於兩國均爲無益貴外部應請國家主持早商爲是　基云我們亦盼早日了事界上生事現在亦可無慮但交界地面由兵官經理總須兵部定見後方能商辦若中國既欲早商或再另擬一策如何　告云中國所擬俄國既未合意應由俄國說出主意以便中國斟酌此兩國議事一定之理

基云此理誠是然此時國家尚未定見無從奉告　告云究竟俄國國家何時可以

酌定主意請貴大臣先爲請示本大臣下期再來聽信　基云自當代詢國家但下期恐未必有確信奉覆

致總理衙門總辦函 光緒十九年七月

逕啓者七月初九日奉布使字五十五號函計邀察入駐法參贊慶常於二十二日抵俄當卽酌遵衙門蒸電函告外部旋於二十六日派令與嘎爾斯訂晤專以中俄邦交離合利害情形委曲譬導勸其照約速商以免急切求了之疑嘎以兵部所查界務未竣俄主現赴丹國目前難於開議又言帕之東境爲通印度要路中國所擬地界將此路畫入俄廷萬不能允等語復經慶常反覆剖論乃允函奏俄主請示辦理并催兵部會商再行致覆除儉電陳達外特將問答節畧轉呈詳察嘎君語氣似尚無竟作宕局之意其所論畫入之路上月初旬基斯敬亦曾按圖言及係沿阿克拜塔爾河東岸逾阿克蘇河沿河之西岸而至大帕等處當時基稱爲通商之路但作爲私逕今嘎復言之其所注意殆在於此上次基斯敬請我另擬一策今嘎又欲我另指地名弟意在我

不可遽示變通惟有俟彼說出乃可相機應付耳英擬畫薩雷庫里以東一節緣月初慶常因公赴英弟屬其順便一詣英外部故得此耗業由豔電陳布竊維英廷初謀方聳我遠爭帕地爲其屏蔽迨俄兵去夏入帕則觀望不與力爭至是竟願棄阿富汗已取之部而謀分小帕一帶之地人意在息事惟閱慶常所呈問答英外部謂俄文喀約原無一直字樣此時分界應擇要扼險爲主又謂如嘎爾斯病重退位帕事由兵部主議辦理更爲周折等語似亦不爲無理用將問答要語摘錄附覽一切希代回堂憲是荷再前函繕畢適俄總辦格畢尼斯約慶常往晤據稱喀使寄到總署所擬地界係由漢文轉譯其間未盡清晰欲我就圖繪綫指明以便查攷弟因查照衙門森字三十一號函內所列地名譯出洋文即在新譯帕圖繪作界綫俟繪成送交並以附陳

附錄問答節畧

光緒十九年七月二十六日參贊慶常赴察爾斯克城與俄外部大臣嘎爾斯會晤

嘎云本大臣病後體弱蒙國主優待准見頭等公使故未得與許大臣面談今貴

代理以駐法參贊暫調來俄與常駐之員不同是以照舊接待　慶常云許大臣因貴大臣病弱不能久談而又須人傳譯諸多不便故一切公事均與副外部商議未與貴大臣面談　嘎云貴代理今春在奧國與本大臣所談情形均已奏明俄主酌量施行即如帕米爾歸中國管轄之地俄兵不可闌入一節查中國管轄之權俄國雖尚未認而俄主已飭帶兵將弁毋許侵佔足徵相讓之意又如帕米爾界務應以喀約爲據一節我國主本願照辦無如喀約洋文但有華界向南並無一直往南之語且既經聲明兩國界限至烏仔別里而止則烏仔以下並無著落是以總署所擬界址碍難照准此次貴代理奉派來俄想必另有辦法　慶常云總署所擬界限已屬格外相讓不能另有辦法在貴國主及貴大臣顧全大局必能虛心體量惟恐邊界官吏不知大體得步進步故意延宕實屬有傷睦誼是以奉調催商試問帕米爾向有歸中國管轄之地又有喀約作據豈能棄而不爭又豈能因俄國遷延遽爾鬆動勢必相持不下嫌疑愈深和商愈阻此事中國　國體攸關不能聽其拖延爲貴

國計與其因小利而構釁不若早爲就商以全情誼此中得失非貴國主及貴大臣不能體察也　嘎云我國主願與中國格外親厚出於至誠前年洪大臣任滿辭行之時俄主留談數刻所論兩國交涉諸要政皆能見諸實事至帕米爾一事俄所注意者在英而不在華故通印度之路俄必得之始能甘休總署所擬辦法於此道途有碍似欲爲英屏障故難允許並非與中國爲難亦非有損於中國　慶常云洪大臣辭行之時俄主曾有不貪中國土地之語幷有相讓相信之說均經奏明有案現在帕米爾一事正貴國主開心見誠之會如能妥速了結不傷中國固有之權則貴國言行相符足昭明信於將來交涉之事大有益處倘希圖小利遷延不商於交涉全局均有妨碍孰得孰失不言可喻　嘎云我國主不貪中國土地之說並非虛詞查從前伊犂一案俄國退還中國已足表明衷曲今帕地非中國疆域可比而帕之東境荒寒不毛無關險要何必如此堅持　慶常云中國非不知帕地荒瘠無利可圖特因向有管轄之權又有條約明文故亦在所必爭　嘎云帕之東境爲通印

度最便之路而於中國毫無用處若論中國邊防之事有薩雷闊勒大山天然界限足以自守若出山麓之西反無妥靠之界　慶常云薩雷闊勒爲界之說早經總署駁回似可不必再提爲今之計舍總署所擬界限別無良策　嘎云我國兵部查界尚未竣事恐一時尙難開議　慶常云貴國於帕地情形早已查明爛熟胸中而貴國武員所查較英人爲尤詳此等事豈能瞞人總之貴國查攷數年之久早有成算在胸如肯誠心和商則數日之內不難得其要領若不肯和商而搪塞支吾殊與貴國主與洪大臣所言大相違背以後兩國碍難辦事惟請貴大臣力排羣議作速和商實於大局有裨　嘎云本大臣非不願成此好事但此時正値官場放假下鄉俄主移駐丹國兵部亦已外出一切奏商甚爲不便　慶常云此事貴國主及兵部大臣早已洞悉無遺如須奏商數日可得回音務望設法斡旋妥速辦理　嘎出地圖云本大臣與貴代理彼此交孚深願相助但烏仔別里南至薩雷庫里一議萬難允許請貴代理將中國最著重最注意之地指點明白或可想法通融　慶常云總署

原擬界限最爲公允仍請照准爲盼若欲另指地方本參贊未奉訓條不敢臆度應請貴大臣將貴國實在辦法說明可以轉達總署　嘎云有何辦法本大臣一人不能作主須商兵部奏明俄主請示遵行現擬一面具奏一面催商兵部會議辦法大約三五日先令東方股總辦與貴代理晤談一切以便預備　慶常云此事果能妥速商定實貴大臣之鼎力不特本參贊感佩暨總署王大臣許大臣亦欽佩之至

嘎云本大臣初欲與中國先爲商定然後再與英國開談詎在外國養痾外部竟與英人先行開議轉置中國於緩圖亦於我意不合　慶常云應將今日所談情形稟明許大臣轉電總署　嘎云本大臣亦將今日所談情形詳細奏明請示辦理

致總理衙門總辦函 光緒十九年八月

逕啓者七月二十九日奉布使字五十六號函計邀察入帕事經慶常上月與嘎爾斯訂晤後旋與總辦格畢尼斯晤論兩次格畢仍辨喀約但言中國界向南並無一直字樣又謂中國喀什噶爾界至薩雷闊勒大山爲止現所議分者爲帕米爾地應有分別

經慶常以約文方向有定帕地應歸中屬之處卽是喀境等語據理折之月之初九十七日迭晤嘎爾斯據言已奉俄主覆諭願與中國和商但界事周折非面奏不能核定須俟兩三月後旋都開議並允於中國所擬地界以東薩雷闊勒山以西酌擬界限等語惟辦法未肯先言業經先後電陳在案查薩山以西二月間俄外部已經鬆口但自衙門指擬實地後彼謂我仍持初議置不接商幷不肯另說辦法以致無從湊泊此次以主命致述詞氣自較切實至須俟俄主歸後啓商彼意持之甚堅一時難於催速茲將慶常問答節畧轉呈統希察覽喀城隊兵誤毆俄官一節業由眞電布覆據格畢稱喀使來電衙門告伊該兵潛逃現已勒限飭緝逾限未獲卽懲該管頭目云云甚盼以後無事詞氣輕簡大約卽作了結矣巴爾魯克事接奉上月衙門宥電外並據英道函稱俄國已派該管烏雅斯領登遷移該山哈薩克至交山則應俟新領事官抵塔辦理等語近時得俄外部告稱俄國欲表和好情誼特允將巴山交還中國業有訓條飭辦旣由彼部告明此事想可如約辦結荊州復得固邊圉之福也前英廷擬自薩雷庫里

以東畫一直線以限俄界業經俄廷答復不允而俄外部欲拓界南至因都庫什英亦不從兩雄相持又暫宕矣

再啓者俄於帕界一節彼中武員好以開邊爲功其兵部大臣主之即基斯敬格畢尼斯輩亦不免附和惟嘎爾斯不喜生事議論稍能持平近以養痾居鄉各國一二等公使以次均謝不見情形每苦隔膜故慶常此來弟意尤以逕能見嘎爲要著然照調員常例碍難請晤上月五十五號函業將曲折情形奉達迨該員到後照會彼部因以奏明奉 旨准調來俄爲詞今問答節略八月十七日節略 嘎告慶常有將來開議須喀使與衙相接洽之語如喀使來詢慶常委派緣由仍希將奉 旨准調一層聲敘期與照會相符或該使幷詢是否職能議界查近年議約議界案內本有隨同辦事之例衙門七月蒸電曾亦及之似於中外情形均能合宜謹就計慮所及籍備籌酌希代回堂憲爲幸

附錄問答節畧

光緒十九年八月初九日參贊官慶常赴俄國察爾斯克城與外部大臣嘎爾斯會晤　嘎云前囑外部東方股總辦格畢尼斯與貴代理會晤兩次該總辦業將談論情形向本大臣面述矣　慶常云昨承貴大臣函約會晤想俄主已有回音　嘎云上次會晤貴代理所論中俄大勢緊要關鍵及催商帕米爾界務各緣由當卽詳細具奏將彼此問答節略一併附呈請示辦理昨接俄皇自丹寄諭覽貴代理所論兩國大局一切關繫情形深以爲然帕米爾界務深願和商以固邦交使兩國益加親厚惟本國前擬薩雷闊勒山爲界一議中國既難允許而中國所擬烏仔別里至薩雷庫里爲界一議俄國亦難照辦自當另籌辦法以便和商爰命本大臣會同兵部大臣酌議具奏請示定奪但俄主既駐丹國兩三月後始克還都因界務冗繁必須謁見面商方能妥協應請貴代理待俄主還都再來商議此時帕米爾已見冰雪封山在邏俄兵遣撤大半所留無幾決不致生事遲此數月毫無妨碍現訂交還巴爾魯克山足徵和睦之據請一併電達以釋疑慮　慶常云貴國主願與中國和商令

貴大臣與兵部大臣會議辦法具見敦重信義顧全大局貴大臣和平爲懷令人欽佩中國執政大臣亦有同心遇有交涉之事不難和平了結　嘎云中國所擬烏仔別里至薩雷闊里之議早經本國聲明礙難允許今貴代理奉派催商仍執喀約直綫之說於中國原議毫無改議若本國復申薩雷庫勒爲界之說以相抵制則無了期此事本大臣力主和商通融辦理庶不負此一行　慶常云中國所擬辦法不出喀約範圍自難減損今貴大臣願爲調停中國聞知定爲佩服　嘎云本國土耳其斯丹總督有與英和商緩議華界朝臣頗附和其說本大臣深不以爲然今因貴代理催商帕界已於具奏時力排羣議幸蒙采納頗慰私衷　慶常云貴大臣既有如此美意又蒙國主采納想必作速會商以免拖延　嘎云本大臣當與兵部大臣面商一切緣交涉重務本大臣固有提綱挈領之權而界務曲折非我所長不得不諮詢兵部至於商議此事必須待俄皇還都面爲陳奏方能辦理　慶常云貴大臣何日與兵部會議　嘎云本大臣病後體弱俄都陰雨不便往來一俟天晴即來都城

與兵部大臣面商　慶常云貴大臣與兵部大臣會議情形如何可相告否　嘎云此時尚未開議本不宜宣露第念中國以此事爲重擬於七八日內先將本國主見略言梗概此層亦可達知總署　慶常云應將貴大臣今日面告一切情形稟明許大臣電達總署俟貴大臣數日內有何消息再爲續達　嘎云數日之內本大臣當有信相約　又八月十七日復與俄外部大臣嘎爾斯會晤　慶常云日前接貴大臣來函約於今日會晤想已有切實辦法　嘎云本大臣與兵部大臣會議兩次稍得要領應俟俄主還都面奏定奪昨晚復奉俄主丹國來諭謂貴代理奉派來俄重申喀約并爭烏仔別里至薩雷庫里湖之直[illegible]宜喀約文義極渾並無一直字樣總署所擬界限太覺偏西礙難照准曾經[illegible]明因念洪大臣辭行之時俄主有彼此相讓益加和好之說不願食言是以[illegible]辦理命本大臣會同兵部大臣擬一酌中辦法訂於還都以後披圖核定[illegible]以總署[illegible]速開議此事必能和商了結請轉報國家勿爲疑慮等語特此轉告以便電[illegible]通融約[illegible]常云貴大臣所籌辦法可告知一

二否　嘎云無國主之命不敢自專須俟還都核定方敢明言　慶常云大致規模不妨稍示崖略　嘎云大約薩雷爾勒山以西總署所擬直綫以東就其中間之地酌擬界限　慶常云貴國所擬辦法應[illegible]原議爲根若相差太遠中國亦難允許務請留意　嘎云俄主既有批諭允許[illegible]總有可商之處　慶常云俄主何時還都及何時可定辦法愈早愈妙　嘎云大[illegible]西十一月左右回國先駐嘎池納十二月移駐都城擬俟回國後即會同兵部前往面奏以期妥速屆時另有公函相約再請來俄開議　慶常云此次暫調來俄專爲催商帕事一切行止須請示總署遵行　嘎云貴代理此次來俄曾經許大臣照會外部聲明奉　旨准調辦理要務是以俄主准本大臣接待會晤足徵推誠相信但以交涉公例而論將來開議必須喀使與總署接洽方爲妥協　慶常云應將此事禀明許大臣　嘎云貴代理何日回法署尚祈示知以便奏明俄主

許竹篔先生出使函稿卷十目録

許竹篔先生出使函稿卷十

致總理衙門總辦函 光緒十九年九月

逕啓者八月二十三日奉布使字五十七號函計邀察入弟前聞俄地理會屢次遣員至新疆探測金鑛其事詭密無由詳知去冬洋員金楷理輾轉購致俄人博格達諸委翅游歷圖說（其書再購迄不可得）始得和闐南山一帶（洋人曰崑崙山）金鑛情形事關外人偵探邊要地利謹特具摺上陳並將所摹總分各圖及譯說繕呈衙門備查竊謂新疆形勢從前重在北路今日則重在回疆蓋伊犁邊外但與俄國接壤南路則自統嶺至於雪山俄窺於西英峙於南且葉爾羌和闐又爲通後藏之捷徑昔之窮巖深谷皆今之隘道衝途崑崙山金鑛臨邊太近非特俄族生心在英人亦萌歆羨向來封禁之說現知無益時宜計惟有自爲措置示以先聲杜利藪之覬覦正以固邊防之筦鑰昔漠河金鑛俄人屢來探詢迨經設廠開辦彼即絕無一言見於洪堂憲奏案可爲明證此該處金鑛之關繫情形也惟鑛學一事西法別有專門若派查之員非所素諳雖履其地必多隔膜

近來北洋湖北等處勘視鑛產類皆選募洋師以收長技之用弟此次奏請如奉
旨准交衙門辦理似商查之法非佐以西洋鑛師不足以得要領夫不查則人或以我爲不知既查而以含糊一覆了事則更貽笑外人此又查勘該鑛之吃緊情形也至經理之策不外官辦商辦二法大抵開采五金成本最重者爲煤鐵工費最省者爲自然金砂自然者金質已成不必加鍊但慮辦理之不善不患經費之難供惟地太僻遠則招商不易由官開采則偷漏中飽尤所宜防故西國采金章程往往聽民請照赴挖繳官給値而徵其稅則又於常例之外別事變通凡此情形應俟勘查具報後方能酌及聊就大概附陳之所譯圖說暨摺稿另附片稿附陳俄鐵路情形隨函奉呈因事件較密故不另用咨牘弟以月之二日暫來德館稍理卷牘十月初間當即回俄茲有正摺一件片二件希代備　安摺飭遞是幸

附錄俄人博格達諾委翅游記

新疆地產多金（新疆未隸中國版圖之前俄人稱爲小布哈爾）相傳已久前二百年俄主大彼德曾言此地

若歸俄屬則金爲我有國庫充盈富强立致惟當靜以待時耳康熙五十二年（西歷七百十三年）悉畢利總督噶噶林曾派托波爾斯克人曰托羅司尼廓夫往覓金山至青海折回見金砂甚夥流布各河取回呈驗五十四年（十五年）大彼德興兵攻機窪而不克五十九年（二十年）始取伊爾推什河一帶地雍正十二年（三十四年）有華商自葉爾羌來帶有金砂並言其地納稅悉以此砂當中國平定新疆時有愛夫立木甫者往游其地曾著游記惟不言產金後有阿爾美亞尼人曰阿塔那索甫於乾隆五十六年（九十一年）從印度取道西藏前往游歷經過和闐見金鑛之外復有玉鑛近年游歷人皆言金苗旺聚於崑崙山駐喀什噶爾領事撳特羅夫司格於光緒十一年（八百八十五年）將崑崙山產金情形著爲論說陳報本國外部且不特今人言之唐時元奘經游其地見廟中佛像有以金砂塑成者亦謂是地多金皆可爲崑崙產金之證今測得是山高於海面自七千五百尺至一萬五千尺不等山之中段西段產金之多應爲五大洲之冠西起哈朗歸山東止羅布泊約一千六百餘里其間有匡格勒莫拉脫者極多（金砂

產山中隨山水衝注復得地氣凝結成石西語謂爲匡格勒奧拉脫計產金之地十二處均有人在山開采予曾到九處其他有金處我未之往

一和闐境內哈拉哈河中段有金砂之處三一在玉隴喀什平地一在玉隴喀什河上流有一支河向西南行曰波賽脫河一在玉隴喀什河相距不遠之古瑪脫良戞爾良戞爾回語村也村之左右產金最多其相近處復有玉鑛故在彼挖玉鑛之人卽兼采金砂昔有人自印度來言哈拉哈什河上流亦有金砂事載八百六十三年印度西北界外通商書內但上流予未去過予所見者但在中段也

一策勒河又名哈沙河河之源爲南面山頂積雪所注山多黑石故土人稱爲喀拉塔什沿河而南爲赤格塔爾再南而西爲塔瑪阿格爾其間有金鑛土人時在彼采取又於赤格塔爾與薩司干之間見淡紅色小石極多鮮潤可愛薩司干在赤格塔爾東北去哈沙河之東與楚喀爾相近處有河南北行者曰干朱其上流處從前亦有人在彼剜金現已停止或因金盡未可知也

一克里雅地方亦多金鑛是處甚高距波魯祇一日程

一索爾戛克上流爲烏魯克河下流爲尼雅河其處初係匡格勒莫拉脫當來水要道日久相搏洞穿成澗然地處甚高水難積聚淘金之法不用水洗承於器內向風簸之以去沙滓測得高於海面七千五百尺有鑛十四處面積計三十方阜斯特（約當中國百二十方里）其東之鑛曰愛他克其間相近處又有四鑛曰且其且曰庫爾土司曰喀爾瑪克阿肯爾察普曰玉隴工察普察普者回語枯澗也其西又有二鑛曰揚吉由倍脫（內有鑛三處）曰玉隴察普此處從前多極大金砂烏魯克河之右有二鑛曰當庫察曰蘇爾他納薩爾瑪薩爾瑪回語墓也玉隴察普之上有鑛四一曰條帖察普二曰阿爾喀察普三曰帖西察普四曰喀列克察普其他或再有鑛但予未之悉耳

一烏魯克河上流有東行支河曰什瑪爾列克河在索爾戛克東南五十里什瑪爾列克河西有鑛曰良戛爾鄂塔克是處多金予目覩之聞之土人云河畔尚有產

金之地曰土但伊肯脫曰庫拉達司達曰格倫基樸司德曰薩狄克樸司德曰保伐士曰匡布陰曰阿爾定企曰什瑪爾列克凡八處地高於海面一萬尺什瑪爾列克距良戞爾鄂塔克計程二日此處多水牛馬難行兩岸又有栗色之匡格勒莫拉脫錯雜堆積礙道非左右互繞不易行過惟上流之匡格勒莫拉脫變爲紅色土人稱爲克昔爾託拍回語克昔爾紅也託拍土也

一烏魯克河之東有並行兩河一曰塔爾喀列克河一曰池日干河池河之南上流處有路北達尼雅東抵闐帕逾此而南有鑛曰依司婁克北距良戞爾約二十餘里再南曰沙散克普曰阿拉耶喀克曰托赫他的烏納曰肯斯拉司又塔河上流亦有金鑛一崑崙山南坡有金鑛在枯澗間者曰坎波拉克在薩雷克吐斯河上流踰山而北爲池日干河中隔山巔遙遙相對金砂自山順水南流下注於此若向北流即入於索爾戞克矣地高於海計一萬四千尺天氣寒甚除夏令三個月外均係冰雪無從畚插鑛地距薩雷克吐斯河一里餘汲引不便土人每於傍晚

乘山頂積雪爲日光融化流注赶趁淘洗一入昏夜水即凝凍論其地從前居戶生計尚足今者不然在此從事日不過五十人而已又克里雅河上流之東索爾痾耳湖西南別有一鑛在伊脫依扣山畔初土人覓得是鑛視之甚秘旋經華官聞知臨驗其地不知以後若何此外又有三鑛曰察阿列克曰察扣爾喀曰依收克窩爾肯在塔什庫耳之西亦崑崙南坡也三鑛各距一日程往游其地者應從博斯旦托格喇克河上流之支河名阿克河者順河而南三日可達昔時開采頗不乏人現已停止

一莫羅札河上流之西有曰克昔爾耶伏因河曰阿克波噶河曰塔爾喀列克河曰艮庭河曰西爾滿拉耶河凡五處水皆北流入莫羅札河阿克波噶河之相近處有鑛曰吐昔克波拉克本係山口名鑛鄰山口故以此名之其鑛亦如索爾憂克然左右多匡格勒莫拉脫五河總匯之處曰莫格里庫倫初係大湖今已淤塞幾如平地地長二十二里至二十四里闊自十二里至十六里不等高九千尺金砂

攙和泥中攢聚於此愈積愈厚約二三百尺聞之土人在此掘劚已數百年矣叩以金之來源則從未往覓故茫然不知予見多千層石曾覓有一塊（其色黑即泰西幼童用以臨字之石板劚之自然成片故名曰千層石）上有裂縫內含誇次（誇次者金砂與石攙雜之稱）驗之果然乃知砂藏山腹上達石縫乘隙而出其南爲薩雷廓爾河河畔之地高一萬尺稍東爲企第列克庫倫河兩河之畔水草蕃茂均可游牧若就此處設局開采一切均便以視索爾戞克與闊帕不止較勝一籌此河西之情形也至上流之東有鑛巨甚鄰於河畔曰廓克摩倫再東之枯淵曰曡散列克亦爲產金之區從前畚掘有人今者已無此河東之情形也予在廓克摩倫見千層石甚多又在吐昔克波拉克於千層石內覓有金砂一塊若謂崑崙各鑛金苗之源皆在千層石中予不敢必惟索爾戞克什瑪爾列克池日干河坎坡拉克莫羅札河闊帕阿克塔克山七鑛之金悉產於千層石中莫羅札河金砂細而薄如茶葉然工作之人同於索爾戞克闊帕兩處終年不絕

一闊帕在莫羅札與米脫塔里耶兩河之間多枯淵與水故以風簸砂較別處不同有大如胡桃者其地高八千五百尺廣三十里南距里許有庫摩塔克鑛四周皆洞必爲前此居民所挖再南二里有枯淵分而爲二如叉形之處有鑛二東曰闊帕散西曰鄂吐爾敬順淵而南長各十二里折而至東有喀喇塔什散句都格拉克察普句阿爾喀散凡三鑛鑛各有坑自一薩生至十二薩生淺深不等一薩生合六尺阿爾喀散距米脫塔里耶河十有二里幷吃水而無之惟闊帕幷玉隴喀察普有水不多僅足數人馬之飲

一霍達列克散在阿斯敦塔克山北坡策爾滿之東策爾滿界圖作車爾成新疆識界載和闐東境至克里雅所屬之策爾滿地方距二千八百餘里山路鮮有人戶方向道里略合當卽車爾成之異譯予未之往聞係用水淘洗工作宜夏大半皆策爾滿居民

一托爾肯散距策爾滿居民所往極遠游牧地五日程鑛臨平地南北有山山無名昔時普舌瓦爾斯基遊其地稱鑛南之山曰莫斯科甫司勾鑛北則曰科倫博平

地有河距鑛不甚遠山頂雪融流入此河合河水北流再入戞士河地高於海一萬四千尺相傳古時曾經挖過予亦未至其地一阿克塔克高於海面一萬五千餘尺離人烟處約五六里在冰雪之中故多水若掘井過深水即外溢居民如處澤國度日維艱若非地產多金誰能耐此距托爾肯散東北相近地方有產煤之處去嘎士河亦不甚遠其間多畜牧之地陸運至此不甚跋涉運煤既便煉金亦易悉畢利諸鑛實遜於此去托爾肯散阿克塔克之東復有一鑛曰波喀列克土人不憚數百里之遥前往挖掘惜在訓條以外未克往遊

以上爲予所知者統計十有二處此外或尚有金鑛予未之悉其爲天然生成者一曰沙阿脱墨山在和闐哈什兩河上流一曰阿克塔克爲索爾戞克什瑪爾列克池日干河坎波拉克四處金砂來源之處四處之金悉出山水沖下一曰西爾滿拉耶山爲莫羅札河闊帕兩處之金所從來也論各鑛出金之數淘取既不一法多寡自難詳悉就予所見者索爾戞克并闊帕兩處以七八人爲一班日得金自一索洛特

尼克又四分之一（一索洛特尼克合中國一錢二分）至八索洛特尼克又四分之三不等（西例四格拉姆四分之一為一索洛特尼克）計以俄權九十六索洛特尼克為一烘篤統而計之有土一立方適當可得金二索洛特尼克又二分之一常川在彼工作者自一千六百人至二千人之多有時尚不止此數（原注七十三年英國遣使至阿古柏時英使福含亦曾派人赴索爾憂克幷闊帕兩處查攷見在彼工作者有六七千人）如以七八人為一班每班各得二索洛特尼克又二分之一日得金五十三四兩以半年計之可得二十二鋪特（一鋪特約合中國三十斤）此以風簸砂之數也烏魯克河畔亦有二處日得金自一索洛特尼克至三索洛特尼克不等其他什瑪爾列克阿克塔克雖多於索爾憂克而工作祇一二點鐘之久故不能確知其數論金砂之大與質之淨者首推闊帕尋常各鑛之砂細者甚多大者罕遇惟闊帕有大似胡桃或如鴿蛋者時或遇之昔阿古柏時曾在此處得金砂一塊巨似馬首為罕睹之品予亦攜回一塊呈送戶部驗得百分中有淨金九十八分又六與水比較重十八倍半其質之淨概可想見試與他鑛最佳金砂比較如烏拉嶺之砂百分中得金九十八分又十之九

重於水十九倍又十分之一然不易多得美國舊金山之砂重十六倍又三分之一得金九十七分又四之一其次之砂烏拉嶺舊金山與澳大利亞新金山得金均在八十九分又百之三十五或九十五分又百之四十八重十五倍至十八倍之間至悉畢利之最佳者自八十分至八十五分次者祇五十與六十分而已各鑛積土淺深不一索爾憂克一帶已被挖過者計深一百薩生（合中國六百尺）仍未見石莫羅札河邊之土深亦如之其闊帕什瑪爾列克阿克塔克三處積土則無如是之深聞以上各處爲予所到者除第一處外均歸克里雅地方管轄年納稅金百六十兩合六千九百八十九羅布約計千分中官得十六分若以金易物或售歸他國（售於印度每一索洛特尼克得五羅布至五羅布四十戈比）中國並不之禁憶昔阿古柏曾立章程凡民間所得之金除百分中納稅二十分外餘均歸其收買每兩給價一百二十推內克（百推內克合俄銀三十羅布）現在價值不止此數每兩計一百六十一推內克至一百六十四推內克水淘之法其便有三一土厚（可以長久挖掘）二多水（多水易於淘取）三水力急渣滓可冀順流遠去若無水之處應用

美澳兩處以風扇機之法每點鐘可扇土三噸機有扇輪故簡便而又靈動價不甚貴或以人力或以馬力均可運用中國果能仿而行之將見出金之多莫與匹敵矣

致總理衙門總辦函 光緒十九年九月

逕啓者八月二十三日九月三日疊誦堂憲森字三十四五號函敬悉一切廣東人容幹三查係華商田阿喜鋪夥在薩邦分店病故德外部未有知照其身後之事業由該華商爲之料理矣德公司船水手傷斃楊阿來一案前據劉峴帥及上海道咨報情形當經照會彼國外部詢其在衙門審理何日開詢當派律師前往觀審茲准覆稱歸勒雷門城刑司審理尚未定期屆時可派律師前往等因查西國刑司之權獨重雖君主不能干預凡與國交涉之案但可派員觀審從無會訊之例惟中西律法雖殊均重證據而西國尤專憑見證爲斷此案既經解回本國該犯等恃無人難保不狡詞避就將來如須辨論非熟嫻其國律章不免鑿枘故擬仿美館辦法覓定律師備用餘俟續陳並聞該水手業已解到刑司尚有查件須俟上海領事覆到始能開訊往復不無需時

耳

致總理衙門總辦函 光緒十九年九月

逕啓者月之初三日奉布使字五十八號函計已入察十二日接誦堂憲森字三十六號函並鈔件敬悉一是弟兩次求辦更換實係自知不勝使務起見茲蒙函諭帕事方殷未便急於上陳自當暫行靜候至慶常到俄一節業將派令商論情形先後布陳復承堂憲以緩急機宜由弟主持相勗使職所繫本不敢諉卸謹當遇事斟酌再令慶常隨方因應以副堂憲廑注於萬一現俄主於數日前自丹返國尚未至森都弟已屬慶常致書嘎爾斯請其預行籌定以便早日啓商弟即擬月朔赴俄藉資接洽惟聞近日嘎又病作不知界議有無稽延昨接慶常寄到在英與英外部問答一件彼部意恉但欲堅持薩湖以東畫一直綫前說而勸我早定界議大略仍如上次問答所敘無甚新論以慶常請爲轉呈特鈔送備覽新疆所報添防諸營布置漸密足資相持今夏邊情安靜亦稍徵蔡藿不采之效耳平順命案容查照伊犂將軍來函園門從無關閉一層

再與辨論

致總理衙門總辦函 光緒十九年十月

逕啓者九月二十四日奉布使字五十九號函計邀察入月之初八日接誦堂憲森字三十七號來函並鈔件敬稔一切弟於初八日由德抵俄慶常亦於十二日到差德水手戕斃華民一案月前曾邀德律師阿伯克來館面詢情形據稱此案全案均已閱悉現勃雷門問案官以證人不能到案領事所送華人口供未經聲明已否發誓洋律供招必令本人發誓爲確實之據故仍將原卷寄回上海交德領事覆查我意總要華官如何與領事商明得其覆到以華人所供是實庶審該犯不能狡卸又述德外部得貴使來文後即知照刑司謂中國看重此案各等語弟思中國問案錄供之後可以取具甘結正與彼律發誓用意相同因卽函告滬道請其酌辦一面諄囑該律師轉告德刑官秉公嚴斷以昭睦誼旋據初二日函稱已遵命向總司控案官詳論總司官深悉此案底藴意在聯絡兩國交好尤爲嚴治該犯不使德有薄待華人之失繹其所言尚爲切實將來定罪似

可無偏袒之慮但西國律法惟謀殺乃始擬抵此外不過以犯事輕重爲監禁等差爰書一定雖本國君權不易駁改條約現已訂明各用各律固亦無如何之勢耳律師並言查案往復約須四五個月後可訊律師函譯錄附呈嘎爾斯病已愈慶常現與訂晤尚未定期容隨時電陳巴爾魯克事據總辦格畢尼斯覆稱諸事辦妥近日想可畫押詞意絕無枝節但不知喀城所辦交山一節果已了結否也

致總理衙門總辦函 光緒十九年十一月

逕啓者十月十九日奉布使字六十號函計邀鑒入帕事雖已開議但僅讓郎庫里小牛之地口氣太緊苦難湊泊嘎爾斯意主和商而每以與兵部議論不合不能專斷爲言近日慶常與晤頗謂我所擬帕界毫不退讓礙於俄國事體又疑我之爭界適因印度邊圉全受英人慫恿經慶常據理辨導特將月之初九日問答轉錄奉覽至俄外部送閱之圖係兵部自印密本旋即索還其圖開方甚寬地名較多因飭趕摹底本譯配漢文奉呈備查並請作爲密件因未告彼摹出圖內紅線即其所擬之界也弟查其綫但畫至

阿克他什卡地而止因亦詢彼其南何以不畫嘎言南即小帕米爾地現須與英國商量慶常以小帕應歸中國答之除要節隨時電陳外並以附陳

附錄光緒十九年十一月初九日參贊慶常與俄外部大臣嘎爾斯問答節略

慶常云上次會晤時貴大臣允許奏請俄主飭下兵部另擬辦法想已擬妥　嘎云本國國主以俄國業已退讓而中國不但不稍遷就反令俄國再爲退讓似乎不情是以尚未另擬辦法不知中國有何信息　慶常云許大臣前接總署覆電謂貴國所擬辦法與中國原擬相差太遠萬難允許請貴國另擬公平辦法業已面告貴大臣此外別無信息專候貴國信息　嘎云兩國商議公事必須彼此退讓方能湊合若一國退讓一國不退讓礙難辦事本國始請以薩雷闊勒爲界中國駮之甚決今本國退讓地方而中國駮之仍決至中國所擬辦法不但貴代理與本大臣歷次會晤絲毫不讓即總署亦全無和商之意竟似勒令俄國遵辦俄亦大國豈肯聽人號令　慶常云中國難於退讓者一則原議係照喀約往南之語酌擬界綫已屬自爲

限制一則原擬界限係老實辦法最爲持平並非虛價使中國稍作虛價原不難先索帕米爾西境以爲退讓地步今就喀約所指方向酌擬界綫正是核實辦理　嘎云喀約聲明兩國交界至烏仔別里而止其往來字樣渾而不明不足爲據而本國格外通融允自烏仔別里往南轉東割讓郎庫里大半地方中國駁斥不理必令俄國就中國之範圍譬如購物而發官價勒令賣主售之有是理乎本大臣與各國辦事四五十年似此情形實所僅見　慶常云中國業已格外退讓即如謹守喀約所定方向求爭西境撤帕米爾兵卡以待和商凡此數端皆中國遷就之實據至貴國所擬辦法僅以郎庫里一半地方歸還中國較中國原議不及十分之二如此辦理是俄不願和商非中國不讓也貴大臣素具公平之心萬弗爲貪功者所惑　嘎云凡事有一定情理即如帕米爾本不隸中國版圖不關中國險要又荒瘠苦寒無利可圖而中國如此鄭重堅持恐受他國主使有心與俄爲難　慶常云中國因有喀約故在所必爭此事明如觀火不待他國主使假如中國聽他國之言則必力爭全

境而後已豈能如此和平相讓　嘎云貴代理爾本大臣迭次晤談全無相讓之意準諸喀使所報情形知中國爲英國主使無疑本大臣實爲中國惜之　慶常云中國辦事斷無聽他國主使之理凡在小國所不爲者中國豈肯爲之貴大臣弗爲浮言所動致誤大局　嘎云中國不體量俄國相讓之意强與爭辨並與中國全不相干之小帕米爾亦欲爭之可見中國之意不爲新疆邊防起見而爲印度邊防起見似此情形礙難和商　慶常云中國爭論帕事實因守約起見斷非受人聳慂爲今之計但請貴大臣另擬辦法與中國意思相差無多卽由許大臣電請總署酌核　嘎云中國執一成不變之説絲毫不讓勒令俄國就範一似俄國惟中國之命是聽者向來無此辦法現在英俄商議帕事英國雖爭小帕而小帕以北地方聽俄處置英不與聞卽小帕地界英亦酌量割讓是英國受商而中國轉不受商與其同中國作無謂之周旋不若與英國商定一切以符兵部初議　慶常云此事大局攸關不可偏聽兵部之言致傷和好仍望貴大臣設法斡旋另擬辦法中國亦必悉心酌核

嘎云本大臣當再遣東方股總辦赴兵部試商辦法俟得覆音再約期會晤

致總理衙門總辦函 光緒十九年十二月

逕啓者上月十一日奉布六十一號函計早入察是月初六二十日迭誦堂憲森字三十八號九號來函敬悉一切弟以上月杪暫赴德館循例在王宮歲會並祝德主誕辰事畢卽於月之二十二日來俄俄官拏解雙城子無票華民四百餘名並拏禁紅土崖華民六百餘人該處員弁恃强凌虐實屬違背條約遵卽函致外部請其轉行查辦昨又面晤總辦格畢尼斯告以中國於寓俄華民一體愛護務請將此案趕速飭查嚴予懲戒以儆將來格畢允卽行文阿穆爾總督查明再覆又平順命案弟前函曾已辦及領事花園之路本係任人往來以見平順有應行此路之理該領事無可措詞乃以園門夜閉飾覆彼部兹遵上次衙門函示將伊犁將軍函稱該園門晝夜並不關閉一層再向外部辨詰以窮其僞洋文譯稿二件錄奉察覽駐喀俄領事於俄王爵游歷喀境揑稱卡卒凌辱圖賴剔挑又於兵隊誤毆俄領事從人一案妄謂獲犯頂替喀道約晤

道歉拒而不見誠如陶中丞所云實爲交涉之累喀使以此小事偏聽領事之言亦復嘵嘵不休等情查上月初慶常晤嘎爾斯時嘎曾言及接喀使來函謂近數月來總署相待頗覺淡漠而於英使轉爲加厚云云或者該使因所請不遂因爲此說兹擬將誤毆一案辦理原委詳譯節略知照彼部俾知我已盡禮藉杜其再受該使之惑至駐喀領事無理情形容當相機導示冀收抽薪之效帕事所有要節業經電陳現奉衙門漾電已令慶常與嘎訂晤應俟晤後再布一切

附錄致俄外部函 光緒十九年十二月二十六日 即俄歷九十四年正月二十日

本大臣接總署文開准吉林將軍轉准愛琿地方官咨稱俄歷去年八月間據俄官廓米薩爾解到無護照華民四百二十一人訊據該民等稱在雙城子或開設鋪戶或種地爲生並無不合情事忽被海參崴查票俄官無故拏解來琿其間亦有呈出護照者均被查票官撕毀不容理說並用馬隊百名沿途押解不許少延大受虐苦等語愛琿地方官又查得有華民六百人由俄地中國名曰紅土崖者被解到海參

歲埠勒令每人給錢八羅布方可釋放等情以上事件業經總署照會駐京喀公使辦理茲特囑本大臣告知貴部此種苛待華人情形顯與條約彼此信護兩國人民大相違背應請貴大臣行文阿穆爾總督查明當日俄官欺虐華人情由按律懲處並飭該管各地方官嗣後不得再有苛待安分住俄之華人為盼特請貴部查照見覆施行

附錄致俄外部函 光緒十九年十二月十八日即俄歷九十四年正月十二日

案照華人平順於俄歷八十七年間在伊犁俄國領事署花園被人用槍擊斃一案本大臣於俄歷去年六月間接准貴大臣覆文並伊犁俄領事禀稿園圖等件後當即照復以此案除鈔呈總署候示遵辦外先行照覆並附繳禀稿園圖等因在案茲奉總署文開此案據俄領事禀內所稱進領事署兩面園門夜間均關閉嚴密平順非越牆不能進園等語查前據伊犁地方官報稱領事署之園門向係晝夜常開任人往來並無關閉之時亦無看管該門之人該處中外人民無不皆知等語正與領

事所報之言相反所以中國看法平順係可以行走此路不過因黑夜迷途行近領署耳萬不能定爲作賊之證據爲此再行照會請貴部將此案再爲詳細考查爲盼

致總理衙門總辦函 光緒二十年正月

逕啓者去臘二十八日布使字六十二號函計邀鑒察現商帕事情形業於冬電布達茲將慶常去臘新正兩次與嘎爾斯問答節畧轉錄備覽查帕事自俄廷酌讓地界開口太緊嘎爾斯又以兵部之權重於外部難以再籌自冬仲至臘初齗齗相持幾成罷議之勢迨遵衙門有電示以通融大意暨將改擬地名次第轉告繹嘎所答詞氣較爲鬆動惟嘎言俄所注意在通印度之路北路適在偏東苦難相讓宜另籌辦法彼此兩益等惟大約以地界相差驟難湊泊故欲別爲調停之方其如何辦法此次亦未明說目前祇可執持改擬之界再行相機因應耳喀城隊兵誤毆一案業繕詳函致告外部鈔稿附陳嘎又言喀使新蒙 賞給雙龍寶星有欣慰之意可以釋弭前疑矣森都去冬至今天氣甚暖道不見虐尼瓦江一冬不能行車亦爲時令之變已

附錄致俄外部照會漢文底稿

查光緒十九年六月喀城領事署人因賽會日期被華兵誤毆一案曾經本大臣與貴部東方總辦將中國辦理此案事由告明茲准總理衙門來文詳開此案前後情節查此案總理衙門先據喀使照會奉本國政府來電喀城回教節日俄領事署總辦隨帶幫辦及跟役行過城街遇有中國兵向其詬罵並將隨人擊打經領事照會喀什噶爾道允許懲辦而中國武官將各犯隱匿請速辦理等因當經總署電知新疆巡撫查明究辦旋據電覆已將巡查武弁先行摘頂勒限緝犯當由總署照覆喀使嗣又接喀使照稱該犯係練軍頭目朱姓隨兵務將該犯當領事官之面責懲並令地方文武官親往道歉復經總署電飭將犯事華兵照章自行責懲地方文武官應親往領事署周旋此總理衙門迭准喀使照會趕速查辦之情形也嗣據新疆巡撫覆文稱是日喀什噶爾道得領事照會即行文營縣趕拏滋事人犯一面派員赴領事署驗明司事及跟丁步膺微傷回城周副將聞有鬧事之信隨帶兵丁前往彈

壓到時人已走散並未有隨兵與俄人爭毆之事纏回頭目人等均經目覩並已查獲前充兵勇余林和等三名其日在會場之外僻地招集回婦歌唱適來有俄人令其再唱不肯因此互相扭毆業據供認確實當將余林和照例責懲以儆將來並經喀什噶爾道約期訂晤道歉所借領事仍以辦案未能滿意拒而不見等情總理衙門以此案本係爭毆小事自接喀使照會即迭次電催查辦新疆地方官遵奉訓條亦經嚴緝人犯照例責懲並訂晤領事官道歉凡按照道理可允喀使所請者均已辦到足表中國敦睦之誼特令本大臣再行申明此案實在情節及前後辦理情形照會貴部查照

附錄問答節畧

光緒十九年十二月二十九日參贊官慶常晤俄外部大臣嘎爾斯告云上次貴大臣面談情形及貴國主受賀日所告之語均已稟明許大臣電達總署今奉覆電以貴國既願和商中國亦不執初見是以格外通融酌擬地名開送節畧請貴大臣奏

明俄主此係中國竭力相讓務請照辦　嘎云上次會晤貴代理所言中國通融之意本國主甚爲欣悅已囑俄使向總署表明嗣接該使電稱總署允許指出地名在俄商議並蒙　大皇帝賞賜雙龍寶星頗以爲榮今貴代理所開節略應即進呈俄主請示遵行一面咨送兵部查核　慶云俄主受賀日談及帕事極欲速商不願生事中國亦有同心故允通融辦理務請奏明俄主顧念邦交慨允照辦不必因兵部一偏之見稍有猶豫此事全仗大力斡旋邦交幸甚　嘎云本大臣照此意面奏極力贊助俟召見後再約貴代理會晤　光緒二十年正月初一日嘎爾斯告慶常云本大臣今早謁見俄主將貴代理所開節畧進呈並面奏一切俄主謂中國允許通融固甚感佩但此次總署所擬地界與上年所擬者無大出入難以照辦宜另籌妥善之辦法爰命本大臣先將此意面告　慶云按照喀約俄界應往西南並無拓至東南之權此次中國所開地界實係格外通融難以再讓且總署王大臣於此事委曲求全已屬仁至義盡貴國主及貴大臣公平爲懷顧全大局務請體量中國優

容之意允許照辦　嘎云俄主極願速了出於至誠但此事之難不在地界廣狹而在通印度之路使此路稍偏西境則不難割讓東境奈此路正在東境無可通融須另籌兩便之辦法使彼此有益兩不相礙未知中國意見如何　慶云本參贊祗能本總署電信立言請貴國照辦此外未受訓條不敢妄贊一詞如貴大臣有何意思可以代達　嘎云此事當彼此設法總以速了為妥先將此意面告容再會晤籌商

致總理衙門總辦函　光緒二十年正月

逕啓者英俄議爭小帕相持頗久上月間俄外部稱英肯酌讓小帕地段是俄勢益南邊情吃緊故有號電之告旋接叔使來電謂英俄所議節畧俄人不越小帕山嶺絕無讓地之說又稱英外部言小帕如為中屬當自向俄理論非英所能代爭等語弟以小帕兩面皆山節略所謂不越者究係何面電詢叔使旋據覆稱所指山嶺係指瓦罕之北薩雷庫里湖之南等語因又函告按照地勢小帕明係畫入英國界線卽非俄所過問論理應與英商外部所言似有不符請其再向確探其時弟在德館旋接慶常函告探悉英讓俄羅善什克南二部

故俄亦允英小帕續由銑電陳達於是叔使始知英廷前言之虛乃謀爲商索小帕之舉弟以小帕入俄爲我深患南界事局已鬆目前俄事方亟可俟俄界定局再與英人另議界限據實覆告嗣接叔使電知英廷願將小帕畫與中國已奉衙門電令安商並將辦理情形告弟等因查去歲春間英參贊愛理鄂脫與弟密論帕事知英之爭帕而不欲自有其地當時早有成算茲將小帕歸我誠爲兩益之策竊以此事非商地之難而在處置英俄原議界約之難查英俄所訂不越小帕山嶺之約本指英俄交界言之今小帕改屬於我則改爲中俄交界俄不能阻英之讓地俄可不認英之原約若廢棄英俄之約另由中國與俄議界則西界尚無眉目南界又多周折若由英人商俄仍守此約則地屬中國畫界之權由英代任其名又斷不可居其間辦法總以我不獨擔責成亦不至因人成事乃於國體邊情悉臻妥洽所有與叔使商論情形及受地以後應籌事宜謹密陳梗概敬希堂憲鑒察爲荷

致總理衙門總辦函 光緒二十年三月

逕啓者二月十二日奉布使字第六十四號函計邀鑒察帕事自遵寒電令慶常告嘎後當時嘎意似頗欣洽並以力疾謁見俄主面論相許無如候至旬日嘎招慶往告以兵部仍以中國所稱注重之朗庫里阿克塔什全境暨阿克蘇河一帶正爲俄國扼禦英國必爭之地萬難酌讓迭次向俄主陳請均爲兵部所持無從商辦殊覺爲難等語在我和商退讓情理已盡而嘎爲兵部掣肘前後辭意離即不定無從湊泊殊爲焦灼除將要節電達外特將慶常節次問答照錄備覽俄都舉行果木賽珍會以中曆八月望後起辦兩月而止業奉衙門咨文當俟屆期派員前赴惟查譯該會章程專在彙萃各國鮮乾果品比較講求非如他項公會但以人赴舉事弟思衙門既允喀使所請似宜酌從會例以示周旋因飭函滬粵擇乾果及糖製諸品能耐日久而與西產不同者購寄若干種備交會所陳設所費無多而可畧示中國果植之蕃先以布陳和闐金鑛一節上月間接陶中丞電稱鑛地過遠人工糧食皆貴詢及西洋辦理情形弟勸以宜募洋礦師勘視爲開宗要議幷述北洋近經克虜伯廠募得一佳手若能商調則比在

洋另覓爲可靠不審見采否該處大山深阻經理之艱視漠河爲更甚招商官辦均無把握惟有酌仿俄例聽民自采繳官給價兼徵其稅或尚可以試爲俄之悉畢利初亦荒漠無人之區今乃歲致黃金數百萬非常之利固不在求贏於旦夕耳嘎爾斯近恙已愈俄德通商條約業經批准開辦悉除去歲苛徵之令兩國交誼較爲聯絡俄德兩館經費業已備文請撥即乞核辦去夏銀價驟跌方謂市局之大變不意自去秋以後逐漸加跌查近時匯價與去夏又吃虧一成餘美國購銀已經停止各國全用金幣而銀錢賤如泥沙亦時局之大可憂也

附錄參贊慶常與俄外部問答錄要

嘎云上月十六日貴代理面交節略仍請就去臘總署擬界商辦幷聲明帕米爾東界之郎庫里阿克塔什全境及阿克蘇河一帶地方爲中國最注重之地等說本大臣當卽奏明俄主交兵部議奏嗣據兵部奏稱帕米爾東境阿克蘇河以東一帶地方爲俄國扼禦英人進兵必爭之地萬難酌讓因貴代理屢催酌讓本大臣復面奏

二次而兵部始終堅執本大臣甚是爲難特將此情據實相告　慶常云俄主既有通融之說何以偏聽兵部仍無辦法殊難爲情況中國業已酌讓而貴國一無鬆讓似非和商之道　嘎云去冬開議本國允割郎庫里大半地方在兵部已爲極力通融嗣經本大臣迭請酌讓皆未允許良由帕地爲英俄必爭之路重在守戰故兵部主政非尋常交涉可比此中情形各國皆知非本大臣推諉尚望見諒　慶常云帕之東境本爲中國所屬地方貴國重在守戰中國亦重邊防萬難相讓　嘎云帕之東境實在葱嶺之外非中國險要此各國之公論非俄國之私見即使中國得地亦毫無用處何必爭此石田致礙和好　慶常云中國必爭此土者一因本係舊屬一因前有喀約固不論其有無用處試問俄國無用之地甚多豈能因其無益而棄之乎　嘎云現在兩國各執己議相持不下本大臣亦無從調停　慶常云尚請貴大臣再奏俄主設法商辦爲盼以上二月初二日

嘎云本大臣昨奉俄主批諭覽貴代理初五日節略所論彼此相讓妥速和商之意俄主亦有同心允爲通融辦理惟所論中

國尤爲注重之帕米爾東境以內郎庫里阿克塔什全境及阿克蘇河一帶平地太覺寬混應請中國將此注重之地指明界至以便酌商特命本大臣轉告即請發電請示　慶常云應照貴大臣所言之意稟明許大臣電達總署惟貴國主既請指明郎庫里阿克塔什等處界至似已認爲中屬　嘎云允認中屬一節俄主未曾明言本大臣不敢臆度應俟中國出指界至地名再爲酌核（以上二月十三日）　慶常云前日貴國請將中國尤爲注重之帕米爾東境以內阿克塔什郎庫里及阿克蘇河平地一帶地方界至地名指點明白業由許大臣請示總署茲接覆電錄送節略如左查中國尤爲注重之帕米爾東境以內阿克塔什郎庫里全境及阿克蘇河平地一帶地方應順烏仔別里迤南山梁接郎庫里以西山梁至留庫茲塞轉西至阿克蘇河自此沿河東岸至伊什提克河匯處改沿烏勒千朱列奇吉克中間山梁往南至小帕山北止此皆中國邊界最重之地中國固有之權斷難捨棄茲特預爲聲明至總署擬改之界仍請酌量照辦或另有公平辦法亦可彼此酌核務請奏明貴國主就中

國之意妥速商辦以昭約信而固邦交云　嘎云本大臣閱此節略具見中國和好之意俄主見之亦必欣悅應即進呈請示辦法惟兵部以帕東境爲己有牢不可破或竟請中國就俄紅線分界亦未可知　慶常云兵部但爲用兵起見不顧約信而貴大臣職掌邦交首里約信務請設法進言請俄主顧念睦誼慨允照辦大局幸甚　嘎云本大臣於帕事煞費苦心屢爲兵部阻撓今擬力疾謁見俄主代達中國之意俟得確覆即當轉告　慶常云如貴大臣能玉成此事可以杜衅端全和好功莫大焉（以上二月十五日）

致總理衙門總辦函（光緒二十年三月）

逕啓者月之初四日奉布使字六十五號函計邀鑒察帕事經嘎爾斯籌議兩國各不進兵以作調停當於初八日電達旋據外部鈔送所致喀使電稿查與嘎面告情節相符另增以後可在京商辦之語不審喀使來告措詞何如嗣奉衙門眞電即令慶常告以現商帕界成約具在中國萬難再讓仍望酌照和商其止兵一節中國亦願照辦但

彼此尚宜加訂切實俾臻妥協擬請弟備文覆告中國已經飭知邊營於界議未定之前勿令前進伊即同詞照覆藉作信據迨弟函去後遲至五日方接彼覆旋據嘎告慶常兵部以函内辭氣過實有礙軍事又爲所持旋在俄主前力贊始邀允辦云云茲將問答節略及往來函件錄呈奉覽竊惟此次慶常調俄商辦界務與嘎爾斯面晤數十次議論至數月之久斷斷與辯幾於舌敝唇焦無如事機不順棘手多端全帕形勢惟阿克蘇河以東一線之道通貫南北地較寬坦利於軍行我不可棄彼亦必爭以論地勢既苦相危又俄之武員無不以拓地據險聳聽邀功英議既定其氣益盛雖嘎爾斯意主和商而一人之持平不能勝衆咻之格沮迹其屢稱兵部掣肘情形似尚不關推託至議既齟齬不能不仍事相持然非彼此互約止兵邊事終虞牽掣似嘎之調停尙可見其顧全和好之心現俄外部既以國命飭知邊兵不進備文知照有此文件所訂較爲切實此則均賴慶常與嘎接洽善於剖導籍資委曲調護之助除界議再行相機徐商外特將現在辦理情形據實詳陳藉備堂憲查核又因此案奉有　諭旨謹爲

具摺上陳茲有正摺一件片二件希代備　安摺飭遞爲感俄太子以是月定聘德列邦黑辛大公之妹歐洲諸報謂爲俄德英交歡之兆（英與黑辛亦爲姻婭）而俄主長女則許嫁於俄主共曾祖之弟（西例婚姻不禁同姓但避近支）均在今秋成禮云

再啓者參贊官慶常面稱屢接薛大臣函以交卸在邇專盼該員暫回法館將經手公事料理清楚並以去冬在俄感受寒溼時致心煩不寐現値帕事暫未催商擬欲在法稍爲醫治一遇應辦要公仍行趕卽來俄等情弟亦接叔使函電諄商因思俄法輪車行程不及三日該員所稱暫回法館遇事卽來於公事尙無窒礙未便拒其所請該員卽於月之二十日啓行往法并以附陳

附錄參贊慶常與俄外部問答錄要

慶常云貴大臣日前許以再請俄主酌讓地界想已得有辦法　嘎云昨見俄主復爲進說當卽召見兵部大臣公同面議詎兵部不肯再讓堅稱帕米爾東境爲俄國中亞細亞要害之地捨此必受英國之害又謂此地在葱嶺天險之外無關中國邊

防等語本大臣告以彼此相持恐啓衅端倘有事故是兵部之責與外部無涉本大臣詞窮俄主亦無可如何此外部爲難之處竝非推諉之詞請爲原諒　慶常云俄主前有速了之說又有通融之語均經回明許大臣電達總署今兵部喜事貪功不顧大局而貴國主及貴大臣竟不能明斥其非一任其肆行無忌實與中俄邦交大有妨碍當據實報明中國　嘎云現在兩國意見不合一時難以定局而帕地解凍在邇兵部曾有進兵之說本大臣欲杜衅端想一調停之法與中國言明於未商定之前如中國兵不進俄亦允飭邊將仍駐原處不准前進彼此一律辦理以便和商而免生事俄主深以爲然兵部尚欲饒舌本大臣與之剖辯始勉從之又因喀使與總署歡洽以後如應商之處卽可在京辦理俄主亦以爲然一二日卽電喀使知照總署并請貴代理轉達許大臣亦爲代達以免誤會　慶常云貴國願飭俄兵弗許前進自係預杜衅端起見至商議界務無論在俄在京或遲或早總須俄國再爲退讓方能湊合中國已極力相讓無可再加　嘎云目前兩國各執己議祇好暫停商

議免得爭論失歡至所擬調停之法非兵部所願而於大局實有裨益以後儘可從容緩商並無妨碍　慶常云貴國兵部貪狠如此實出情理之外勢必激成衅端遺誤大局將來再爲續商倘兵部仍前橫逆難再姑容矣　嘎云帕地歸兵部管轄故商議帕界兵部有權而外部無權始而兵部意在硬估不與中國商議去冬本大臣再三催詢始允開議并割郎庫里大半地境已爲費力厥後屢與議商不肯再讓本大臣無法勉强殊爲抱歉緣就本大臣意見既有喀約無論如何渾含中國總有應得之權利特因事歸兵部主政碍難就地設法　慶常云貴大臣既有公平之論深堪敬佩如能再設法使兵部稍顧大局不難退讓了結弗爲推託　慶云本大臣所言係屬實情並非推諉皆因兵部堅執又怪本大臣敷衍中國爲多事以致爲難若此如不相信請質諸各國則知外部之苦衷矣　慶常云貴大臣所言電告喀使一節究竟如何可錄送一閱否　嘎云當照錄送閱　慶常云俟接到此件再請許大臣電達總署至中國意見如何及如何答復容再相告（以上三月初六日）　慶常云今晨函

詢情形想貴大臣業已核辦　嘎云本大臣於十二二十三等日與貴代理晤談以後即於次日進見俄主一面將貴代理面書節畧呈閱一面請將兩不進兵之議酌加切實之語當即傳諭兵部議奏詎兵部大臣以俄不進兵恐英人聞而生心不利於俄不但不肯加切實之語幷欲藉口翻悔前議本大臣甚屬爲難轇轕三日之久今早復接貴代理來函催詢適俄主入城當即往見力爲進說俄主慨然獨斷爰命本大臣即辦文言定俄國國家已飭俄國官員仍駐原處帕界一日不定一日不准前進一面電屬喀使知照總署以昭信據此本大臣極力襄助之明效足以表明俄主和好之心必能長久相安徐圖議結毫無妨碍　慶常云此事能如此妥協者全賴貴大臣委曲求全俄主顧念邦交中國聞知必爲敬佩應即回明許大臣電達總署

嘎云貴代理此次來俄本大臣無不盡力相助兩國交涉之事尚多將來遇有外部專管之事不爲他部掣肘者仍願爲力幷請將本大臣與貴代理歷談情形詳達總署以表衷曲　慶常云必請許大臣代達（三月十八日）

附錄俄外部照會

本大臣現將寄發駐京公使喀希尼電信原稿開錄於後今因中俄兩國商辦帕米爾界務彼此意見不同目前實難議結是以本國國家擬請彼此按照現在局面情形各飭該管官員仍駐原處不准前進以免誤會而杜衅端最爲妥善之策況兩國國家皆願保全和局敦重睦誼則現在局面暫不變動俟候商議定局並無妨礙如有爭論或須續商即在北京議辦等因以上電文除已電告喀使外應請轉達中國爲要

光緒二十年三月初七日

俄歷一千八百九十四年三月三十一日

附錄照會俄外部漢文底稿

前准貴大臣三月初七日來文當即轉達中國現接總理衙門覆電除應聲明各節昨已另送節略備查外所有彼此不進兵一事中國　國家業已飭令該管官員仍

禁原處於兩國帕米爾界議未定之前暫不前進此係彼此商訂辦法亦請貴國一體照行此覆

光緒二十年三月十三日

俄歷一千八百九十四年四月初六日

附錄節畧

查貴大臣本月初七日來文所擬兩不進兵俟候界議定局一節具見顧全和好中國可允照辦惟來文語意似有未盡詳明之處應請貴大臣再加切實之語以臻妥協至按照喀約中國應得一切利權不能因不進兵稍有減損且兩國既有喀約必須遵守中國衆議昭然斷難漠視至所商之界中國已格外相讓無以復加以後商議仍望按照中國所擬之界辦理方能有成特此聲明以免誤會

附錄俄外部照會

前准貴大臣本月十三日來文均已閱悉現在聲明本國國家業已飭令俄國官員

仍紮原處於中俄兩國商議帕界未經定議以前不准前進彼此一律辦理一面電

飭喀大臣知照總理衙門以昭信守特此照會

光緒二十年三月十八日

俄歷一千八百九十四年四月十一日

許竹篔先生出使函稿卷十二目錄

致總理衙門總辦函 光緒二十年四月

逕啓者上月二十日奉布使字六十六號函計邀鑒入二十七日接誦衙門森字四十一號函敬悉一切洋商嗜利販運違礙機器進口此項機件本未列入稅則在我分別釐定關章申明禁令自爲理直之舉當即遵照衙門照會事理飭繕洋文通致各國外部查俄商向無販運機器之事此節不甚措意德外部於東方商務大約憑其駐使爲耳目容俟彼部如何答覆再鬮因應洋文底稿附呈俄太子婚禮新報傳聞在俄七月俄后命名誕日舉行尚無確信各國賀例或其主親至或派使致賀視親藩嘉禮爲重其派使一節有特遣專使者亦有即派駐使兼充者中國聯絡邦交如何辦理之處容俟得有準期另行具電請　旨屆期擬請衙門一面知照喀使令其轉達彼部藉資接洽謹以預陳慶常暫往法館業由前函具達其向嘎爾斯辭别嘎言此次帕事實因地界職守主於兵部我外部權輕無從攏合若將來中國欲於土地之外另有商辦我

必仍肯幫助但目前姑作閒談云云溯去冬以來嘎屢有通融及兩益辦法之說迨後叩之均不能踐諾今之所言益覺含蓄聊據慶常所聞順述之弟今夏仍留駐俄俟秋涼後再行移德並聞

再頃查洋報論我示禁機器進口一節謂中國雖稱無礙生計性命等項仍准進口然機器爲用可以省減人工均於生計有礙直與概行禁止無異但此項並不在條約應禁之列所盼各公使竭力阻止云云竊惟外洋機器有礙生命者本亦不多德商所造火油池閘已注油入池已無可論至妨礙生計之器莫如土貨改作一類數年前巴使曾摘條約工作二字藉詞爭辨旋亦懸擱弟意可飭赫德就此類情形查列名目揭示各口俾洋商知我確無概禁之意釋其疑慮庶可就我範圍所謂弊去其甚者也管見所及聊備堂憲裁奪

再弟去夏以使任將滿屢陳下情籲請早辦更換嗣於九月間奉堂憲函覆遵即暫行靜候不敢多瀆現在帕事經慶常商定於界議未定之前兩不進兵目前暫作停頓以

後如何議結遲速均難預必而扣算差期已於去臘初旬滿任迄茲四閱月矣舊疾時侵竭蹶益甚惟請堂憲念其兩次出洋今又逾期實係思歸情切照案迅賜具奏以昭公便除電達外用再瀝陳統希察照是幸

附錄照會俄德奥和等國外部漢文稿

查中西立約通商所訂進口税則皆指外洋貨物而言因當時未有洋商販運機器來華故税則未將此項訂立如何進口章程無如近年來洋商販運機器進口日漸加多每因意見不合屢煩辨論總理衙門現定畫一章程以全睦誼而免歧誤凡外洋各項機器除中國自購并託洋商代購外其洋商自行販運機器查係無碍華民生計性命之物酌照税則不載之貨估計價本值百抽五准其進口若洋商販運機器有礙華民生計性命者不准進口在中國保護華民應有自主之權如此分别辦理於整頓關章之中仍寓通融洋商之意於彼此商務實爲兩便除總理衙門照會各公使外特令本大臣備文申明即希貴外部查照爲荷

光緒二十年四月　日

致總理衙門總辦函 光緒二十年四月

逕啓者月之十一日奉布使字六十七號函計已入鑒十七日接誦衙門森字四十二號函并鈔件地圖敬悉一切帕事奏稿並經讀悉仰見堂憲通籌全局之苦心乃以事機棘手仍成懸案辦理彌增惶媿至論阿克塔什界至似即庫里以南阿克蘇河東西平地皆可屬之阿克河西平地至山而止即爲阿克西界所止帕圖標識紅字方位偏西乃套印未準之故大約帕中形勢兩山之間必有水水之兩岸必有坦麓其間即成一地大小帕皆然不過山勢縱橫不同耳聊就函指順陳之喀城俄領事索收票費驟增苛令殊礙華民生計弟以二十一日赴俄外部晤其總辦格畢尼斯面遞節畧敘述新疆自訂商約以來民向不另出票費請其飭領事罷收以顧睦誼並以若不綏止中國亦將向俄民徵收此費彼此俱爲無益等情格畢稱此事甚爲抱歉緣本年內部爲籌費起見新定通例凡俄國駐紮東西洋之使館領事署一律徵收前日土爾耳其波

斯兩國亦來商免我部皆不能允勢難專允中國等語弟告以中俄彼此向不收費與各國情形不同又新疆等處未收俄商貨稅而俄領事乃加收票費太覺不公等語反覆辨論格畢謂事係內部通例實難允從又稱英國待他國人最寬諸費不收彼亦無話現在我當將中國之意轉達嘎大臣及內部但事總難允俟另日再覆等語查此項票費初以該領事託詞加收冀易商辦今據格畢稱係各國通行在我欲籌挽止一時殊無把握至互收此費與抵制一層竊以彼之索費非能勒使吾民必輸而恃能行票不蓋印不得入境之權我若辦理其要領仍在卡倫之稽查能否令行禁止不啓他弊想疆省自有斟酌耳吉林來文俄官徵收華民照稅一案此係在其境內自行取收本不俟我之准否始行起辦其制錢五串不知合俄銀幾何鄙意議駁徒託空言不若與商改減或冀可以轉圜應候吉省查明再行酌辦紅土厓案及平順命案均尚未據覆到委員海英地圖所繪山嶺形勢參用洋法色勒庫爾一帶南北地名查與俄文阿母河圖頗有證合惟於阿爾楚爾帕米爾塡寫小帕米爾仍沿前圖之誤圖內標阿克素睦爾瓦處正爲

（小帕）大約自前歲俄阿相爭後華卡已撤其地未必經涉故不能確考圖內新底達坂即尼若塔什（惟地位與洋圖小異）也

再洋人游歷新疆經衙門議准使館停發護照改爲驗照蓋印由弟鈔稿知照各使館一律辦理嗣又請將內地分別不辦於去歲五月間承准衙門文開分咨出使各國大臣在案年餘以來俄人及各國人遊歷辦過數起並無窒礙近因荷蘭公使爲荷蘭人請給護照弟照案告知令其呈照候驗乃旬日後其人來館出示漢文護照查係薛叔使本年四月初七日標發（標明和蘭伯爵比郎特前往新疆）是各處辦理仍不畫一此事雖係暫行通融而停給之館無以取信外人可否請衙門申明前案停止以後發照之舉以免藉口又前議但爲新疆起見然蒙古東三省滇桂等處邊界皆洋人入境所經不能杜絕擬請除內地等省另由衙門酌量給照外凡於邊界各省均照議定驗照蓋印之例辦理以期周備並候堂憲裁奪

附錄致俄外部節略

喀什噶爾道接駐喀領事照會稱奉俄國外部頒諭新章自一千八百九十四年正月初一日起各國人前往俄國者須將本國所給護照送俄領事署掛號鈐印每紙收費一盧布五十戈比中國人欲入俄境者請諭令照新章辦理等因喀道因該處百姓之請照覆俄領事請緩收此費而俄領事不肯允辦總署以徵收此費頗不合理蓋自新疆一帶兩國訂定商約之後從未收過此費至俄人護照請中國官掛號鈐印者皆立即照辦不收分文之費查喀什噶爾一帶華民往俄國者每年約七八千人總而計之是一鉅款驟向華民歛收中國　國家不能不爲之保護倘俄領事執意徵收此費則中國以彼此往還之道亦須增收俄人此種之費豈非兩國和好之百姓均形吃虧是以總署特屬本國駐俄公使商諸俄外部請飭駐喀俄領事不收此費於兩國交情商務均有裨益

致總理衙門總辦函 光緒二十年四月

逕啓者月之二十四日奉布使字六十八號函計邀察入議禁機器進口一節已據俄

德兩外部先後覆到俄外部稱此事看法不同已令喀使在京商辦德外部則謂已得本國公使來函此事現由各使商辦無庸另覆等語大抵早由其使各自知照故均以滑詞支吾茲將函稿譯呈又平順命案亦據俄外部覆稱據領事稟覆其署內花園東西兩門均每夜關閉上鎖係華官未能盡悉等語仍是偏執一面之詞弟擬稍待月餘先覆以俄國外部專憑領事之言爲此案定論總署不能允作了結藉此存案再俟相機辦理統希堂憲酌奪原函并譯奉覽

附錄俄外部來文

查華人平順於俄歷八十七年受槍斃命於伊犂俄領事署花園一案本部曾於九十三年六月十二日將該處領事按貴使館九十二年十月十六日來文所指各款詳細查覆之稟送閱去後本衙門滿擬中國　國家可以相信因中國所欲查詢者俄領事均已層層答覆且當時中國官既不肯卽來會同查驗領事只好一人獨辦故惟伊知之最深始終本末無不了然如本部數次所奉告者今貴使館既以此事

尚不能了且引俄領事稟內所稱一事復於九十四年正月二十二日來文辨論本衙門只得再令該領事續查稟覆茲據稟到再爲貴大臣言之據稱貴大臣以領事所稱花園兩門常關一節與伊犁地方官所說不同者此當以俄領事之言爲可信然非謂中國官之言不足信也緣中國地方官於城內政令有時不能盡行查晰故不能眞知領事署園門之關不關也據俄領事稱園之西門向來皆於夜間八點鐘關閉每夜鎖匙由巡兵親交領事無論何事何人均不開園之東門係通俄人住處至夜間十點或十一點鐘方關然於十一點鐘巡兵過時必然下鎖遇有緊要之事由住近文案房百五十步之傳號兵開鎖放行等情如此明白答覆加以前稟所云想領署園門夜間常關一節貴大臣亦可相信無疑此事亦從此可算了結矣至於再行查察一節該領事前稟已云不能照辦即使行查亦是無益因從前所查已十分詳確矣

光緒二十年四月二十四日即俄歷一千八百九十四年五月十六日

致總理衙門總辦函 光緒二十年五月

逕啓者四月三十日奉布使字六十九號函計邀鑒入五月二十九日接誦堂憲森字四十三號來函幷鈔件敬悉一是德商瑞記洋行在上海創設火油池棧甫得便宜又欲於漢口購地踵其故智津商在華擅自造作不受官吏禁令其國公使領事復出袒庇最爲交涉積弊遵卽査照函示事理照會德外部請其轉飭紳使勸諭該商毋再添設油池以免兩國有傷和誼特錄稿奉覽弟思紳使執論此事不過爲洋商慫恿例應護助而發現査知瑞記行主住居本國並不在華擬自秋間移德時遣人向行主以理開導冀爲抽薪之助一切再俟續陳駐喀俄領事索收票費一節業將與俄外部晤商情形於四月間函達在案上月下旬據總辦格畢尼斯面覆稱本部已將中國請免票費之意轉商內部實以新定通例礙難改除等語自奉函後又於月之初四日赴外部催商格畢仍執前說但云如俄國以後允許他國中國亦可商量云云査俄國徵收本國曁他國人民護照等費向有稅例專書印行茲檢査本年稅書領事收費條下載有

他國護照赴俄國者收驗照費一盧布五十戈比昨又詢之土耳其公使知駐土俄領事亦已添收此費前月伏爾鏗船廠總辦自德國士旦丁城至俄亦在駐德俄領事處給費五馬克餘似彼部所稱新定通例卻非虛詞其稅書一條鈔譯附呈至彼此徵收辦法業於所交節畧內敘及彼之收費未與我商我亦不必待商而行祇在疆省酌量能否辦到耳弟前述俄主長女許嫁共曾祖之弟今乃知爲俄主胞叔之子乃共祖非共曾祖也俄太子婚禮因俄主有胞姑之喪聞須展至九月間舉行矣

再德水手刃斃楊阿來一案三月間始據律師阿伯克函稱勃雷門刑司已接到覆訊案供定於四月初六日集審其時接德外部來函以德律凡受傷之人可由本人向該犯控索罰款錄送律文交閱因一并交該律師代充原控嗣據阿伯克先後報到電函等件內稱刑司審訊此案因見證人口供參差僅斷格羅耐曼一名監禁十八個月罰欵三千馬德國控案官及本律師均不謂然現擬會商在總刑司處呈請覆審等語當經函告刑司所斷中國決不滿意屬其切寔速辦五月十二日該律師函稱因與控案

官詳查所定讞詞並無與律法不符之處前擬呈控一節只好停止其格羅耐曼應罰三千馬查該犯充當煤夫一無家產無可追抵等語十八日接德外部亦將刑司斷案知照（函內仍敍控案官呈控一層蓋文移遲緩倘未接續信之故）查此案華民刃斃一名受傷二名該刑司輒以兇犯不能確指但以一人定罪偏縱已極雖其控案官已停止呈控但事關交涉在我惟應向德外部理論以期申雪民冤茲已照會彼部申明中國鄭重人命此案若不妥結該處人心不服於德國商利甚有不便請其再行主持辦理俟彼如何答復再爲佈陳所有辦理此案來往函件謹抄錄要件寄奉統希鑒察是荷

再隨員王鎮賢李鴻桂在京留支銀兩業於上月咨請衙門仍行接發在案茲據三等繙譯官巴克他訥隨員王文謨均稱接到家信所有留支銀兩業經停止仍懇轉請接發等情查巴克他訥王文謨兩員現尚留差應請衙門查照原請留支銀數由停發之月接算仍行照給以資贍家俟該員等屆時銷差再行陳請截止統希察照是荷

附錄照會德外部漢文底稿

德國商人瑞記洋行在上海購地創設散放火油池棧當時該處百姓以火油散放易致不及防之火患且池基日久偶爾滲漏有損民田紛紛稟訴中國官員商請停罷嗣因該商池工已成油已運到總理衙門爲體恤德國商民起見勉從德國公使之請准其暫行試辦再行察看以後有無弊害現聞該商又欲在漢口購地另行設池漢口乃中國內江地方該處百姓不能慣習外洋風氣更生疑懼是以湖廣總督飭員預行知照德國領事不允辦理乃德國公使又向總理衙門爭辨此節在德國公使保護本國商利固其本分但中國已在上海暫准該商設立油池寔已格外顧全交誼洋商運載火油創設油池棧本未載在條約且大拂中國人心中國　國家有保護本國地方人民之權幷爲預防滋事起見故不能再允德國商人在他處另設油池特將此事緣由知照貴部務望轉飭德國公使諭勸該商人停止此舉以免兩國意見不合想貴部辦事公平必能與中國　國家看法相同也

光緒二十年六月初七日即西歷一千八百九十四年八月初九日

摘譯俄主批准擬定領事署應收各項稅則（光緒十九年五月初三日即俄曆一千八百九十三年六月初三日）

第一條　護照一紙收費三盧布發給俄國水師官兵者免費俄國駐波斯國使署領事署發給波斯人民護照該民前往高加索地方或往該處作工者收照費五十戈比

第二條　發給俄國人民前往東方居住執照限不逾一年者收照費三盧布

第三條　驗照收費俄國護照收費五十戈比外國護照收費一盧布五十戈比

照譯阿伯克摘鈔斷詞

本刑司查得水手人等曾向車夫言定若干價送至吳淞奈車夫送至上海界不肯遠去水手既須步行伊等不付車價亦是情理當然車夫等隨後追趕其勢甚威於水手身命大有關繫倘水手等不動聲色不用刀械或車夫等亦可依然退散奈當石竹亂擊之際受傷者畏懼心慌無足怪耳查德律第三頁五十三條內載若因一時心慌護身守命以致用刀亂刺律有可原故凡在上海及江灣鬧事等人不能斷

爲有罪若據賣糕餅羅永福所供亦難因此定罪設羅永福所供可信則應得罪者
只有一人耳而此七人內誰是兇手一無確據可以指定若因應得罪之一人概將
無罪六人定擬又於公道不合其戳傷潘采吉者爲何人亦無人能指定也詳細察
之惟知張阿三於江灣地方腰背受傷係因格羅耐曼用刀所致既有確據雖格羅
耐曼不肯承認並以急難之時保護身命爲詞無可推諉就目下情節而論應定罪
者只格羅耐曼一人其餘諸人不便累及蓋此案與二百二十七條所稱鬭毆或夥
同相進相攻之意不合耳格羅耐曼擬監禁一年半除將在監候查九個月扣除外
尚須坐監九月並應罰錢賠給張阿三應罰錢款卽照所請之數辦理

照譯律師阿伯克四月十四日來函

昨奉貴大臣來函現因本處刑司所斷各節不能滿意因卽稟請總理三漢謝城刑
司衙門覆審本處官律師卽所稱控案官亦同時呈請核辦我現擬會同官律師商酌一切
冀成此舉所請覆審意在全斷各犯之罪並定賠費以安受傷二人之心但能否辦

到尚不可知設總刑司不允我惟有請查格羅耐曼家產令其賠付三千馬如該犯產業空虛則亦無法也至已故楊阿來眷屬控告索賠更不易辦蓋此處刑司既未將戳斃之犯指定將來案歸文司問官核辦亦難指定某人爲兇犯證據即使此節尚能辦到而楊阿來果係因傷斃命須有內傷確據方爲眞據中國無剖屍相驗之例此據從何而得屆時該犯仍以遇險求護己命爲詞問官仍必原諒之總之索賠既無把握甯以不控爲妥再者現除格羅耐曼坐監外其餘被釋六人已東散西奔不知何往無從再緝其兇手不能查出固爲可惜然此非地方官辦事有違公道寔因見証之據不足耳總刑司能否核允覆審俟得確信即當奉聞

照譯律師阿伯克五月十二日來函

西五月初十日所定讞詞業經會同德國控案官詳細校閱查無與律法不符之處故前擬呈請覆審一節現遂停辦其格羅耐曼之罰欵查悉該犯在船充當煤夫向以傭工度日並無財產家住漢諾威所屬地方其父母亦係窮苦之人無可追抵其

在德公司船行工資之餘積有三十三馬十五分於被獲時業交上海總領事代爲收存想已用爲起解該犯之費矣至於貴館尚應派本律師辦理何事尚祈示知爲禱

照譯德外部五月十八日來函

茲布路斯輪船火夫煤夫等七名在華行兇一案現經勃雷門刑司於上月初十日審斷以格羅耐曼行兇致華人受傷甚重判監一年半將其在監候審九月在內扣抵並判罰款三千馬給予被傷之張阿三收領一切訟費亦歸伊賠繳而其餘六名均未能定罪然本國控案官以爲如此判結未可遽爲定案茲在來布衣喜總刑司業已呈請覆審矣除俟此節辦有頭緒當再詳陳外先行備文照會請煩查照

照會德外部漢文底稿

西本月二十一日貴部來文業已收悉茲據律師阿伯克函稱所擬呈請覆審一節因查讞詞內並無與律法不符之處現已停辦等語查楊阿來身死一節雖中國事

例不能開屍驗視而該民確係被德國水手戳傷殞命其兇犯理應按律定罪至其家屬亦應斷有賠款俾資養贍乃德國刑司以不能指定何人戳傷確証未將各犯定罪致華民被害中國未能與之申雪而該家屬因兇手既無著落則其應得養贍亦無從控追至於火夫格羅耐曼雖已判限監禁并罰款三千馬斷歸被傷之張阿三而接律師函稱該犯及其父母均無產業可以追抵罰款似此則張阿三應得之款亦歸無著查前准西三月來函知照德律罰款各條四月來函並允代派律師等節可見德國國家深有欲為盡法懲治之意然據本大臣觀之此案既由貴國輪船公司水手所致今按刑司所定讞詞楊阿來受傷殞命冤未能雪該民家屬亦不能得養贍之資張阿三現在因傷難於照常謀生所判罰款三千馬仍屬虛言中國國家聞知斷難允為結案此案前在上海曾經中國官員屢與德國總領事商辦並承德國領事允為代請貴部務將該犯等按律治罪現在應請貴外部秉公籌辦如何設法以申楊阿來之冤並追張阿三應得之款雖德國刑司泥於成例未能嚴切

判斷而貴部若不竭力主持挽回則中國人心必不愜服似於德國輪船公司多有不便之處緣德公司爲德國看重深願保護商務多有利益於此案甚有關繫也茲特備文照會務望再爲詳查辦理並祈速覆爲盼

光緒二十年五月二十三日卽西歷一千八百九十四年六月二十六日

致總理衙門總辦函 光緒二十年六月

逕啓者月之初八日奉布使字七十號函計已入察禁止德商在漢口開設火油池一節業據德外部函覆無從定斷能由總署與該使商量較爲直捷等語彼部於東方商務每每諉由其使斟酌文函則作模棱之詞茲將原函照譯奉覽俄外部前覆平順命案弟於六十九號函陳明俟月餘擬先覆此案不能允結以爲後步茲已照會彼部以得鈞署覆示俄國專憑領事之言定斷與中國　國家看法不同不能允作了結等語錄稿備核日來洋報述中國與日本已有戰事未知究竟若何念甚

附錄照會俄外部漢文稿

前准貴部俄歷本年五月十六日來文所覆華人平順命案情節本大臣當即錄送總署核閱茲奉到來諭中國　國家之意所以令本大臣屢論此案者原欲貴國將領事稟詞並中國伊犂地方官稟知總署兩面情形互相察看秉公酌辦惜此次覆文仍如向來專憑俄國領事稟詞見覆故中國於此事看法實不能相同此案未能作爲了結此覆

光緒二十年六月二十三日卽俄歷一千八百九十四年七月十三日

照譯德外部覆函

前接貴大臣函稱德商阿爾和欲在漢口安設火油池本部尚未接有駐京公使信函是以不能判斷又來函稱此事係總署與駐京公使辦理之件仍候總署與該使了結更爲捷便按條約所載中國是否禁止安設火油池詳細情節本部亦無從盡知耳

光緒二十年六月二十二日卽西歷一千八百九十四年七月二十四日

致總理衙門總辦函 光緒二十年七月

逕啓者六月二十七日奉布使字七十一號函計邀鑒入二十八日接堂憲森宇四十四號函幷抄件敬領一切帕米爾議界棘手情形業於六十六號函據實陳達其互約止兵一層原以議不能結爲暫弭邊釁之計誠不足以持久但我現議之界已無可再讓而彼所堅爭未必遽有悛志此時照前催商能否收束仍無把握俄兵部於互送照會已存阻撓若續商不合乘機變其前說邊事又多枝節是此議或緩或急均無善策慶常爲龔仰使留用尚未來俄業卽遵述函諭飭令相機催辦俟其覆到籌有辦法再爲續陳俄領事索收票稅一節業將商催未允並訪明各國通收情形於上月函達茲閱鈔寄喀道覆稟俄商票稅礙難照收查此事實係抵制之法應俟再與彼部理論以冀轉圜紅土崖一案俄外部尚未照覆喀使本擬請假回國據彼部稱現因朝鮮有事暫行從緩矣

致總理衙門總辦函 光緒二十年十一月

逕啓者十月十九日奉布使字七十五號函計已入鑒俄兵拏解華民二案現據外部覆到轉據阿穆爾總督查稱所拏之人係作盜竊爲寓俄之華民高麗民獲送其獵戶二名在俄境拏獲並非越界惟割去辮髮俄督亦以爲非已飭地方官以後應照本國律例辦理等因於認錯之中仍爲狡執之説茲將原函譯錄奉覽並候衙門察核俄嗣主月餘以來蠲減民間息錢稍除苛禁內政頗尙寬厚其於各國交涉現無要事未有表著惟嘎爾斯以衰病請退俄主雖經慰留衆論則以爲勢難久任其兵部大臣挖諾夫斯基大約亦以老病不久將退也悉畢爾鐵路俄主在儲位時本爲總理今仍自掌此政注意速成現至鄂穆斯克已經行車明年或能通至托穆斯克未可知也王爵棠方伯奉使唁賀俄廷擬以頭等使禮相待故欲知何時入境及入何境藉可飭屬照料茲接衙門覆電但有出京日期復又電滬致詢頃接爵使覆於本月初十日乘法船出洋卽可推知到俄時日與外部接洽一切中國專使之禮首施於俄固彼中所樂受耳再本年夏間俄兵在帕米爾者仍如上年留紮穆爾格布河不再前進九月得喀什道

函所紮俄兵僅有數十名藉知今歲邊事依然安靜差慰堂憲廑系近閱俄報有論喀城回民一事雖謠傳之言不足憑信然彼族於該處情形時有喜事幸災之心亦槪可見附譯報語錄備察覽

摘譯俄報

俄臘月十五日倫敦來電據司坦達勒德新報内載中國新疆喀什噶爾回民滋事圖復阿古柏之事欲附俄國求其保護查喀什噶爾逼近俄國費爾干省故此信於俄大有關繫自一千八百七十三年阿古柏曾經自立爲漢嗣於一千八百七十七年中國克復以後迄今二十餘年無隙可乘値玆中日失和正其時也且喀什噶爾中國兵力甚單回民乘此起事自易抵抗

照譯俄副外部來文

准貴大臣中歷本年二月十一日來文稱有華人十一名在俄國尼果賴甫斯克地方耕種被俄官剪去髮辮拏解出境又有中國獵戶二名亦被拘拿前十一人解交

璦琿中國地方官一節本部當即行文飭查茲據阿穆爾總督覆稱查華人十一名並非安分農民如中國地方官所稟報者伊等均作盜竊爲華人及高麗人寓居該處俄地者獲送俄地方官請辦俄官因恐若輩事後仍行潛來向獲送者報復故於起解之先將伊等髮辮剪去此節阿穆爾總督亦以爲非是緣地方官遇有捕告盜賊之事應將該犯交刑官照本國律例審訊懲治方是正辦已由該督飭知地方官此後遇有此等事均應如此辦理矣至於獵戶二人係持火器在俄國地方被拿照例發解出境非在中國界上獲住等因本部准此合行照覆貴大臣請煩查照

光緒二十年十一月二十八日 即俄曆九十四年十二月十二日

致總理衙門總辦函 光緒二十年十一月

逕啓者月之初四日奉布使字七十六號函計邀鑒入前日接上海劉道電稱王方伯奉使唁賀未有加銜不識俄廷能否優待弟以俄已擬照頭等使禮待覆之復查西例凡因禮聘事宜特派專使者體制頗與頭等使相亞泮文向有定稱其名曰安巴薩特

愛克斯特拉奧提乃爾俄外部據喀使電告卽用此稱盧爵棠星使尚未接洽或致譯稱歧異因將洋文名稱附告備用旋得爵使電覆屬弟轉陳衙門備案查非急要事謹以函布前據俄外部先詢使駿何日入境以備接待近日禮官又詢隨從人數爲預具客館之備彼於我使初簡不俟詢商即逓用專使正稱預擬如禮相待亦徵關顧睦誼之一端也弟俟俄歷元旦謁見嗣主後卽移駐德館候爵使過柏林接洽一切卽偕同來俄專此布聞

致總理衙門總辦函 光緒二十一年正月

逕啓者弟於去臘二十一日移駐德館度歲俄主以俄歷元日（爲中歷十二月十八日）接見各使彙受所遞國書其時各國之書均已到齊經俄外部先以中國道遠已寄未到情形陳明故弟亦如遞書之禮一體入見俄廷注重此禮必有書而後接見其使此次與我通融尚爲見好俄主立談數言有前歲曾到廣東上海漢口等處心中至今留得一好記念之語於酬應套詞中亦尚覺親切俄外部大臣嘎爾斯弟去歲秋冬兩次晤見察其

精神尚好惟骸弱不便行動竟以衰病不起各國均爲悼惜現派副大臣基斯敬署理各報擬議繼其任者或爲駐英俄使斯達爾或爲駐奧使王爵奴曼諸夫（現改派駐德尚未到任）二人均係安靜一流究未知誰屬耳德商瑞記洋行欲在漢口添設火油池一節業將德外部照覆模棱情形奉陳弟秋間至德本擬向該行主以理勸導正値事繁未及設法此次來德適該洋行在漢口經手人來見詰以此事並言爾等在華不宜專恃領事護庇强拂輿情致多口舌貿易並無益處彼稱上海設池以來是處居民漸知確無危險猜嫌已釋將來他處添造與否尚不可定但現在並無此意等語似此舉可以暫止以後再由地方隨機防杜耳王爵使所乘之法公司船日內可到馬賽計爵使望後可抵柏林俄外部俟有入境日期知照即派員在界守接弟亦偕同赴俄照料一切也

致總理衙門總辦函 光緒二十一年三月

逕啓者二月初五日奉布使字七十九號函計邀鑒入俄德二國與商勸和情形業經隨時由電陳布近據俄報述稱英俄所議帕米爾界務已經立約並刊録約稿五條事

關疆省邊計用特飭譯全稿寄覽又以地界非圖不明因取前摹俄兵部自刊帕米爾圖截繪交界所在塡注約內地名奉備考核其分界仍照小帕北嶺前說但北嶺山梁由西南而東北直至阿克塔什對岸之阿克蘇河濱爲止今議之界先順山梁至與薩雷庫里相直處即改向直東以抵華界以致俄之界綫更出阿克塔什以南在俄爲更進一步並稱兩國派員會勘時兼察看中國交界以便與俄商辦至英所分得小帕之地前據薛使稱英外部願畫與中國今則聲明自薩雷庫里東起至中國界止均作爲阿富汗之地云云竊以中俄帕米爾界議辨論頻年終以俄兵部堅爭阿克蘇河全地迄不能合現值英俄定議英人退讓甚多於我更形掣肘去年七月曾以照前催商仍無把握實在情形布達（在使字七十二號函）旋值遼海軍興此議未暇提及而英俄約尙有察看中國地界籌商之語原議之俄外部物故時事日艱以後如何接商情形尙難預知容俟留意探論如有可商之機再當電請衙門示遵此次專使通問中俄邦交較爲聯絡兩境既已互約止兵諒不致乘我多事之秋有心尋釁耳答覆　國書兩道業經領到

已照會德和兩外部先送譯稿屆時再前赴親遞俟兩國遞畢謹當遵咨隨時奏明先此陳達

附錄俄報刊錄俄使致英外部文

現准貴部來文將俄英兩國在薩雷庫里湖東邊管屬之帕米爾地界所議各欵照會前來本大臣現奉國家允准辦理之諭相應再將議定各款開列於後照會貴部請煩查照

一俄英兩國屬地之在帕米爾薩雷庫里湖東邊者應分一界綫應由薩雷庫里極東盡處起順此湖稍南仍與湖平行之山梁至班帖爾又至烏爾他別爾兩山口自此仍順此山梁至所順之山梁不過薩雷庫里向東直綫以北爲止即從此山梁橫嶺至近阿克蘇河之克則勒拉巴特止自此仍一直往東至與中國界接連處爲止如查得克則勒拉巴特已逾薩雷庫里直綫以北當改至近阿克蘇河稍南合宜之地爲止然後再畫至所云往東之處　按此段畫界所譯洋文累贅語

意轉晦其實祇是由薩雷庫里東邊起先順南面山梁至與庫里相直處爲止再由此行至克則勒拉巴特再向直東至中國界止中英兩界連接俄不能再向南進英之用意在此

二以上所定之界綫當由公派委員按地方形勢詳細勘定各員等應帶兵丁護送但以足敷一路保護平安爲限各員即由俄英兩國選派並須有熟識該處地方情形之人英國國家與阿富汗商妥並准阿富汗王亦派員會勘

三各委員應就近察看中國地界將詳細情形禀報以便兩國籌商意見相同備與中國商辦此處分界之事

四俄英兩國允於此界綫北邊之地歸俄管理南邊之地歸英管理彼此不相干預

五英允在因都庫什及自薩雷庫里湖東邊起至中國界止各地由英管理者均作爲阿富汗之地不收入英國地界之內不能設立兵卡亦不得建築礮臺

以上各款照辦外尚有噴赤河左岸各地前由阿富汗侵佔者全行退出其布哈爾

所侵阿母河南達爾瓦斯地亦須退出其退出此兩處地方之事俄英兩國允各令其國之王照辦

致總理衙門總辦函 光緒二十一年四月

逕啓者上月二十六日奉布使字八十號函討已入察俄合德法勸日歸遼及俄戶部商辦借款二事業經隨時由電陳達無俟補述俄英帕米爾界約內兩國派員會勘一節探詢總辦格畢尼斯何時舉辦則云自訂約後此事尚未提起大約不甚視爲急務耳巴蘭德返國後寓居威斯巴敦城自去秋戰事初起屢著論說謂曲在日本冬間德外部曾令伊至德都面詢情形今春復著書言日本國勢日强西班牙較弱南洋諸島將被蠶食其國製造仿用西法日求精新成本廉而去華近德國東方商務亦必漸爲所奪必應預籌防範云云然德國各報頗議助俄爭遼無益於德德外部大臣馬沙爾亦不盡以巴言爲然巴亦拂衣歸里矣柏百福於月之十九日挈眷起行由陸赴京大約閏五月中可到前准衙門森字三十三號函開柏有所著中俄字典屬派工書之員

幫繕漢文等因據面稱德國印書局華字擺板辦理不易是以中止此次臨行又稱現將此稿帶去擬懇衙門交同文館擺印並託弟先行代達等語順以附聞

致總理衙門總辦函 光緒二十一年四月

逕啓者月之十五日奉布使字八十一號函計已入察俄戶部借款事自告知全數後尚未得其准覆其大臣威特於光緒十八年蒞任號稱精於理財近尤爲俄主親信此次訂晤數次其論賠費銀兩謂應注明兼以金鎊折算免致借鎊兌銀市價高擡更受虧耗所慮頗是因思日本已造金錢必與英磅估有定值若於付款時與之商明將銀數合算彼國金錢轉合英鎊若干即可以所借鎊款逕匯彼都銀行亦一斡旋之法未知可辦到否也再弟前擬照摹俄國新出交界圖譯爲西北邊界俄文譯漢圖方值單興綏未呈送茲特隨函先寄十分每分上下幅兩張計二十張續有四百二十分裝箱另寄擬請堂憲鑒核如尚可用即請酌量分交在署同人並新疆南洋等處以備衆覽藉與洪前堂憲之圖相參證也另有例言一卷因在洋印價過貴已寄內地付刻計已

竣工容飭另行封遞又弟前以俄國幅幀遼闊摹爲俄國全境簡明圖並列悉畢利鐵路取便觀覽茲先附寄一幅並裝箱另寄一百分統乞衙門一拚查收是荷西北邊界圖於漢俄地名最苦轇轕現輯地名譯漢考證以資發明長夏計可脫稿再俟就正俄國初起祇有諸甫疴羅計由富數省地自攻逐蒙古累世兼幷日闢之勢袤至萬里擬欲就西書考譯先後得地原委冀補何氏秋濤疆域考之缺陋以與簡明圖相輔而行近值使館事繁兼之衰疾時作卒卒尚未能竟事耳

致總理衙門總辦函 光緒二十一年五月

逕啓者月之初十日奉布使字八十二號函計已入察近日俄報述有日本人游學在英今來俄都往晤伯爵伊格那替業福並至報館與主筆人談論大畧謂日本無意與俄爭遼願與俄國聯結一氣並勸俄假滿洲之地開造鐵路兩國互通商利一陸一海同霸東方俟歸國陳請施行云云此殆游說之術其勸築悉畢利鐵路心計尤不可測伊格曾與我議立北京條約素習東方事其人往晤亦可覘其用意惜與伊格議論無

由可悉茲就俄報所登譯出藉備堂憲察閱又近論鐵路二則一并譯呈悉畢利之路取道我境彼報言之不已必將有向我明商之舉此正東方大局關係要鍵應請堂憲密豫講求以酌後來進止不審有當否洋報稱日本收台從雞籠登岸台之兵民相鬨省焚掠所謂總統者已附德船而遁弟初以台險可恃人自爲戰日本驟不得志或至以交地未清爲口實今乃一戰而潰視旅順威海更速固意料所不及耳再上函隨寄西北邊界圖十分計已遞達旋接嘉興友人來函已將例言刻竣裝箱寄洋俟其到後寄回頗需時日茲先錄呈稿一本冀得早備鑒閱統希察收是幸

照譯俄五月二十四日二十五日時報（即中歷五月十三十四日）

俄報述奧國時報得森堡信云俄國欲與中國商假滿洲地爲接造悉畢利鐵路以達黃海之議日多一日不獨報館私論即俄執政大臣亦有此意想遲早終當與中國商議開辦云近日俄都官報疊登悉畢利鐵路會各大臣會議節略皆以爲按照目前情形此路早成一日早得一日之利前皇亞歷山德第三早知俄欲增强於東

方非於悉畢利開造鐵路不可當時論者以俄國國帑支絀何能籌此鉅款以造荒遠無用之鐵路且其獲利亦尚在渺茫前皇不爲浮言所動卽行開工此次中日搆釁邊防加嚴論者又以爲悉畢利鐵路之不可少轉惜其興辦稍晚足見前皇深謀遠略早有以見及之矣此會旣係俄皇親總其事各議紳又復力催加工當不至作爲空論也

許竹篔先生出使函稿卷十二目錄

致總理衙門總辦函 光緒二十一年六月

逕啓者閏月二十二日奉布使字八十四號函計已入察俄法銀行交款已經按批咨報並電達在案日本願在倫敦收款可免匯銀虧耗於我亦正有益惟存洋候撥款目太鉅辦理不能不格外詳審因就銀行所擬復向俄戸部詢商一切戸部大臣維特亦以陸續兌鎊爲然惟謂存放銀行例不應過於其本照此鉅款理宜存寄英國國家銀行方昭鄭重弟亦知此爲最妥辦法以與英國家銀行向無往來難與接洽戸部允爲代商嗣由彼部國債股司員知照電商英銀行巡撫英派管國家銀行之官得其覆允遂飭銀行將佛郎起兌英鎊隨兌隨匯倫敦俄戸部並派國債股助核帳目酌限銀行兌價不得逾合同以佛郎作鎊之價現自六月初旬起至二十七日止先後匯存英國家銀行五百四十八萬四千三百鎊銀行與俄戸部之國債股均經開單報知現擬交存英銀行至一千萬鎊敷付首期償費有餘外再行酌量分存匯豐等銀行屆時當再電達其佛

郎兌鎊清帳俟全數兌齊開單具咨備核所有截算存息清結兌價綱鉅而目又至繁此案因係俄戶部經辦故銀行兼報俄股司員以憑彼此查對而弟處經手款項亦藉此更得明晰耳俄報述英俄會勘帕米爾界兩國委員已就薩雷庫里東起立界牌約一月餘可以辦竣未知究竟何如也

再春間衙門遞到　萬壽致謝　國書計德國和國兩分當即恭譯洋文繕辦副底分別照會德和外部聲明俟在俄公事畢後親來齎遞旋准德外部覆稱已將副底陳奏國主現因國主外出特派本大臣候中國　國書到時接收轉遞等語曾於四月十七日電陳請　旨在案嗣後未接衙門電覆弟復飭參贊告以中國總以使臣親遞為重據德外部稱此事已奉訓條派本部接遞不便商改且西國常例兩君通答書問不另遣使但由駐使齎遞者其使已為本國所認無庸接見德國向辦皆如此等語弟因一時未能離俄故亦不再電請茲擬九月下浣須赴德館屆時遞書之舉難再緩辦查英俄外部接遞　國書業經辦理有案此次德外部已經受派並聲稱係照其國

向例辦理可否酌從其請以洽邦交之處敬請堂憲查核前電酌奪並請由電示覆是幸又和外部未有函覆其女主年幼不常見客應俟德國遞竣再爲赴和酌辦

致總理衙門總辦函 光緒二十一年七月

逕啓者上月二十八日奉布使字八十五號函計已鑒入月之十八日接誦衙門森字四十六號函敬悉一切俄官剪髮辮華民一案俄外部覆文有應將該犯交刑官照本國律例辦理之語核與條約第八款各按本國法律治罪不符遵俟相機與之明辨以免轇轕德國請給天津漢口租界紳使既稱奉其國家特論想非虛託即令賡音泰赴外部探詢頃得函稱德大臣馬沙爾請假他往日内即返擬候其回部訂晤較能詳確等語容再續布外洋鎊價近三月折中數並昂司升合規銀數業經由電布達茲將自午節至七月初五日逐日昂司市價照銀市日報譯錄備查至昂司乃英權計銀之名在洋但有昂司價而無銀兩價銀行匯兌皆憑昂司升合而得上海規銀之價初詢俄法銀行不能確知因設詞以一昂司兌三十本士應得規銀兌本士若干電詢匯豐

銀行旋得電覆兌三十五本士半據此算得一一八三三三之數洽電所報因又函詢匯豐此數是否爲最準比例彼即以一一八一八數電知昨始接到覆函開具昂司合規銀比例各數並稱初次電覆零數未密等情一併照譯奉核其內有加算匯水保險一項疑日本在倫敦收鎊無須此費故由宥電再達英俄派員勘分帕界尚未竣事而近日俄報傳述俄員查有要隘畫入英界意見不合有暫行停勘之說未知確否羅拔諸夫於昨日往法國飲水養疾須一月半返任現歸基斯敬代攝並聞

再密啓者王使唁賀案內奏請賓星其時羅拔諸夫甫補外部大臣尚未回俄故奏案未及惟王使辭行之際羅拔業已蒞任彼此並通拜往現在此案賓星又須照會俄外部分送雖公例無庸後補而情事稍覺缺如又俄戶部大臣威特頗以經辦借款爲中國創訂輕息時形德色似宜示之酬答至戶部諸員承辦欵事實有效助之勞故特並繕摺片上懇　恩施摺內未便縷陳專以邦交爲請此件由衙門代遞後奉有諭旨擬乞先摘電示知爲禱又衙門六月感電詢外間紛傳俄調兵與日爭朝鮮確否

當以現無舉動電覆近日晤羅拔偶與談及遼事結後俄於朝鮮有無主見羅拔云中日和約認明朝鮮自主俄國但要日本以自主待朝鮮而已昨德宰相烏亨洛以私事至俄俄主接見告以現盼日本退遼東兵後並須退高麗兵等語知俄意雖不爭韓而不能聽日管韓俄志既堅洋報述日人情形其氣亦盛逐鹿海濱形勢互有利鈍以後事變殊難懸測耳

致總理衙門總辦函 光緒二十一年八月

逕啓者上月二十八日奉布使字八十六號函計邀鑒入俄國新主嗣位必在莫斯科舊都舉行加冕之禮現據彼國禮官述稱此次加冕日期當在俄歷明年五月爲我夏四月中國誼尙睦鄰自當循案致賀查春間王使到俄唁賀事畢當商辦寶星奏案之時栢百福曾告王使中國此次未贈俄主寶星殆由許使未向本國陳明之故嗣後弟因與格畢尼斯言及明歲俄主加冕中國致賀之禮宜備儀物或贈寶星二事於西例孰善格畢謂兩君交好自以贈寶星爲親密但中俄尙未辦過須探詢國主願受與否

再爲酌覆近始羅拔覆稱前貴使與格畢商論賀禮一節現已陳達國主奉國主面告中國如有贈寶星美意極願領受等情如由堂憲核定奏請奉旨後於今冬交製明春頒寄辦理較爲從容惟俄主前贈王使寶星全嵌金剛石據估值五千盧布（約合洋銀五千圓）在我亦不便示之以儉中國頭二等寶星均用金地無由表異似須格外加工鏤飾精巧應嵌珠件如可請用東珠庶足以昭貴重需配金龍帶亦請飭製完備至遞洋辦法俄國歷年在京設有官郵局每月行走二三次約兩個月可達森都中西官民函件均可保險交遞如向栢百福詢明即交俄局遞至敝處最爲妥當統候堂憲酌行此外致賀情形容俟探明各國辦法再行續陳英俄勘分帕米爾界業已辦畢兩國委員各持界約歸候批准據俄外部面述如此知前俄報誤以爲中止也紳使請給津漢租界一節經飭賡音泰詢叩德外部是否出自家國之意彼云既由紳使聲明無庸再爲稽查賡又告以事關畫給地址中國理應與貴部接洽答云容俟查案再覆詞氣頗覺簡傲然閱申報所述津壖洋場業已辦妥矣去秋北洋在伏耳鏗廠訂造魚雷獵船一

號原議拆卸裝運今春復改在洋合攏業於上月試洋由德海部派員監驗速率二十一海里又二十八李相命名飛鷹其開駛事宜由洋商滿德料理已定本月十二日啓行矣

致總理衙門總辦函 光緒二十一年九月

逕啓者上月初十日奉布八十七號函計已入察德使請畫租界一節近據外部送到節略大致以德國商務日廣因無本國租界事多不便故德國國家允准商人所請援照條約照最優待之國相待之例與中國商畫租界並據駐京公使以爲應在天津漢口兩處指商除比照英法兩國所得租界利益外並無格外另索等語大抵彼所援執者乃一體均沾之說若與明議限制恐未必折服然闢一租界尚須商力自爲經理亦頗非易易耳原函照譯備核俄法銀行自八月二十四日止兌足一千二百萬鎊存英國家銀行一千萬鎊除撥付第一期兵費現存一百七十七萬四千七百五十四鎊十八先令一本士又四之一存匯豐銀行二百萬鎊所有佛郎兌價雖連兌鉅數銀市不

免遞張然籌辦較早距交鎊時日尚寬凡價逾二十五佛郎二十八生丁之外即令停兌其時鎊價最高至二十生丁半故得一如初定限價合同所載佛郎合鎊定價係每鎊合廿五佛郎廿八生丁不至吃虧計千二百萬鎊共提用三萬三百三十萬四千八百九十一佛郎五十生丁其每次詳細兌價另俟結報現值遼議將結尚需撥欵因與俄戸部之國債股總辦商定仍令銀行次第買磅以備續用以後情形容俟再陳俄戸部現議在中國設立銀行由此次承攬之俄法銀行數家集股合辦藉上海法蘭西銀行原基加本擴充分設漢口福州天津三處大約年內即可安設俄之講求東方商務此亦其一端也

再前擬寄呈邊界圖例言因篇內尚有刓改曾囑嘉興友人改就後逕行交文報局轉遞二百分未知已經發寄否茲再將寄洋之本奉呈二百三十分因裝箱濡滯特爲分批勻遞尚希於到時查收爲幸

照譯德外部送到租界節畧

中國通商口岸之有英國租界或間有法國租界已多年矣租界云者在通商口岸

有窄小地方使其國商人在此居住以便專一通商此租界內修築街道沿岸工程應設路燈預防疾病免滅火患等項以及巡捕職司各事均歸居住此租界內之商董與其國領事商辦管理在中國之德商因無本國租界未免散居他國租地界內幾作英法寓客事多不便中德商務日廣不便之處日亦見多所以德國商務相涉諸人日夕盼自有本國租界也德國國家因亦不能不以此議爲公允故按條約所載照最優待之國相待之語特告德國駐京公使與中國　國家相商應在相宜口岸商畫租界據駐京公使云應在天津漢口兩處商定租界曾接來文中國已允所商租界之說爲有理幷已告外省官員與駐該處德國領事議畫租界茲已由領事與中國地方官商明在此兩處口岸勘有相宜之地其漢口租界歸駐上海之德領事往商尚未接有詳信而天津來文謂所商頗有進步雖與地方情形稍有難處數端似乎可望商妥現德國應照中國所讓英法兩國租界利益之處外並非格外另索別項利益其租界之地原有業主或久租或價買應需若干德國照給至本地居

民應有便宜之處德國亦應優給也

致總理衙門總辦函 光緒二十一年九月

逕啓者九月初四日泐布使字第八十八號函計邀鑒入月之初二日奉電 旨與俄外部說明中國自造鐵路與彼相接欽繹 聖意正以借地修路爲慮並及俄外部不問遽辦等因弟以外部未言則派員勘路之舉諒據邊吏所報非有彼國明告我先允其自造疑於步驟稍速因擬探商戶部將接路前說再與申證俾借地之說愈得杜遏旋接衙門佳電始悉爲喀使來文所述凡駐使之言卽爲交涉明文理應與外部公言故商探又作罷論所有晤告羅拔情形業由元電請奏惟此役繁重果能辦到自造而議接事宜恐亦周折不少大約總須兩國派員在交界商辦矣自俄戶部經辦借款訂定後各國新報皆謂中國已允俄國在滿洲通造鐵路以爲相酬俄將干預海關等語大抵發端於英而德附和之此次遼議定時忽由路透電局在香港發電至英稱中俄已立密約以旅順口租給近日又傳巴蘭德赴華擬商辦官銀號事未知果否前

德館繙譯阿恩德已確知於旬日前起行矣竊以三國代爭遼地卒致賠給鉅款已非盡美而相助之國方挾以爲德各懷忮求在我尤不暇應接時局日艱曷勝憂憤

照譯德國推廣土地會人上宰相亨洛稟函西十月廿三 即中歷九月初六日

德國家近在中國天津漢口新設租界二處惜尚不能副本國臣民所望得推廣本國利權之益德國家應在中國得一合宜可靠地方或一海口或數島專爲保護本國商務特請宰相設法商辦此事並須不顧他國嫉忌之心會中人據上海德商來信稱如德國不得上海地方德國商務從此無興旺之日

致總理衙門總辦函光緒二十一年九月

逕啓者九月十七日奉布使字第八十九號函計已入鑒俄主加冕日期併稱在明年俄歷五月初旬即中歷四月初旬歐洲各國或其主自至或遣親藩暨大臣爲專使如期咸往致賀美國日本去年均不遣使明年遣否尚未悉中國雖已派使行聘而此舉爲彼國大儀仍應宣揚詔敕藉輯邦交惟另簡專使或即派駐使商諸俄禮官據稱向無一定宜請中國在二

三月前定辦知照俾早接洽特請堂憲酌核具　奏施行至各國常駐之使無論兼充專使與否屆時皆須赴莫斯科移設館舍循例會集以慶禮成並據駐俄最久之拜宴公使述及前俄主於西歷八十三年舉行加冕伊即在列所行禮節約以一月竣事其時各國麕至人衆塡溢用度酬應異常繁重現在頭二等諸使已次第預賃房屋遲則恐難合宜等情查光緒九年曾惠敏自英赴賀當時是否作爲專使使館無案可查現擬先浼土著議覓館房其餘應酌事宜應候衙門奏准辦法電知弟處再行陳布耳銀行借款項下業將付存各欵目隨時電陳其第一次所兌一千二百萬磅淸帳已據銀行開送並截結存息現正飭員譯繕卽可咨達第二次計磅一百四十八萬五千六百三鎊零應俟銀行帳到以次咨辦又匯豐銀行結報所存二百萬磅之半厘息欵計一千五百磅零昨日接到淸帳亦俟譯出附報兹先核開收付簡明淸摺以備存查統希查入爲荷再巴蘭德現查知係德銀行延充董事重赴中國攬辦貿易大約阿恩德卽爲其繙繹也又俄后於俄歷十一月初三日（卽中歷九月二十九日）晚產得一女命名爲倭洛戞

據俄禮官知照並以奉陳

再弟於癸巳春夏間迭以差期屆滿並俄地水土不善舊疾時作瀝請衙門早辦奏代去年夏初帕事停辦復經一再函電籲陳衰疾情形在案旋值遼海軍興不敢催請本年和局就範又值辦理借款催商遼議不得不力疾支持無如入夏以來因電件絡繹恐有稽誤未及赴鄉賃寓憩息以致頭眩心跳諸症時常觸發精神愈形衰憊現值經手事件漸次就緒差滿逾期將屆兩載而俄事艱重後顧正覺未艾萬難再以病軀勉强敷衍貽誤匪輕惟有據實迫求堂憲據情代　奏迅簡新任來洋接替公私幸甚至時事日艱俄既懷通道之謀德亦萌責報之志周旋兩大尤賴得人冒昧具啓惟堂憲鑒而察之

致總理衙門總辦函 光緒二十一年十月

逕啓者上月二十九日奉布使字第九十號函計邀鑒入歸遼之議經三國商妥仍由我與日本訂約付款收地最合事體之正德廷雖因借款事與俄意見稍立異同然當

和局將成之際英退處局外若無德出預則俄法合勢未厚遼事成否尚難逆知現由弟將德相暨外部大臣電請　賞給寶星以篤邦交並已照德使所稱預告之說與之接洽其餘自副大臣以下諸員應獎寶星係外部馬沙爾具擬銜名等第商弟代請謹從彙案之例一并奏乞　恩施馬沙爾尚擬及駐京德使并其參贊共二員摺內未經列入應請衙門俯允所擬另行奏請以符向案至俄外部人員已於唁賀案內給有寶星其大臣羅拔諾夫亦奏准　頒賞無可加獎惟遼事全由羅拔一人主持其定議撤開商約並設詞調停俄德不合之端最為有功（德外部堅欲賠費與頭二期兵費並付謂非此日本不允久持不決羅拔乃告德請先將專付賠費一層試商日本如不允再從德國所議德遂意釋）若藉加冕禮節致贈俄主之時於其重臣別有　錫予稽之西例自無不宜羅拔筦握俄國外政性情尚近和平酬庸之方即善鄰之備謹陳所見藉備堂憲采酌前函奉述俄國加冕屆期各駐使照例會集一節近又詳訪情形據拜宴公使稱上屆各館用費最多者法德公使均用至一百萬佛郎（約合現在銀價廿四萬兩）最少為比利時公使約用一萬盧布餘（約合七千兩）又查曾侯上屆赴賀並未

兼充特派之使所需公費係另請專款衙門核撥在案（撥數未能確知聞係三萬兩）現值經費絀乏自應力求撙節未敢援照辦理但各國觀聽所集苟於事體有關勢不能概從簡畧因思滙豐存鎊項下結存一千五百餘鎊不涉正項擬請將此項息款留撥作爲明年赴賀加冕之用有無贏絀事竣列報藉免另請經費之處敬候堂憲核奪茲有正摺一件片三件敬希代備　安摺飭遞是感

再俄艦借泊膠州澳過冬奉　旨與外部申明當於本日訂晤羅拔諾夫告以膠口並非商埠各國兵艦均未泊過中國顧重邦交特允暫泊務請預行飭告海軍將領一至春暖趕早開駛以免各國藉口中國爲難羅拔答稱中國所允俄國甚爲感謝應請中國放心現在本國海口將凍故須借泊明年一屆時候國家定必飭知該統領在最早機會駛回海參崴本埠向來兵艦皆在日本海口度冬現與中國親密故的量商借云云除摘要電奏外並以布陳查膠州海灣經西人考定爲中國能作水師埠之第一善地其地內灣寛深可容多艦外口窄束易於扼守口門左右依山爲險敵兵不能抄

襲後路實係天然形勝弟曾於光緒十三年奏請由漸經營建爲重鎭祇以該口在成山以南議者或謂距畿輔窵遠其實較之威海衛輪艦行駛僅遲半日餘程耳以後慨拓海軍非在此建埠難策萬全威海衛後路散漫非耗數百萬金築不連堡五六處不足完守節費扼險彼此懸殊用敢順便論及之又向羅拔詢及朝鮮近耗據云高麗王曾電請國主派兵保護王宮以俄無兵在韓無以應之其內亂詳細確情本部亦不能悉但令俄駐使酌辦現日兵在韓約八百名數已減少日廷已允俟事平後將所留之兵全行撤退如羅拔言東方當可無事矣

致總理衙門總辦函 光緒二十一年十月

逕啓者本月十五日奉布使字九十一號函計已入察弟因近時俄事稍簡遂以二十三日移駐德館以免蹤跡過疏之嫌在俄臨行晤羅拔諾夫據稱中國允俄艦在膠州海灣過冬昨已奏明國主亦爲欣感至屆時趕早駛回一層國主諭令照辦本部並與海部大臣將此事接洽免致中國有爲難之處等語其言似實特以轉陳又上月下旬

俄戶部大臣威特邀晤據稱中國現擬自造鐵路與俄路相接已經外部告知但本部爲中國代計目前未必有款又無熟悉工程之人辦理恐難迅速俄國鐵路至九十八年卽可造至中國黑龍江省邊界若華路稽延不成俄路仍不能通連至海參崴於俄國頗有不便莫如准俄人集立一公司承造此路與中國訂立合同祇要所訂章程無碍主國事權在中國可無他慮請由貴使先行電請　國家准由本部商擬合同草稿送呈中國核辦並聲明此稿准否仍聽中國並不作爲議定等語弟告以公司辦法與前奉本國訓條自造之説不同遽爾電請擬稿殊有不便威特謂此亦有理姑俟備稿奉閲再商迨數日前威特來館謂公司之議已經外部電飭喀使在北京商辦日內本部將所擬章程繕竣一併由外部寄遞喀使順便奉告云云竊查俄之瓦爾肖鐵路義大利之生郭塔山鐵路係由德奥等國公司承造其主國或納其稅賦訂若干年後購爲本國之產泰西諸邦原有此例惟揣俄商物力未必能舉此巨役且議出威特明係託名商辦實則俄廷自爲蓋卽借地修路之謀變通其策以免諸國之忌而釋我之疑

然既曰公司則如何議訂合同取益防損在我得操其權與借地之授權於人譬之兩害相權自覺較輕未審喀使已來提及否敢就所聞用備堂憲參證洋員漢諸根於夏間旋德前接來函云九月初七日曾電達總署條陳整頓武備情形德國兵部允爲幫勢久未得覆是月二十九日再電請示總署仍然無覆此事耽延多時未免令兵部願助之意有所不愜特請貴使代爲電陳以便得一是否確覆等情其如何條陳弟處均未能悉既據函請因於本月文報電附便轉陳想經衙門酌辦矣

再密啓者月初路透局自上海來電稱德國兵船集泊厦門將在金門島商立煤棧爲接濟水師之備數日後未有續音想與上月電傳中國與俄旅順同一子虛差以爲慰然德人向時議論東方情形每謂德國但事通商不求他利夏秋以來各報頗言德國須在中國海岸得一船埠方能保護商務金門之謠大率緣是而起近日俄報譯述德報謂此舉尚無明文並因前立購煤合同年限未滿故衆意亦未盡合等語所述似有邊際茲特飭譯奉覽現聞南北鐵路之役兵費續借之款均將商辦德之殷實巨商如

克虜伯廠德華銀行已派人在津守攬德廷極爲注意果使估價計息不增貴於他國則與德成訂似於以後交涉藉可聯絡中國此時凡營造度支諸大端無國不思著手其間操縱取舍宜由衙門審度邦交通籌定計若由外省承辦之員僅就一事一節計較損益竊謂尚落第二義耳統希堂憲鑒及是幸

致總理衙門總辦函 光緒二十一年十一月

逕啓者上月二十五日奉布使字九十二號函計早入鑒伏耳鏗廠鐵甲船式一節前奉電
旨令查明最堅利之船需費若干幾時可成電奏業於九月二十四日將鐵甲戰船穹甲快船兩式造價暨期限由電奏覆嗣後未奉衙門電示故該廠所呈圖說尚未譯送乃前日德外部接紳使來電稱衙門告以伏廠船須有圖方可酌定已由伏廠將圖趕寄因美國船廠有現成船圖送交中國屬弟先行電陳等情當由月之初三日電達茲特照譯船說並造船情形略爲衙門陳之查泰西甲船之制厥有三要曰鐵甲之厚也礮位之布置也馬力足而速率大也船之載重有所限止甲礮二項估重既

鉅速率又大則必加廣汽機多容煤斤亦佔重數故必一萬餘噸之船乃能使三者一一滿足推爲頭等戰船其次七八千噸者則就船所容重之數以分備甲礮與速率之事是爲二等戰船其間權衡緩急或減其礮位與甲厚而使速率格外加大則爲鐵甲快船西國以之越境涉遠（俄國甲船大率此類最多）或縮其速率而致力於甲礮是爲守護海岸之船西國以之自保蓋戰船爲體而快船與守船乃致用之權衡以主張軍事之利便者也顧泰西大甲艦吃水恒至英度二十五六尺中國海口深淺不同從前北洋訂造定遠鎭遠兩艦皆縮至二十一尺以內吃水既淺則推算甲礮諸重不免爲所牽制以故外國現成之鋏甲船必不能適中國之用而中國籌造船制轉比泰西爲難且自五六寸口徑礮創增快礮以後證以中日大東溝之海戰攻禦之具日益加密船制視前爲之小變此則中外異宜今昔異勢又籌議造船者所當審計及之者也茲據伏耳鏗廠開送鐵甲戰快船各一式所開戰船甲厚十英寸速率十八半海里壓水力一萬一百噸吃水二十五尺四寸船價連雷綱電燈六十二萬五百磅經費既鉅吃水尺寸亦於

中國情形不合其鐵甲快船原擬甲厚八寸配八寸徑大礮二尊吃水二十二尺壓水力七千五十噸速率二十海里船價連綱燈四十五萬六千五百磅弟以中國兵艦重在自防南北洋海面不特遠攻甲礮之利宜視速率爲重因與彼廠詳商准其酌添噸重改擬甲厚至十寸大礮改配十一寸徑而改減速率爲十八海里半截長補短以合於次等戰艦之制其壓水力比原擬加重五百五十噸吃水無可減縮稍改爲二十一尺十寸（英度以十二寸爲一尺）船價四十八萬七八百磅（因添噸重之故）其攻禦新法向來鐵甲專護下艙水淺而已今則更添中艙護礮之甲向來甲艦速率至大不過十七海里今增至十八海里有半向配快礮口徑至四寸而止今大礮而外兼配六寸徑長式快礮多至十尊船內彈艙備裝彈數均能增多向來房壁艙板必用材木今均改配鋼料此皆訂造要端聊舉大凡備與船說參核其船圖則伏廠已經備呈故不復寄另擬穹面平甲快船一式即前在英廠定造致遠靖遠之類而全船悉用快礮速率增大勝於舊制弟嫌其穹甲厚數未足六寸徑快礮僅止一尊因令酌量增益並減去年半海里速率以抵

其重數西人近論穹甲之船不能禦快礮炸彈不足以當海戰然船制輕捷以之偵探軍情接護運艘亦戰艦之輔現在度支不裕似可先造此式爲由漸擴充之地其船說一併譯呈至前奉衙門感電轉電楊通使詢各船廠鐵甲快船噸重速率等項鄙意以爲通使方涖西班牙通聘順便可在英法各廠比較嗣聞通使已於九月杪旋美道出英法未知曾否詢及亦未知在美廠考核若何惟美之甲船在光緒丁亥以前僅有瑪尼託耳一類（旋台式之小甲船僅可守口）海部謀造鉅艦而廠工不諳新法議院又不許購料於他國以是因循不果近三四年來始自造大甲船三艘其規制疏密尚未能悉南美洲諸國兵艦皆遠越大西洋海而赴英法德各廠訂造從未聞向美廠問津可以槪見故於江電附論及之譬之英非不善陸軍俄非不通製造然習步伐於倫京叩格致於森堡論者不能無不食馬肝之疑殆美國造艦之謂歟事關鉅役苟有所見不敢不以實陳也

再接衙門勘電查詢德相實星等第當據寶星章程並外部自擬緣由請弗加等電覆

計已鑒及查西國世襲之爵首爲王爵法文稱爲潑林次遞分五等各有稱名今畧以公侯伯子男當之拜是爵者率係異姓勳舊暨各國近支以降疏遠宗屬（近支親盡西制同於臣庶）惟潑林次之號各國世子及近支親王均用是稱（西人稱邸憲亦曰潑林次）向來譯者不能詳知西制親疏貴賤之辨遂以凡襲王者亦譯稱爲親王此紳使援請加等之説之由來也不知各國近支親王西制與儲貳均禮並居宮闈不在人臣之列其凡襲王爵者服官遷轉與常人同西人雖與親王同稱而但以世爵視之寶星章程載頭等第二給世子親王宗親國戚等親王與世子連叙明係專屬近支親王若與世爵襲王之人一體議給以後如有贈給世子暨近支親王之禮無可議加又無由別異辦理必至窒碍本年王使唁賀案內所請寶星等第經與俄禮官商定單內稱潑林次者三人（奏案亦譯爲王爵）其一人僅得三等第一蓋仍視其官爲差而不論其爵此次自德相以次諸員擬請寶星等第悉係馬沙爾索閱章程自行酌擬（前德主福里特里爲太子時中國曾贈頭等第二寶星常人自不能越請此彼部所知紳或未悉）想衙門據此轉告紳使自當釋然惟洋文親王名稱既少區別而章程宗親國戚未有

確指尚慮後來解說歧異致逾限制應請衙門立案聲明頭等第二寶星專贈給各國世子並近支親王凡例襲王爵者不在此例以昭畫一又章程載頭等第三寶星給各國世爵大臣總理部院大臣頭等公使等此條應以部院大臣頭等公使爲斷庶二等公使有爵者不能援照蓋西制襲爵最寬世族之家嫡派子孫無論多寡皆准襲稱故一人之爵傳之數代生育繁衍者即可數十人（王爵亦如之）西人但據以表別門望而官秩不能因之加貴誠恐各國駐京使臣偶有襲爵即用世爵大臣字樣越請頭等寶星則無以爲酬獎彼國宰相部院大臣之地故一併陳請及之統祈堂憲鑒核施行是幸

附錄伏爾鏗廠擬造鐵甲船式說（照原擬快船酌改）

船長在水綫處一百十二邁當又七合英尺三百六十九尺八寸兩立柱相距一百零九邁當又二合三百五十八尺船腰最寛處十八邁當又六合六十一尺（原擬十八邁當又二合五十九尺八寸）艙深由平甲艙面至艙底七邁當又四十三合二十四尺四寸半由上艙面至艙底十一邁當又九合三十九尺（原擬十一邁當又九十三合三十九尺一寸半）裝煤五百七十噸

凡吃水六邁當又六百五十五合二十一尺十寸（原擬六邁當又七合二十二尺）壓水力七千六百噸（原擬七千零五十）試驗速率一點鐘時能行十八海里半（原擬二十海里）駛行六點鐘每點鐘能行十七海里如照常行十海里裝煤能敷四千海里之用馬力一萬一千六百匹（原擬一萬四千匹）汽機兩分用直壁分隔左右兩艙每分有汽筒四個鍋鑪二十四具用橫直壁分隔四艙每艙六具艙之四周有煤櫃環之兼以保護在平甲艙面以上兩旁亦有煤櫃保護烟筒兩具尼格耳鋼甲用水綫腰帶式（尼格耳略如中國滇白銅性最堅鋼甲內參用此料阻力更大爲近時新式製造家試驗尼格耳鋼甲十寸可抵鋼面鋏甲十四寸）在水綫處中腰厚二百五十密里合十寸（原擬一百九十一密里）下端漸減至一百六十密里合六寸又四船前後水綫處厚二百密里合八寸（原擬一百七十密里）下端漸減至一百四十密里合五寸又六前後礮台甲厚二百密里合八寸（原擬一百五十密里）起大礮子彈甲井（由下艙通至礮台）厚一百六十密里合六寸又四前令台甲厚一百五十密里合六寸（原擬一百二十密里）後令台甲厚一百二十密里合四寸又八汽機艙甲厚一百二十密里合四寸又八下艙面平甲在汽機鍋鑪艙之上厚五十密里合

二寸前後厚四十密里合一寸又六平甲周兩層合配下層用常料鋼上層另用硬鋼中艙安設十五生快礮處船旁另添艙甲厚六十五密里合二寸又六其下端與水綫帶甲相接艦之前後有甲壁作尖形厚七十五密里合三寸以上礮艙甲堡式周護礮與礮之備此係新擬造法

查定遠鎮遠兩艦係用鐵甲堡式周護船之中腰而於船前後但以平甲覆護下艙視水綫腰帶式通護全船水綫處用甲爲省現考知海戰時敵船必先用五六寸徑快礮叢擊如船前後水綫處一受炸彈艙內即被裂燬彈孔並有水灌雖下艙無恙船已受損不便迎敵不如用甲通護前後水綫之完密德海部大甲艦均已改用水綫帶式今亦照擬之

大礮配克虜伯二十八生的（合十一寸又二）口徑兩尊（原擬二十四生的兩尊）安設前後台各一尊每礮在船內備裝彈七十五出又克虜伯十五生的（合六寸）快礮十尊分設中艙左右其前後四尊可以直擊每礮備裝彈一百出又克虜伯十五生的半（合四又二寸）快礮六尊

分設上艙面左右其前後四尊亦可直擊每礮備裝彈一百二十出又格魯森五十七密里（約合二寸餘）快礮十尊分配上艙面船旁及前後令台兩旁等處每礮備裝彈二百出以上各礮均四十倍口徑長新式又哈乞開司三十七密里（約合一寸餘）快礮四尊每礮備裝彈五百出又槍子礮四尊分配前後兩桅每礮備裝彈五百出又槍子礮四尊分配前後兩桅每礮備裝彈三千出又六十生的（約合二寸餘）舢板礮一尊備裝彈二百出以上所開彈數均係船上彈艙能容裝之數雷筒四具分設船首水綫以下一具船旁左右各一具船尾一具每具備裝刷次考甫嶙銅魚雷兩尾或三尾船桅兩枝各備大電燈一架裝足煤數九百噸裝備糧食數用四十二天裝備淡水數用十天員弁容住四百人電燈暨魚雷網均照式配備統共船價計英金四十八萬七千八百鎊（原擬四十五萬六千五百鎊）如定一船三十二個月成交同時併定兩船其第二船遲六個月成交

伏爾鏗廠擬造穹甲快船式說

船長在水綫處一百邁當合英尺三百二十八尺兩立柱相距九十六邁當合三百十四尺十寸半船腰最寬處十二邁當又四合四十尺八寸吃水四邁當八百又七十七合十六尺四寸壓水力二千九百噸（原擬二千八百噸）馬力七千五百匹試驗速率一點鐘時能行十九海里半（原擬二十海里）下艙面鋼平甲厚四十密里合一寸又六（原擬二十六密里）兩旁斜面厚五十六密里合二寸二分零在汽機鍋鑪艙之斜面厚七十五密里合三寸（原擬斜面均五十六密里）令台鋼板厚五十密里二寸快礮配克虜伯十五生的（合六寸）口徑兩尊（原擬一尊）均設船首每礮在船備裝彈八十出又克虜伯十生的半（合四寸又二）快礮八尊分設左右船旁每礮備裝彈一百出以上各礮均四十倍長新式又三十七密里（約合一寸餘）快礮六尊每礮備裝彈五百出又槍子礮六尊分配船桅每礮備裝彈三千出又舢板礮一尊雷筒三具分設船首水綫以下一具船旁左右兩具裝足煤數四百噸裝備糧食敷用四十二天裝備淡水敷用十天員弁容住二百二十人電燈照配統共船價計金十六萬五千五百磅（原擬十萬四千五百鎊）如定一船十六個月成交同

時併定兩船其第二船遲五個月成交

許竹篔先生出使函稿卷十三目錄

致總理衙門總辦函 光緒二十一年十一月

逕啓者月之十一日奉布九十三號函計早鑒入製贈俄主頭等第一寶星自奉衙門願電後即飭按式繪圖交森都金銀鋪諦審規模詳籌精製之法現經議定星質全用鑽石塡嵌每顆以金絲絡拖雙龍鱗片用金絲界畫中嵌細鑽仍用法藍點其空隙以符定色據該鋪估計需配大小鑽石除龍身及提環細料不計外約需二百七十八顆大者每顆二百五十盧布最小每顆十二盧布連龍身並金料造工約共七千零二十盧布並稱此件實係創辦須三月餘竣工此時估價止得大概等情業令選購上等純白鑽料挑用精巧工匠趕緊動造並飭員核訂確數開具細帳再行詳達至星面應嵌珍珠尤爲藻飾之綱領迭在俄都及柏林兩地親自物色雖有大顆率係橢圓匾圓等形不能合式近始有珠商自倫敦覓至一顆重西權五十二格林又半計合八分八釐一毫一絲零（十六格林又四之一爲一格垃姆據此推算）光淨而正圓實爲內地所罕見索值德銀一萬一

千馬再三減商始以九千馬成售其寶星大帶爲原奏章程所未及玆照曾侯咨案約繪圖式寄交供事董瀛在京繡製又慮時値封河函件濡滯復飭銷差隨員王鎭賢在粤另繡一件以備不逮月前羅拔曾言中國工物精美何以寶星在洋製辦弟以華產無鑽料須就近購配答之以故繡帶一項不能不自內辦寄卽所購珍珠弟赴俄發製時亦擬稱由都中齎到藉見貴重如喀使與衙門便論及此並請接洽擬款一萬兩上月十六日准上海道電知交德華銀行轉匯統俟辦竣專案結報前函譯送穹甲快船式說內載快礮克虜伯十五生的口徑兩尊注明原擬一尊今覆查船圖係原擬船首尾各一尊現推算改配船首尾左右各一尊計共十五生的快礮三尊特請更正至此項礮位及魚雷等件船廠之職但算載重之力能照式安配故礮雷價値彼廠均不計在內近來礮長增至四十倍開花彈改增鋼質（生鐵彈觸薄鋼板卽炸裂不能入艙內鋼彈並可穿堅）快礮彈添有銅殼魚雷戰頭加寬多實棉藥攻具愈猛造價亦較貴此項購費亦爲不小業經函詢各原廠查取諸價以備估核玆先譯送刷次考甫廠雷筒魚雷價單一件克虜伯廠

礮價單尚未寄到容俟續呈二十日晚德親王亞歷山德病卒係德主共曾祖之叔服屬較疏探詢外部謂但由使臣屆期赴教堂送殯無庸致唁故不電請前請俄外戶二部寶星摺件頃准衙門來咨業已領到矣

附錄清單

鐵甲戰船雷筒魚雷各價（未見船圖約估大概）船首水綫下雷筒（按照經遠來遠兩船所配者）一具放三十五生的魚雷用者價一萬九千七百五十馬放四十五生的魚雷用者價二萬四千五百馬　艙旁雷筒連球節兩具放三十五生的魚雷用者共價三萬一千馬放四十五生的魚雷用者共價三萬九千馬　船尾雷筒一具放三十五生的魚雷用者價一萬四千馬放四十五生的魚雷用者價一萬八千馬　壓氣櫃兩具立管兩箇放三十五生的魚雷用者共價一萬一千五百馬放四十五生的魚雷用者共價一萬三千五百馬　蓄氣櫃一具放三十五生的魚雷用者價三千馬放四十五生的魚雷用者價同　小蓄氣櫃兩具放三十五生的魚雷用者共價一千三百馬放四

十五生的魚雷用者價同　氣管水螺門湯氣螺門其湯氣管凉氣不歸刷廠承配價不在內配三十五生的魚雷用者價同　起雷重架連雷軌雷鞍鞍數十二雷之用配三十五生的魚雷用者價五千馬配四十五生的魚雷用者價七千七百五十馬　一切隨件按照經遠等船所配者配三十五生的魚雷用者價二千六百五十馬配四十五生的魚雷用者價三千五百馬　壓氣櫃蓄氣櫃立管各種備換件按照經遠等船所配者配三十五生的魚雷用者價六千二百五十馬配四十五生的魚雷用者價七千馬　魚雷十六尾三十五生的者徑三百五十五密里半長四千六百二十密里每尾連操練頭戰頭操練管引火管價九千馬十六尾共價十四萬四千馬四十五生的者徑四百五十密里長五千密里每尾連操練頭戰頭操練管引火管價一萬馬十六尾共價十六萬馬　棉藥連管內乾藥十六分配三十五生的魚雷用者每重五十七啓羅價三百二十五馬十六分共價五千二百馬配四十五生的魚雷用者每重九十啓羅價五百馬十六分共價八千馬　以上三十五生的雷筒魚雷等價統共德銀二十四萬七千八百五十馬

四十五生的雷筒魚雷等價統共德銀二十八萬九千七百五十馬（均照扣二釐半）

穹甲快船雷筒魚雷各價（未見船圖約估大概）船首水綫下雷筒（按照經遠來遠兩船所配者）一具放三十五生的魚雷用者價一萬九千七百五十馬放四十五生的魚雷用者價二萬四千五百馬　艙旁雷筒（用火藥施放魚雷）兩具放三十五生的魚雷用者共價一萬四千馬放四十五生的魚雷用者共價一萬七千五百馬　壓氣櫃兩具立管兩個放三十五生的魚雷用者共價一萬一千五百馬放四十五生的魚雷用者共價一萬三千五百馬　蓄氣櫃一具放三十五生的魚雷用者價三千馬放四十五生的魚雷用者價同　小蓄氣櫃一具放三十五生的魚雷用者價六百五十馬放四十五生的魚雷用者價同　氣管水螺門湯氣螺門（其湯氣管凉水管不歸刷廠承配價不在內）配三十五生的魚雷用者價二千七百五十馬配四十五生的魚雷用者價同　起雷重架連雷軌雷鞍（鞍數九雷之用）配三十五生的魚雷用者價三千五百馬配四十五生的魚雷用者價五千馬　一切隨件（合雷筒之用）配三十五生的魚雷用者價二千七百五十馬配四十五生

的魚雷用者價三千二百五十馬　壓氣櫃蓄氣櫃立管等備換件配三十五生的魚雷用者價三千馬配四十五生的魚雷用者價三千五百馬　魚雷十二尾三十五生的者（徑三百五十五密里半長四千六百二十密里）每尾連操練頭戰頭操練管引火管價九千馬（二十尾）共十萬八千馬四十五生的者（徑五百四十密里長五千密里）每尾連操練頭戰頭操練管引火管價一萬馬（十二尾）共價十二萬馬　棉藥連管內乾藥十二分配三十五生的魚雷用者每重五十七啓羅價三百二十五馬（十二分）共價三千九百馬配四十五生的魚雷用者每重九十啓羅價五百馬（十二分）共價六千馬　以上三十五生的雷筒魚雷等價統共德銀十七萬二千八百馬四十五生的雷筒魚雷等價統共德銀十九萬九千六百五十馬（均照扣二釐半）

致總理衙門總辦函（光緒二十一年十二月）

逕啓者上月二十四日奉布使字九十四號函計已鑒入借款頭期付息係由俄戶部國債股酌提八百十二萬佛郎留存銀行屆期備用據銀行會董面稱股票由各銀行

分頭發售各票戶取息又先後不齊須俟全批清付方能彙算故結報不能從速業囑該會董仍趕速料理俟其報到再行具陳所有後批兌鎊淸帳已據銀行開送均經譯出俟弟數日後返俄即可核定咨報矣近日洋報電信稱第二批借款已經在京訂定並悉德華與滙豐兩銀行商明合辦在我可免人情不周之嫌差爲順手克虜伯廠礮位價單茲已送到即飭照譯並酌擬子彈配數繕單備覽兵艦新制礮位貴密快砲之彈又須多備需費頗鉅非前造定鎭等艦情形可比堅利與撙節不能兼全就此時物力而謀船政似不能不出由漸擴充之計矣克虜伯後膛鋼礮與刷次攻甫燐鋼魚雷皆德產而最號精品西國向鑄大礮皆用熟鐵同治初間英國阿模士莊廠始造鋼管熟鐵套之礮然內鋼外鐵寒暖漲縮質性不一演放日久易致管套鬆離之病德人克虜伯自以秘法鍊鋼改造鋼管鋼套後膛礮門另用橫閂（英廠用圓塞謂橫閂費料然堅固不及也）礮之精堅遂出阿模士廠之上近來各國造砲無弗用全鋼然專家之法實自克虜伯創之至魚雷向用懷脫造法（譯曰白頭魚雷）雷係鋼製濡水易鏽拆洗周折思易以銅而銅性難任天

氣大漲力迄不可就自刷次考甫譯曰黑頭鍊燐入銅造爲魚雷遂成絕技至今他國莫能仿製前北洋在英廠分訂致遠靖遠快船而雷礮仍用德廠大抵造船則英法德皆有名廠各擅勝場惟砲位雷具斷推克刷二廠爲最善軍實利鈍之辨當今所急順便論及以備考察俄阿穆爾省總督杜哈斯基現來森都弟因赴俄歷元旦宮內歲會暫至俄館與之相見談次頗言兩境官吏均甚輯睦惟來俄應僱之華工良莠太雜屢致滋事現擬託喀使與中國官籌商在上海烟台訂章招工載赴海參崴想較可靠又云前李相以漠河金鑛事相託我均隨時招呼彼處運解金沙欲假俄境繞行至愛琿並隨兵三數人我亦允之現聞天津已易新總督我因李相前誼仍令照辦又稱中俄接成鐵路計尚需時俄國調兵難處在春夏間河凍將開不能走冰又不能駛船之時若假滿洲地方徑行不帶軍械想中國不難應允告以條約出入邊界卡倫言商不言兵此事未能懸斷彼云此時亦無此舉姑勿深論等語並以奉聞英法議緬越分界聞已畫押畫瀾滄江東西而守緬屬江場土司在江左者亦劃界於法議者謂英恐法糾俄論

埃及事故稍退讓近日英之亞非利加公司潛結英巡捕官率兵襲塔斯之爾民主國在好望角之北和蘭族類欲佔其土德主遽電英廷阻止德有商務並鐵路在後以此爲詞實則惡英兼幷英兵旋爲塔斯之爾所敗德主復電其國總統稱賀英廷諉咎於公司首領罷之並究巡捕官之罪可謂柔則茹之剛則吐之矣

附錄克虜伯廠礮位子彈價清單

二十八生的口徑四十倍長大礮一尊連隨件備換件零件共價二十五萬八千六百馬　砲架連磨盤面將軍柱旋礮仰礮及裝納彈藥等機用壓水力或人力共價十五萬六千三百馬　又護礮鋼甲罩厚一百密里五十及二十五密里不等重四萬啓羅價九萬八千九百馬　又起運彈藥自下艙至礮台另配鋼甲護井轆轤彈藥起重架用壓水力或人力車水機連水管共價六萬二千一百馬以上砲位連各項共價五十七萬五千九百馬　又鋼彈三倍半長每顆八百零四馬架栗色火藥每分六百三十三馬引火一馬鋼開花彈四倍半長連炸藥每顆六百四十三馬五十分火藥引火

價同生鐵開花彈四倍長　連炸藥每顆一百八十六馬五十五分火藥引火價同操練火藥每顆四百馬又配五十七密里口徑套礮連隨件共價三千一百八十馬套礮彈價與五十七密里礮所用同此爲平時操演礮準節省彈價之用　查現擬鐵甲戰船應配二十八生的大礮二尊連礮架等項每礮隨船酌配鋼彈五十出兩礮共一百出鋼開花彈五十出兩礮共一百出生鐵開花彈一百出兩礮共二百出計礮位子彈共價一百五十八萬七千四百六十馬十五生的口徑四十倍長快礮一尊連隨件備換件零件并礮衣中柱礮架鋼甲護罩厚二十五密里十五密里不等重一千四百五十啟羅　共價六萬一千一百五十馬又鋼彈每出二百九十四馬五十分生鐵開花彈每出二百十九馬五十分鋼子母彈每出二百八十四馬七十分又裝彈傢伙一副五百六十一馬修理舊銅殼壓水機一副五千三百馬口徑模子每副六百七十二馬又配三十七密里口徑套礮一尊連隨件共價一千二百四十馬套礮彈每出七馬六十分

查現擬鐵甲戰船應配十五生的快砲十尊連礮架等項每砲隨船酌配鋼彈五十

出十礮共五百出生鐵開花彈二百五十出十礮共二千五百出銅子母彈一百出十礮共一千出計礮位子彈共價一百五十九萬二千二百馬穹甲快船應配三尊彈藥照上分配共價四十七萬七千六百六十馬十生的半口徑四十倍長快礮一尊連隨件備換件零件幷礮衣中柱礮架鋼甲護罩厚二十五密里十五密里不等共價三萬五千四百三十馬又鋼彈每出一百二十七馬二十五分生鐵開花彈每出九十六馬五十分鋼子母彈每出九十三馬五十分盛彈筩每裝三彈每個七十四馬五十分又口徑模子每副三百五十四馬又配三十七密里口徑套礮一尊連隨件共價一千零七十馬套礮彈每出七馬六十分　查現擬鐵甲戰船應配十生的半快礮六尊連隨件等項每礮隨船酌配生鐵開花彈三百出六砲共一千八百出鋼子母彈一百出六礮共六百出計礮位子彈共價四十四萬二千三百八十馬穹甲快船應配八彈藥照上分配共價五十八萬九千八百四十馬格魯森式五十七密里口徑四十倍長快礮一尊連隨件備換件零件幷礮衣中柱砲架鋼甲護罩共價

一萬七千五馬又鋼彈每出三十七馬六十分生鐵開花彈每出三十七馬四十分鋼子母彈每出四十馬羣子每出二十五馬三十五分盛彈筒（每裝十二彈）每個八十二馬又修理舊銅殼壓水機一副四千二百五十馬口徑模子每副（價漏開未據報到）又配套砲用鎗子者連隨件共價八百十馬價查現擬鐵甲戰船應配五十七密里快礮十尊連隨件等項每礮隨船酌配生鐵開花彈四百出十礮共四千出羣子一百出十砲共一千出計礮位子彈共價三十四萬九千九百五十馬六生的口徑二十一倍長舢板快礮一尊連隨件備換件共價七千五百四十馬又生鐵開花彈每出十六馬二十分鋼子母彈每出三十一馬羣子每出十四馬九十分盛彈筒（每裝十四彈）每個二百十五馬又口徑模子每副三百三十馬　查現擬鐵甲戰船應配六生的舢板快礮一尊連隨件等項每礮隨船酌配生鐵開花彈三百出計礮位子彈共價一萬二千四百馬穹甲快船應配一尊彈藥照上購配價同

附開哈乞開司礮位子彈價值

哈乞開司三十七密里口徑單管砲一尊連插架護板共價英金一百二十二磅五先令叉鋼彈每一百出三十七磅九先令九本士生鐵開花彈每一百出二十二磅一先令盛彈筒（每裝六十彈）每個二磅十二先令六本士　查現擬鐵甲戰船應配哈乞開司三十七密里礮四尊連插架等項該礮子彈因天津機器局自能仿造每礮隨船酌配鋼彈五十出四礮共二百出生鐵開花彈一百出四礮共四百出計礮位子彈共六百五十二磅三先令六本士穹甲快船應配六尊彈藥照上分共價九百七十八磅五先令三本士此項價值未由原廠開送係照北洋飛鷹魚雷獵船購案錄出通計鐵甲戰船礮位子彈共需德銀三百九十八萬四千三百九十馬英金六百五十二磅三先令六本士穹甲快船礮位子彈共需德銀一百零七萬九千九百馬英金九百七十八磅五先令三本士原開套礮彈筒模等件需價無多未計在內再克虜伯廠定例照價扣減五厘前訂經遠來遠快船礮位扣減六厘哈乞開司廠定例照價扣減五厘合併聲明

致總理衙門總辦函 光緒二十二年正月

逕啓者客臘十六日奉布使字九十五號函計邀鑒入德外部借地泊船一說奉衙門冬電後於臘月十八日便晤馬沙爾告以中國如允德國則在東方有權之數大國必援照要索若不見允必致與我爲難德國有何良策能代中國弭杜後患馬云英有香港法有東京無須再在東方添埠俄已有海參崴且新允海澳過冬想不更有所求此外諸國更可無慮弟謂總署電云當紳使談及英法使屢來探詢卽可見其注意馬云彼若知德國所商僅止借地泊船當卽釋然弟謂中國總覺爲難馬云德國此事極願與中國情商既慮他國口實但請暫借數年若中國果有爲難德國或亦可代想法煩代達總署爲託又云中國仇人現在門內將朋友關在門外恐亦無益等語詞氣雖尚和平郤無鬆意所叩代籌一層亦確實擔承謹據轉聞迨弟於臘月杪馳回俄館晤及德使拉度林據云現在東方情形英日爲一局俄法爲一局相爭不能相合然俄法之力僅能抗英日不能駕其上須視德國所向爲兩局之强弱故俄自爭遼後仍約德國

合力德因亦願與俄合然非開埠屯船不足聯絡大約俄法二國決不因中國允德別生爲難之端德國既須預聞東事借地一節早晚決要辦成此非我職聊爲私告其言似有意聳動而於各大國離合近狀卻非飾言特附陳之洋員漢納根現住柏林弟移德時來見數次去臘初旬德主召令入見詢問中日海戰情事近日外部令其查攷南澳地方情形俟馬沙爾定期邀晤弟以臘杪來俄知馬尚未見漢容再探詢續聞德兵艦前赴金門島上岸測量近又詢察南澳不知其意何居耳昨羅拔述喀使來電英德銀行借款因議息不合罷商現由法使改商法銀行約可辦到五厘息所電當非妄傳度匯豐德華擬章必有萬難允辦之處始行另商英於此類事尚不極意計較德則不免生觖望矣俄主加冕之禮改派李相致賀經照會俄外部後據總辦格畢尼斯云自俄主以次至闔國官紳無不喜悅願見平日所企慕之人詞意頗爲墾至卽各國駐使亦謂中國派第一有名人出洋實爲難得之盛舉羅拔意欲格外接待商之內部尚未得覆應否賃館之處只可俟外部見覆再行酌辦又接俄外部照會奉俄主諭邀請各

國公使屆時赴莫斯科觀禮弟擬先期在四月初自森都前往兼候李相戾止照料一切使館所需房屋亦經託人租定矣俄法銀行續兌英磅業已報竣計二批三批共兌二百六十萬二千一百四十七磅所兌磅價逐漸減平查較上年九月歌電照合同限價估合磅數贏多二萬七八千磅尙覺順手歌電估二百九十一萬三千五百餘磅內連提存息欵造票費八百六十五萬佛郎此欵照合同限價約應除三十四萬二千一百餘磅淨得二百五十七萬一千餘磅至銀行每起所報兌價均經俄戸部國債股核過每七日另結一帳知照弟處亦頗得其相助之力又另存八百二十萬佛郎一項現據銀行報付頭期息欵八百零二萬佛郎二萬爲四分厘之一用費又付發寄股票費尙餘十四萬二千二百餘佛郎仍存森堡商務銀行照例計息爲五月西歷七月續付息款之用另候咨達

致總理衙門總辦函 光緒二十二年二月

逕啓者上月十二日奉布使字九十六號函諒邀鑒入中俄接造鐵路承鈔寄衙門摺片及各件彌佩堂憲維持邊計之至意其路如何取道上年五月間曾於俄報譯件附

述大概（在八十二號函）今據喀使照會證以游歷各俄員行程正與相合大約俄之悉畢爾幹路造至斯特列田斯克城（在敖嫩河西岸俄曰什勒喀河）分支轉東至粗魯海圖俄卡（俄游歷西二起所經）逾額爾古訥河入中國界過內興安嶺至齊齊哈爾省城沿嫩江松花江出吉林省城之北經甯古塔至三岔口出中國界而與海參崴至雙城子（俄稱尼果賴斯闊業）幹路連接此蓋經由我之陸地以達彼之海口推原取道之故自俄斯特列田城以北兩國以黑龍江為界江水北行轉東復折而南三面迴環俄若循此江左岸築路須增二千餘里多費五六千萬盧布自海參崴抵俄京須遲四五日避迂趨捷乃有接路之圖所謂弓弦弓彎之別也李家鏊條陳謂造路至營口旅順張香帥電奏謂至鴨綠江口皆誤以俄路歸宿在中國海口情形隔膜可以無煩置論茲就抽印簡明俄圖摘要貼注截寄奉閱凡原估現擬弧直之形我界彼境出入之迹不難了然矣惟俄廷現令喀使在京別商公司辦法情事又稍不同去臘杪羅拔諸夫面稱現接喀使來電本部所寄擬公司函件已到不久可與貴政府晤議云云計此時喀已開談此事重要想非一時可了以後有須

與外部辦論之處再候堂憲訓條辦理俄法借款第二期付息兼帶還本一節業與俄銀行商妥由上海俄華銀行收匯另咨具報查中國向借洋款每以爲取諸銀行所有售票一事不甚經意全聽銀行自爲（其實股票仍係中國出名非銀行自票）此次俄戸部代擬合同始照各國通例定訂自刊發股票以至按期付息等節均作爲中國　國家主持而銀行承理其事故算給票息俄銀號有兼付俄銀及他國錢幣之請現與約定統照佛朗數匯交俄華銀行辦法自較簡便但大批驟匯銀價免跌耗似宜預飭分期次第撥付稍資平準俄銀號復將所致上海俄華分行代收函據鈔稿署押送請存案（據內仍言一千三百二十萬此但約數不拘）並稱該分行總辦尙擬入都至鈞署晋謁請代先容等語其人查係俄戸部司員素究東方商務遂以調掌此局與巴蘭德之以舊使充商董同一布置矣函稿並譯備覽俄廷特備李相及從僚供應雖亦不過如接待王使之例然此次値衆賓自給之際獨施於中國賀使實屬格外交誼惟李相僕役連武弁學生帶至三十四五人俄外部暨禮官以爲太多慮難安頓經弟兩電致商仍未能減擬謀賃屋分住彼又不願祇

好聽之第二批借款近知法銀行議息五厘九扣未成衙門已與匯豐德華兩家成訂扣成較法款爲輕且於中德較涉不無聯絡固兩利之事也弟於上月杪自俄來德與外部商聘員之事業已備文照會但外部須轉行兵部陳請德主核定頗需時日耳

致總理衙門總辦函 光緒二十二年二月

逕啓者下月之初四日奉布使字九十七號函計邀鑒入奉咨選聘德員一節現據副外部大臣羅特汗面稱上次兵部所薦現任副將利伯特一員係奉國主允准不意貴使覆稱中國不用本部甚覺爲難已函告紳使轉達總署應俟此節商妥再議選聘教習之事告以前乃兩江總督張所託今奉總署訓條應分別辦理羅特汗謂前事未了兵部不肯再薦實難商辦等語查上年七月接張香帥來電欲請德外部保薦總兵或副將一員弟以德廷經薦皆現任官需給月薪必大且須兵部請示德主未易速辦兩次電覆請酌而香帥電稱費多亦可因卽照會外部十一月間彼部選定現帶德軍副將利伯特來館接洽並由外部面稱該將才幹可靠弟以所索款目過奢當於是月二

十日電請香帥核定久未得覆外部及該將屢向催詢經弟兩電轉催至臘月二十五日始准香帥電稱僕即回鄂難强江省留用望婉達德兵部道歉等語其時弟已赴俄隨電飭賡音泰繕函婉致該將並赴德外部面達抱歉外似亦無他辦法今由紳使陳於衙門未知其意何屬惟選聘教習不免因之耽滯殊覺悶悶兹特錄與張香帥來往電報並洋文函譯稿備案一切曲折想堂憲自能洞鑒至袁道所開合同章程賡音泰略向外部司員述及彼云月薪太少合同語氣太倨且無傷病卹項只可招致閒散無業之人若現任有才具有體面武員在本國當差有官可升年滿有恩俸可領未必樂於相就弟亦查與北洋向募教習之案不甚相符但目前未遑論及聊附陳之俄阿穆爾總督自述治兵勞苦語氣有冀望中國　恩施之意竊謂時局日艱事變日新東三省與俄境一水限隔動靜相關根本重地將爲邊要衝塗交睽則有擊柝之警誼浹即爲輔車之依惟有以情意聯絡藉濟兵備之不逮弟並據寓居伯利之華商紀鳳台山東黃縣人彼境僑寓華商之最殷實者如新加坡胡璇澤之流述稱前任俄督廊爾夫氣性高傲土客畛域之見太

分白杜哈甫斯闊業蒞任後華人有事具訴均肯申理僑寓之衆較能相安現華人在海參崴者合商販傭工幷計不下二萬人在雙城子者約一萬人在伯利者夏約二千人冬千五百人內地民船運載雜糧牲隻溯江至伯利售販每年大小約有千餘艘等語似於邊計民生均有關繫現任俄督杜哈甫斯闊業有意修好用敢專摺奏陳以示羈縻奏稿定後隨飭繙譯官陸徵祥預告彼甚欣悅並稱能在四月十四日加冕以前先得 批准電信以便面奏國主於兩國較情更覺好看尙請轉回堂交提早飭遞奉有 俞旨卽行電知弟處實於公事有益俄督俟致賀禮畢卽起行回任矣

再本月初九日由俄館轉到衙門庚電當由蒸電陳覆惟來電內開英金三十二萬六千七百餘磅查此項英金係三十二萬五千二百十一磅零經上年九月感電陳達旋復具咨呈報各在案六千七百字樣或係電碼之誤謹附函補陳並錄蒸電稿統希鑒核爲荷

致總理衙門總辦函 光緒二十二年三月

逕啓者上月十二日奉布使字九十八號函計已入察德廷選薦副將事業將洋函譯稿並與張香帥來往電報鈔奉台覽二十八日奉衙門宥電旋即約晤德外部副大臣羅特汗具述鈞署電意請其妥酌了結彼意蓋以江甯練兵乃國家之事張香帥雖去新任亦可接辦不當藉回鄂辭却故稱不合事理在我前後隔手之故既難顯言惟有電商香帥仍行延訂俾彌觖望應俟鄂中覆到方有端倪至德使言弟文稱奉 國諭飭延一節查使臣在洋凡有交涉公事照會彼國外部每以國家立言法文稱曰古惟勒芒德文曰額樓季隆克其語意較華文爲寬凡公家或官事官物之類皆可用之如各國官銀行每譯爲國家銀行張香帥用洋將爲統領來電稱係奏明故照會稱中國 國家在江南練兵至選薦兵官必須德主裁決使臣不便以總督張某所託徑告外部故渾稱接到訓條字意如參隨之於公使使臣之於本國部院皆可稱用敘法與上文國家字本不連屬德使以 國諭譯說用字過重以致堂憲疑弟將奏案之件作爲奉 旨之件聞而駭詫實非所料洋文照會業經上函譯呈茲再詳細對譯一通並附原德文錄備

證核上函譯稿第二中國字樣係順文理加入原德文無之此事本知辦理周折而香帥一再致電且係奏案不能不辦弟以上年七月杪繕發照會至十一月中德外部始行薦定隔距三月餘之久適當局面更動弟處電告香帥後値其交代事繁經二十餘日始有覆電辭謝外部與該將延待稍久不無齟齬事機均不湊手又初計之所不及料耳英德銀行借款事前由龔使轉衙門眞電德款股票由弟處畫押蓋用關防當卽知照德華總行旋據該行將售票章程送請判押發刋大約股票須在六月間造成俟屆時辦竣再爲咨覆伏耳鏗廠造船總辦齊莫曼來華一節前經德外部屬弟給函先容近據彼廠稱該總辦已抵都門有電令開砲位子彈雷筒魚雷各價等情德廠礮雷價單弟曾於去臘附函譯寄查彈數雷數購配本無定程但中日大東溝之戰因開花彈罄盡僅用操演鐵彈還擊不足以創敵艦致失事機故弟單酌配彈數較多而尤注重開花彈一項似聞伏廠擬配彈雷各數減於弟單以取費輕如衙門議及訂購應請參較裁定此時訂辦兵輪必籌鉅款正可一氣將砲彈魚雷配足若俟後陸續添補恐常年經費未必寬裕又

成因循矣

致總理衙門總辦函 光緒二十二年三月

逕啓者初二日奉布使字九十九號函計邀鑒入兗州教案奉衙門豔電卽訂晤德外部大臣馬沙爾詳述東撫現辦各端大致已如所請於主教安策爾甚有體面地方與情亦不過拂日久可以相安請其電飭了結馬無可否但云請備照會再爲酌覆弟又告以總署頗願速得覆音彼云接函後必趕辦旋卽繕文知照去後本月初七日外部函覆此案轇轕已將十載去年又有事出總署始與紳使議妥四端現在東撫所辦各端均與前議不合仍祈照紳使所請速結德國國家已經含忍不能再待等語造經摘要電達茲將原洋函譯呈統候堂憲鑒核南洋辭退德副將事接張香帥電覆擬聘爲武備學堂教習旋據該將託漢諸根來言伊現帶步兵三營差事不小若往華僅充教習實於局面不合云云意在仍爲統領但南洋勢不可商鄂又無練兵之舉無可位置卽以實情告之一面照會德外部申述南洋大臣更換辦理甚有難處謝其爲此事出

力并道歉忱請將南京聘員一節作爲罷論以便另商天津聘員之事云云以此轉外部面子譯稿錄呈鄂中教習之議再俟酌圖矣弟因俄廷先邀李相至森都駐使例有接洽等事即於十七日自德抵俄次日李相至止查俄外部初擬接待之舉雖已破格而接待尚從常例近則派船赴波賽遠接抵俄埠以後供應異常優隆所備莫斯科館舍尤極閎麗禮數且駕親藩之上聞皆出自俄主之意其詭洵屬可佩並聞先至俄都一層爲戶部大臣威特贊成此或別有用意未可知也洋員漢諸根面稱去秋爲整頓中國武備電請衙門示辦迄未奉覆大約在津所上條陳正値李相交卸未及轉送之故茲特另繕說帖請爲代遞等情該員自能華言隨令繙譯學生就彼所述略順文義錄出清稿大致練兵一萬八千人分配步馬砲工程等隊自統將以至偏裨選用大小德武員二百三十五人由　國家派大臣督轄每年共需薪餉二百五十九萬二千兩三年以後西員漸次裁遣補用華官至九年撤盡歲餉亦可逐漸節減并云能趁李相過德時與德廷商辦最好云云中國營官積習太深無可振作暫用西員轉移風氣此

法張香帥在南洋已行之但所議員額過多駕馭度支兩有所難因其析配兵額情形具有閱歷措詞亦尚無違礙未便壅於轉陳該員係請遞呈　督辦軍務處可否轉予咨送之處統候堂憲察奪

再弟自去秋至今每有感冒即觸動內熱心跳等症精神因此日疲據西醫云宜於夏令赴國南境乞新恆地方飲泉水數旬可以滌蕩積滯該處距柏林火車約一日程計俄廷加冕事畢弟須隨李相同赴德都迨李相自德啓行計時當在五月下浣擬即順道赴乞新恒暫住一月稍就調理凡有電件仍可照常轉遞辦理先此布達即希代回堂憲是荷

致總理衙門總辦函　光緒二十二年二月

逕啓者五月望奉布使字一百一號函計邀鑒入十八日暨本月十四日疊接衙門森字四十九號五十號等函敬稔壹是訂造穹甲快船情形業於上函布陳交船期限伏廠初稱三船同時造成至速必須十八個月詰令再行趕早堅謂不能但可先趕一船

故四月蒸電分擬一船十五月二三船十八月成交於敬電申敘其相距兩三月間亦可預備開駛事宜於同時駕回之舉並無妨碍統乞堂憲鑒核三船需配砲位及子彈魚雷等件價值細數業於去臘據原廠所開譯呈清單嗣將總數約估英金於四個電奉達克廠砲彈等價向例扣減五釐前購經遠來遠二船礮位曾與商扣六釐刷次考甫廠魚雷等件向扣二釐半此次告以現由鈞署親行主持必須格外減讓以表歷年交易情悃該兩廠均爲鼓舞允將砲位各價改扣七釐雷件價改扣五釐冀於撥購欵項稍得撙節至前開砲價衙門函論謂與克魯伯廠價單不甚合符此或擬配彈數多寡不同之故若論每項定價斷無兩歧所有收款定購等情另俟次號咨達又函論十五生的快砲尊數歧異一節前因九十三號函所送船式說誤開兩尊旋於九十四號函聲明船首尾配數情形以符九月敬電三尊之數歧異之端業經更正想已明悉又舢板幾隻業於合同節畧載明此爲船上隨帶之件與船式無涉去冬譯說故未敘及耳德副將李伯德不肯應教習之聘自願薦都司守備各一員赴鄂已經先後函達嗣

後過有各省彊省巡託商訂之事自當知照備案以副堂憲諄屬惟此類事件歷屆悉由託辦之督撫分別奏咨使臣向不另報選聘德員發議之初香帥有無相聞非弟所得過問迨知彼部將向衙門詢論隨即陳電馳達計在紳使來文之前弟責任應知照者似已辦及此中情節尚請堂憲兼資燭照俾昭持平也新建陸軍擬聘教習德外部仍未有覆詢之彼部則云兵部尚無定見近接德副將李伯德函稱此事兵部外部因與中國現意在意見不同不願明復而准本副將與貴使先行商議特擬辦法六端請轉達中國　國家酌定其六端照譯備覽大致謂德廷現查知薦員充當教習無益練兵實事因此不肯如聘本副將爲統領之任中國　國家可與伊立一合同應需德國官弁由伊自行選擇亦能斥退且願習學華語並令各官弁同習俾與中國兵丁接洽應請早復是否緣伊年資可升提督升後即不能再赴中國等語查德國素願我用其武員而於教習帶兵名目初不計較自漢諾根回德倡言教習無權辦事且受總辦文員節制於體面不合德主暨兵部爲之動聽以致聘員之事迭生波折德副將李伯德

現帶步兵數營訪之確爲德軍著名之人李相此次來德德廷卽派該將陪接並李相往赴其營陳兵演操其意亦甚殷勤但近接衙門眞電似陸兵督練局面已定袁道合同內雖有延訂參謀如副參等官之說但其事不離教習度非該將所樂就應如何以衙門命轉復之處尙祈由電示遵俾免該將日久延候漢訥根呈遞說帖事已遵電知照近又接外部函稱兵部有餘存軍械可以出售他國並開送各槍價値等因查弟代伊犁所購單響毛瑟槍每桿帶刀頭十四馬毛瑟馬槍十二馬均連裝箱及運至海口費在內卽係兵部所存之鎗現開鎗價惟馬鎗稍廉而步槍實比經手人轉售更貴又每槍限配百彈亦嫌不便伊犁每槍配五百彈已由弟以照函轉達中國致覆另譯原文以備存查喀使所荐丹國守備已飭繙譯官陸徵祥遵告俄外部據總辦格畢尼斯稱該員在丹當差現未知在何處容俟查明令其來領川資先此附聞俄阿穆爾省總督等員寶星執照業已照數遞到收訖華俄銀行匯款據該總行函報收齊業經結算咨達總行人亦稱前議滙價小有不合實因滙豐相阻之故與衙門函述相同華俄與承辦原銀

行貿易一氣交款順便其勢不能再有他行參預矣弟自五月二十四日前赴克新恆城就地延西醫診治排日飲鹹泉數杯繼以洗浴至月之二十日遄返德館察知脾胃內熱稍得清理所有應商鐵路事宜隨時由電陳達現因華俄總辦告假暫赴奧境去柏林較近弟卽在德候信商辦暫未赴俄並聞

再奏贈俄主頭等第一寶星業於本年三月間先後製成正副寶星賫交李相接收於四月間咨達並聲明收支各欵另俟核報在案嗣據承辦寶星俄法金銀鋪送到正副寶星照片各一件於珠顆鑽石形式均甚清楚用特轉行送呈藉備查覽所配大帶在京所製電託李相帶出與銷差隨員王鎮賢在粵所製二帶同時收到惟頭等第一係用金紅色帶京製帶料紅色較重經與李相酌擇定用粵製金色多於紅色之帶以期合宜所有京製頭等大帶現在使館收存並以附聞

致總理衙門總辦函 光緒二十二年九月

逕啓者月之十三日奉布使字一百五號函計已入鑒商設海參崴領事一節弟於十

五日與基斯敬面晤據稱海參崴係俄國兵埠非商埠可比向未允准各國派設領事一允中國所請他國即可援照殊多窒礙若中國仿照法德二國派作通商委員此可允行該員亦可如領事之例在彼常駐等語弟告以我奉總署訓條係爲商設領事起見今貴部但允派爲通商委員應請備一照覆以便轉報　國家酌核並望速辦基允如命查該埠既無各國領事難允中國獨設自係實情既據允派通商委員似亦可行但此等公事應以文件爲憑擬俟彼部復到情形相符當即電聞謹敘問答要端備查

又上月中有英國武隨員白魯恆派赴北京當差取道悉畢爾至恰克圖入中國境由英使歐格納代送護照請驗蓋戳其時弟尚駐柏林關防隨帶在德因電飭二等繙譯官陸徵祥暫行蓋用參贊官關防照案驗訖該武員旋即起行迨弟回俄歐使復請知會庫倫大臣招呼一切因計時行文不及當即電致恰克圖部員照約保護并轉稟辦事大臣飭屬辦理等語旋接某部員用俄文電復未有碼本不能繙查復飭改譯俄文電達並將原電文備牘知照惟查俄之悉畢爾東境鉄路漸築漸長俄國及各國官商

由此往來中國比前增多恰克圖為入界首程恐以後遇有交涉或須通電之處擬請發交該處部員電信新法一本（常用之本十五年所刊者）以備有事接洽統候堂憲酌奪是幸俄戶部大臣威特出游初旋弟近與晤及據稱鐵路公司章程俟俄主回國即可議定并須遴舉公司會董數人以專責任俄主尚擬遣官答贈中國　皇上寶星並謝中國允許設立公司之美意其人擬即留住北京經理公司之事以便與中國所派首領官隨時商議詢以公司派往東省勘路之工員此時已否辦竣答稱尚無實在稟報現在約擬造路次序第一年運送材料及起造工程員役住屋第二年勘丈地段第三年始能開工築軌弟言前訂合同時僅及勘路大概以後應需地面廣狹尚宜酌定章程俾免彼此臨時爭論威謂所見不差大約公司有人在北京常住此事似易商辦等語此係遇便談論順以附聞前據俄報稱倭赫托穆斯基所辦報館擬欲頂讓有前往中國之意稅務司柯樂得亦言及之其人係世族襲有王爵與俄主有舊然僅掛內廷秩銜並不供差此次又預聞公司之議威特所言殆意在倭赫矣

許竹篔先生出使函稿卷十四目錄

致總理衙門總辦函 光緒二十二年十月

逕啓者九月二十六日奉布使字一百七號函計已入鑒前准李傳相知照派留稅務司德璀琳與德外部商辦加稅之事玆據該稅司來函稱德廷須中國讓給兵船埠地始允加稅經伊竭力辨沮並因英國意在中國廣造鐵路使商貨易銷以期兩益乃爲用德款德人辦理鐵路之説勸德外部舍索地而興商利伊即以本月初旬起程來華銷假面陳情形又稱於謁辭德主時陳請德主贈送中國　皇上寶星派副將李伯德齎往順便商論整頓軍實之事以表德國友誼各等語特將其前後兩函譯呈前日俄報已述德派李伯德赴中國又接漢諸根函稱該將係齎呈黑鷹寶星差使似其事已確而德外部尚未知照已令賡音泰探詢另俟電達德璀琳力阻索埠用意頗忠但其所擬造路一端於中國現辦情形未知如何李伯德曾有帶兵條陳轉呈未奉衙門示復如其果有此行賓筵酬酢之間堂憲正可察其所長權衡要計耳近德使電其外

部鈞署已定議分遣駐德專使知報滿之請已荷施行曷勝企幸德廷如有齎贈寶星之舉在我亦誼應酬答正可乘新使來洋之便奉　詔報贈固一機也

再正封函間接賡音泰來電云外部告派李往華目下尚無定見等語未知究竟若何容俟續探再聞德主此舉爲德璀琳一言而動文筆不免稍突躊躇中止固黄老省事之例耳

附錄九月二十五日（西十月三十一日）稅務司德璀琳來函

奉李中堂派留在德商加關稅一事特爲貴大臣陳之查德外部大臣馬沙爾前此不以李中堂商加關稅爲非者因欲中國讓一海島或一口岸與德爲儲煤屯船之用某又探知德國新任駐京公使海金奉有訓條向中國商辦此事並聞德外部之意非此不肯允中國加稅之請故夏間馬沙爾請假時某先在倫敦柏林設法廣登新報以感動人心想英國商務較廣如果允加德亦不能不允所以某隨李中堂至英住至四禮拜之久漸知英國於加稅一事亦不甚阻駁蓋欲中國允以興辦鉄路

如法管理使商貨銷路日益推廣也茲於八月二十八日（西十月初四日）謁見馬沙爾晤商甚久知德國索地之意仍未改變且知新公使海金所奉訓條在京商辦期在必成因告馬云中國現因賠償日本兵費將稅關抵借債因此中國　國家諭告李中堂與現在通商各國商加關稅以補此款現俄法美三國均允如他國允加亦一律照允即英國各埠商人亦云中國加稅事却亦有理故英外部言中國興辦鐵路並內河行駛輪船亦可允辦若德國謂不讓口岸不肯允商一說竊謂不甚妥善緣德國有此口岸必須建造砲台方能保護其地然德之兵船有限如果俄法英日本欲破此口岸當亦不難在中國則慮各國藉此亦欲各索一口其勢必不能許即德國果允加稅中國亦不能允讓也德國辦法非將其事作罷惟有用力取之若果以力佔踞於德實有損無益蓋向來自稱爲保護太平講信修睦之國德皇致電南阿非利加之民主國首領道賀之事英人迄未忘之如佔華地他國聞之必至笑我言行不符矣中國立國最久不易動搖現因日本戰事力量不足德國應設法帮助使中國

仍爲萬國中一完善之大國以免日本將來再啓衅端如貴外部大臣意見相同某有芻言奉質　一德國允加關稅中國允用德國資本暨德國之人築造鐵路及開礦之事　二德國以友誼帮助中國使之興旺　三索讓海島及口岸之舉可作罷論應需修理船隻購備煤斤即在通商口岸辦理　以上之言馬沙爾聽罷默不作覆現在欲將此事轉告中國故擬回華銷假定十月初四日（即西十一月初八日）由柏林登程十四日（即西十八日）在那波里搭船請酌告中國並李中堂爲荷

再李伯德事中國仍無消息伊仍願往中國代爲整頓軍務現聞天津漢口吳淞所延西人教習並無進步以無一定章程不過徒糜帑項耳如有李伯德整頓將來敵兵不能到北直隸矣

附錄十月初十日（即西十一月十四日）稅務司德璀琳來函

某於十月初五日（即西十一月初九日）謁辭德皇進言中國情形婉勸德皇罷索口岸帮助中國使之振興並請贈送中國　皇上寶星以表明德國友誼即派副將李伯德齎

往該將可趁此機會將如何整頓軍務轉告中國德皇疑此舉兩無益處因復言中國軍務如人之患病李伯德乃醫病好手薦醫治病正朋友之道卽使不成亦可使大衆知德皇實有好心德皇云此事俟再酌定我卽辭出如果派出李伯德大約兩禮拜後卽往中國擬住北京數月現盼望貴大臣諒我在此辦理之心將此事轉告中國 國家使某到華容易商辦至感本日晤辭馬沙爾亦言願與中國和好也

致總理衙門總辦函 光緒二十二年十二月

逕啓者上月二十二日奉布使字一百十號函計邀鑒入俄公司請派總辦暨頒發鈐記並現擬鐵路地圖各節業經由電陳達公司總會專爲集衆議事裁決可否其辦事樞紐仍歸總局該公司現推局董蓋貝次爲副首領總掌全路之事其稱以副者蓋以首領官名目歸於中國總辦也總局又派定俄工師茹格惟次爲造路總監工此二人均經羅啓泰來館領見據茹格惟次稱擬以俄三月初旬啓程由海道至海參崴卽赴東省勘辦路工並擬先從中段松花江一帶先行動工等語茲就公司所送會議節略

譯奉察覽又原送路綫圖一幅酌要譯標地名以備考核地名據用胡氏林翼一統輿圖圖內原繕紅字俄文皆預定停車名色無關目前實事故未照譯此圖卽俄九十一年刊行之亞洲俄國南界圖出在洪本之後測繪較詳前承衙門函屬酌譯東三省地圖輒因精力不周因循未辦又行篋未帶東省方志諸書俄文地名無漢文可校切配亦苦無據此次路綫所經一切地名若俟勘辦路工時由所派譯員就圖隨地查詢漢名逐一註配方免中西扞格之病另備俄圖四幅因卽日赴德未及將路綫摹塡請飭繪圖學生加摹冀備發寄外省之用統乞堂憲鑒察是幸俄廷以駐丹麥公使模哈惟亦夫派充外部大臣稱銜尚用署理其人年五十二歲曾經充駐德頭等參贊多年又派外部文案總辦拉姆斯托夫爲副大臣基斯敬調授議政大臣秩尊而無常職東方股總辦亦聞有更動之說尚未有確聞也弟以月之十三日行抵柏林又以奧國王宮歲會馳赴維也納於十六日返德館專此布聞

再寄甲快船船身汽機章程並隨船物件清單現已譯述竣事特此繕呈乞與前寄之

正合同一併存案本月接衙門東陽電恰克圖部員處已發現行密紅本謹已祗悉近奉咨行日本商約及馬關條約尚請再發各一分以便分存俄德兩館爲荷

致總理衙門總辦函 光二十二年十二月

逕啓者奉布使字一百十一號函並圖件計邀鑒入黑吉鐵路之役弟蒙　恩派令總辦公司事宜業由皓電先行具達道員塔克什訥擬派在京隨辦奉到衙門漾電知已核准轉飭弟前與喀使論及俄廷允設海參崴商員一節喀卽推舉該道以爲其人穩妥可信因其祗係泛論故未轉陳現值公司派員在京以之就近禀承衙門轉與接洽似尚合宜本擬在此夾摺內附奏旋思專謝之件未便夾片祗可隨後再辦俄報述自拜喀爾省之敖嫩車站起築枝路經過中國地界至雙城子與烏蘇里幹路接連共長一千九百二十俄里在中國界內計一千四百二十五俄里每俄里造費約五萬盧布統需俄銀九千六百萬盧布等語據公司稱此時工費尚難確估其在東西俄境內兩段枝路或並交公司包造或歸官造俄戶部亦尚未定弟俟正月初三四日卽當赴

俄與公司局董籌商勘路應辦之事屆時再行電聞茲有正摺一件敬希代備 安摺飭遞是感

致總理衙門總辦函 光緒二十三年正月

逕啓者客臘二十四日奉布使字第一百十二號函計邀鑒入新正二日德國宮內茶會弟照例前赴德主面言本國駐京公使海靖承中國 國家相待優厚甚爲欣喜請爲轉陳貴國等語弟旋於初三晚起程初五抵俄俄廷今年宮內不舉茶會蓋因俄后懷孕將屆足月並以勞動致疾不能見客之故喀使去臘下旬道出德都復與晤及據國家仍願伊回任現俟至法境養息二三月酌看氣體再定也吳克托穆斯基爲俄主派送禮物伊得信先來相告並言去夏早擬有此役因外部羅拔諾夫與之不協特請國主將答贈寶星寄至倫敦託李傅相帶呈因此沮止今日始遂此行等語因由陽電先達月之十六日俄外部大臣模哈惟亦夫交送節略始爲明文復由銑電具達西國邦交凡常駐其國者爲駐使特派辦事或慶賀禮節則爲專使此外兩君交際較密又

有遺官通問之例吳克此行正與相似外部請照喀使禮節蓋欲援照二等公使爲比例耳原節畧譯呈哈幷言吳克至中國送禮以外不辦出使之事惟有權可商鐵路事件又近晤戶部大臣威特亦言吳克送禮差畢伊現充鐵路公司局董順便有事商辦弟詢所商何事威特謂如定勘路綫及開采煤礦之類俟吳克臨行時得有國家訓條伊必來詳告云云謹就現在情形先以奉聞東方總辦現派新員日拔西里係駐翁嘎國即馬加總領事調補格畢尼斯已調他差彼部此缺專掌東方交涉事權頗重格畢情性執拗帕米爾界議周折半由於此新總辦尚未到任未知辦事何如耳俄文學生邵恒濬在洋塾因飲食不習屢次患病遂於十月杪移回使館在館另延洋師教授並以附陳

再公司勘路事宜弟於去臘下旬先飭繙譯官劉式訓轉告羅啓泰預籌一切羅稱應請中國　國家將公司所擬造路方向核准一面請照合同由總辦派員與公司所派監工人等會同東省地方官隨時商辦且謂公司員匠與地方官彼此生疎全賴總辦

所派之員居間傳達冀免不協員數不妨寛派經費均由公司承撥其意尚爲坦實弟到俄後於月之初六日晤及則言俄戸部之意欲將原擬路綫改移而南副總辦蓋貝次及總監工茹格惟志皆不願總辦派員謂可逕自辦理我據合同執論尚未定議等語弟向蓋貝次將合同第二條申述始無異詞現擬俟茹格惟志起程時酌派法文俄文各一員與之偕赴工所以資照料並兼查察員名容俟派定咨報改路一節據羅啓泰稱因興安嶺山峻雪大擬逕由呼倫貝爾之東過嶺經伯都訥至吉林始折而東或仍經齊齊哈爾以達伯都訥弟謂吉林一帶民居較衆撥地不便恐 國家不願且自齊齊哈爾之南須經行蒙古境内爲兩國願訂憑件未載亦有窒礙不如用原擬爲便羅言兩國所訂情節實未能悉即當轉示各董但我或可勸令不到吉林恐勢難沮其不經蒙古羅旋以有疾告假一月赴他國調養十二日臨行言俟公司改路定議當再繪圖送請中國核定查接路之議在我本交華俄銀行承辦故無總辦羅啓泰定訂合同羅爲銀行鉅商辦事必務實守信尚爲可靠自設立公司糾股舉董副總辦蓋貝次

及局董羅瑪諾夫（即俄戶部之總文案）名曰公舉實皆威特指派羅啓泰權爲所分稍稍異於初規公司現推蓋貝亥爲領袖其人外示謙和親密迴不如羅之推誠弟惟愼與周旋期於羈縻就範而已總監工茹格惟志擬以下月中旬在俄都起程偕副監工伊格那底文案希廓甫（現任鐵路部大臣之子）附輪至上海再由海參崴取道前赴吉林等處此外各員匠另分數起先後前往工所經弟照會公司催開姓名人數尚未復到惟江吉等處大吏應早爲接洽預備特先將公司選派總監工情形具奏請　旨飭行其餘各起俟得詳情續咨衙門辦理鐵路公司合同擬請刊印頒發東省以便衆覽其銀行合同似可不必幷刊再去臘奉陳庚電公司函請頒發鈐記未知衙門已否核辦此係合同第一條所載藉寓維繫名實之意現該公司雖不催請在我總以查照合同刊發杜彼以後口實該件並請照例鑄用銅質俾遠人知所鄭重以上二端統候堂憲核奪是幸致公司照會幷來件一併譯呈茲有正摺一件片一件謹請代備　安摺呈遞爲荷

照會鐵路公司總局漢文底稿

貴局除總監工外所派員匠赴東省勘路共分幾起每起頭目人是何姓氏各項匠役各若干人約何時起程由何處入中國境請煩分別開示以便及時報明 國家轉飭黑龍江吉林地方官查照派員赴華乃公司與中國 國家開端交涉之件而總辦本職必應居間經理接洽茲特函請俟各項派定後即爲照覆因用公文知照路遠頗需時日也

光緒二十三年正月十八日

致總理衙門總辦函 光緒二十三年二月

逕啓者上月二十日奉布使字一百十三號計邀鑒入俄公司擬改路綫情形已由上函奉達茲據函稱前擬造路方向本係經行呼倫貝爾齊齊哈爾呼爾暨甯古塔之北續據測量工員查得興安嶺山竣雪大車行易阻若將路綫改移向南山梁較平穿洞工程較省嫩江松花江兩處造橋亦可減短特就原圖添繪新綫送請核閱弟當即復以候據情將圖件送譯 國家核定再行知照等情查該圖所繪新綫係循原綫至呼

倫貝爾改向東南沿依奔河烏奴爾河（即依奔河之北一支）過嶺沿綽爾河上流（原綫沿雅爾河）度河經蒙古札賚特旗地度陀喇河沿嫩江西岸經蒙古郭爾羅斯前旗地（旗界尚未確攷）度松花江至伯都訥沿松花江北岸至甯古塔（原綫過蘇爾胡城）至瑚布圖河度河出界竊維西國築造鉄路專取縮轂省會並多歷稠盛城鎮以收養路之利惟現在連接俄路以中國邊要爲西人通塗在我計算又在不至省會以免貫穿重地少經稠盛城鎮使土客易於相安但我之所便正彼之所妨勢不得不斟酌地勢緩急以期就範現據新擬路綫以伯都訥爲中路頓站視原綫所經呼蘭城地段稍南民居較稠惟該公司改道初意因不經齊齊哈爾省城欲由伯都訥南至吉林再行折北經弟告以腹地畫撥周折且援兩國約文未及蒙古之據藉以阻其南轅彼知迂繞理絀始擬自伯都訥逕行往東不至吉林邊門以內亦不繞雙城堡拉林諸城據公司業以爲遵體中國情形留意譴歉其取道蒙古一節據謂實因山嶺形勢所限竟無繞法等語現公司擬令茹格惟志就現改新綫履地復勘用敢兼權理勢詳陳實在情形候請堂憲核奪以便轉飭該公司遵

行原圖擇要標譯一并呈達（所譯地名可與前呈圖互查）又該公司所稱穿洞造橋工程各節弟邀總監工茹格惟志詳細叩問據云原綫度興安嶺須穿山洞兩次一約長九百薩仁（每一薩仁合營造尺六尺八寸零）一約長八百薩仁新綫度嶺處止須穿洞一次或竟不必穿洞叩以兩處山高情形據云興安嶺各處高於海面尚未有測定尺寸然據工員所查大約新綫所經山梁比原綫約低五十薩仁因此知所穿山洞自必減省計旬日內外有詳圖送到再可詳告又云原綫過嫩江約寬二百至三百薩仁新綫一過陀喇河口省一過江大橋松花江未會嫩江以前江面尚狹較原綫在下流過江造橋容易等語附陳以備考察至俄戶部大臣威特前言欲令吳克托穆商辦勘路近吳克述及卽係改路之事俟接訓條卽當奉告云云吳克現擬附乘三月初五在折奴阿開駛之德公司船前赴上海容另電聞

再洋報近傳朝鮮王已由俄使報遷回王宮並經俄報刊述去年俄日約款兩分一爲俄外部與日使山縣有朋在莫斯科所訂一爲俄日駐朝鮮公使所訂兹特照譯約文

藉備察覽

附錄鐵路總局來函（二十三年二月初一日到）

查九十五年勘擬鐵路方向原定經行呼倫貝爾齊齊哈爾呼蘭城及寗古塔之北次年復徑工程委員在興安嶺查得改路向南經行伯都訥則山路較易冬日車行可少雪阻曾將此節陳達台鑒兹特重擬路圖奉呈查此路南移則與安嶺地洞及嫩江松花江之橋較短造路可速現格囑總監工茹格惟志前往按照現在所擬方向就地復勘倘因工程起見須稍有改移准該總監工自行酌定再行繪圖呈核爲此函送新圖謹請核閱以便發交總監工遵辦

覆鐵路總局函（二十三年二月初三日）

前接貴公司送閱所擬路圖當將路程方向電達 國家並呈寄原圖在案兹承函送新圖均此致謝惟查改路乃重大之事本總辦應循照職分將來圖及函內所載改路緣由詳達 國家聽候核定俟得有訓條再當奉告

照譯日本專使山縣友朋與俄外部在莫斯科訂定專條

第一款　俄日兩國爲整頓朝鮮國帑起見應勸其國家汰除糜費務期出入相抵如日後因整頓國事須借洋債兩國應和衷帮助辦理

第二款　倘朝鮮財力足以練養戰武巡捕兵彈壓地方不用他國濟助則俄日兩國可聽自辦

第三款　現在日本管理之電綫仍歸接管以利傳遞俄國可在界上設立電綫接至漢城日後朝鮮財力稍裕即可出價收回諸綫

第四款　以上各節倘日後有須詳確辯解或別有他事務須和商之處兩國駐朝鮮使臣有權可和衷商辦

俄歷五十六年五月二十八日訂於莫斯科城

照譯俄日駐箚朝鮮公使各奉國諭在漢城訂定條款

第一條　朝鮮國王應否回宫悉聽自行斟酌定奪一俟宫内安謐俄日使臣應婉

勸回宮日使允竭力設法禁遏日本滋事人民

第二條　現在由朝王自行選派之各部大臣大都近二年來曾任部職及他項重任之職兩國使臣應力勸朝王任用明白和平之大臣並寬待其國人

第三條　俄日使臣商定按照朝鮮現在情形日本應在數處留兵駐紮以便保護漢城釜山電線所有三隊戰兵應赶早撤回代以巡捕兵分駐漢城釜山之間每段各十人安東五十人尚州五十人（二地配擇尚未盡確）將來駐紮之處雖可更動而兵之總數不得過二百人一俟地方安謐亦應逐漸撤回

第四條　日本在漢城並各海口可留兵保護租界以防土民計漢城二行釜山一隊仁山一隊每隊不得過二百人駐紮租界附近處所一俟地方安謐卽行撤回俄國可派兵駐紮諸處以便保護本國使署及領事公署惟不得過日本兵數一俟內地安謐亦應撤回

俄歷九十六年五月初二日訂於漢城

致總理衙門總辦函 光緒二十三年二月

逕啟者本月初四日奉布使字一百十四號函計邀鑒入俄主遣官送禮業據外部面復備書并送譯稿於月之初八日電達在案查西國君主致書他國之君其式有二一曰憑信之書係外部繕辦由其君署押凡駐紮頭等二等公使暨特派辦事或禮節專使所齎皆是星軺指掌謂之使臣文憑亦稱爲國書一曰親繕之書或其君手泐或由宮內文案處代繕加押如遣官送禮及通問用之（西國兩君交際有派員面呈手書之例）其實就文義論之君主署押書函均可謂之國書其所施用則有區別西例遂各爲之稱中國體制自

朝廷所遣皆得稱使泰西公使專使另有明定職秩等第惟有憑信書函者（書內載明使臣職秩等第）乃膺是稱此外所派之官行文投刺但能用其現任本職不得稱使吳克托穆奉派但爲送禮不辦出使事件無庸有憑信之書外部所謂國書不應備之故蓋在於是（亦因此舉俄戶部主之外部稍有意見藉此靳予使稱）至主國款接祇視兩國交誼或使或官除公事分際外無甚差等前歲春王方伯抵俄時德主派一中軍官都司送俄君大餐磁器一席俄亦備

館相待一例接見此其證也吳克云辦送諸物陳列冬宮俄主以月之初八日親自閱定　皇太后　皇上各有贈禮並有備送各堂憲之物又稱俄母后另有贈慈聖寶星等語雖未得明文謹據所聞以陳海參崴派員事接奉衙門江電當即知照外部據署總辦稱商員與領事有別無庸預請接俟電知阿穆爾總督後即可辦復等語容另電聞李家鏊與俄督杜哈甫斯基素識爲人志趣向上可嘉前據該員送到條陳臚列分辦多處但現與俄外部商允止海參崴一埠且不能明作領事名目尚乞將弟九月二十六日函（使字第一百七號再啓）鈔示俾知商辦原委以期妥慎從事統希堂憲酌核爲荷

再上年臘杪羅啓泰商及合同所載總辦公費一節弟告以現在使任及以後到部中國本有歲俸不願多支但將電報費及凡涉公司用項計數開支似最直捷無如羅意甚不爲然謂總辦不受此費以次各董即有爲難且查與合同不符詞氣頗疑弟有畛域之見現據公司總局函稱公議總辦公費每月上海規銀一千二百五十兩一年共

一萬五千兩自俄歷本年正月起支由華俄銀行按月解交弟思公司共事之始未便過涉拘執致彼疑有別意因即復以俟將情節陳達總署等情竊弟以銓材添被總辦公司事宜之 命自維於中俄接路原委夙經接洽或冀少盡駑駕之責是以未敢推辭非圖增益祿入以違素尚今實用實支之說公司既不願行應如何辦理之處敬請堂憲酌奪抑路工開造以後江吉兩省交涉事件必繁總辦職應查察經理恐不能無設局駐員之舉所有員薪局費不便再令公司籌給鄙意擬就此項公費歲提規銀一萬兩轉解衙門儲存俟有設局用項再行咨請核撥羅啓泰亦言我們難允總辦不要此費至如何用法我們却不管餘存規銀五千兩即作為總辦辦公之用是否有當祈一幷代回堂憲核示為荷再該款現屬華俄另作專款暫存合幷聲明

按先生回工部後擬撥此款及華俄餘息以修北京道路未及辦而難作

致總理衙門總辦函 光緒二十三年二月

逕啓者月之初十日奉布使字一百十五號函計邀鑒入吳克托穆隨帶員數幷行期

由霞電陳達茲將送到員名單照譯備覽此外跟役一名據云係俄喀薩克兵派令看守禮物然恐不敷已函致阿穆爾總督杜哈甫斯基添派喀薩兵三名至天津等候吳克約月之二十四五日自俄起行三月初五日在那波里登德公司船德船行速一月當可達滬矣海參崴派員事除電復外俄外部復函一并譯呈公司總監工茹格惟志約月內外起程弟初因其附和蓋貝亦不願總辦派員慮不易馴近與接晤多次與之詳告中俄商訂接路原委始悉我主彼客之故意漸親近弟屬其到工以後凡事必照合同辦理并約束各工員勿滋事端茹均一律擔任現據稱俄戶部飭其自俄抵滬先行赴京與吳克托穆約會等候衙門核定路綫再赴海參崴伊意趁此求謁各堂憲以得體面弟即令現派照料之繙譯官劉鏡人等偕其入都察茹性情尚近質實彼係總掌全路工程於江吉地方交涉最有關繫用敢就現在聯絡情形據實陳備堂憲查核

附錄俄外部復文

接准貴大臣本年二月二十四日中歷本年二月初六日來文中國　國家擬派李

家鏊爲海參崴埠商務委員照料及保護該處中國商民等因本大臣查照去年十月十八日中歷光緒二十二年九月二十四日本部致貴大臣文開貴國　國家如派一阿尙廓美西阿往駐海參崴自無不允但請聲明專爲中國商民遇有通商事件與地方官居間接洽不能作爲辦公官員名目等因現卽據此照會該處地方查照認明李家鏊爲中國阿尙廓美西阿無須另請接待憑據此復

致總理衙門總辦函　光緒二十三年二月

逕啓者俄英諸國議封土耳其屬克利得島海口勒令希臘國撤兵昨接外部備文知照茲特譯稿送覽此事緣由想漢文洋報已經敘述矣二十三日晤外部模哈惟亦夫據云國主書函用俄文繕寫已經署押發交吳克收領敘明派某官送禮體式與憑信國書無異副稿亦已同交又據吳克言此行奉俄君特派專爲送禮修好然戶部大臣大概交有訓條亦可商辦鐵路事務如衙門有事與商極願接洽詞氣較前含蓄所帶公司董事齊格勒卽總局常川辦事之員向充工程官聞亦出自威特之意以備議商

路事者也公司近議設電運料二事彼意輒謂合同所允即可逕自舉辦弟執論再四大致於羈縻之中仍存限制之地另咨陳布統候堂憲核定茲於二十五日馳抵柏林俟楊通使過德再行偕往交代遊擊呂文經監造雷艇已於本月二十日到德昨均來館稟見容另咨報

再據正月間公司稱現在勘辦造路工程須先安設電綫以便傳遞信息擬飭總監工茹格惟志按照合同辦理弟告以合同准設電綫係在鐵路地段以內今路地未經勘定公司尚無設綫一定之所宜暫緩辦茲經公司會議以電綫爲造路開手要務萬不能從緩現願擔認二事一所設之綫專歸公司自用一此綫現係暫設俟鐵路地段畫定即將地段以外電桿移置路內開具節略請轉達　國家允行弟復面詢總監工茹格惟志現擬設電處所據稱公司業經請准俄國國家在雙城子接綫至吉林東界即由界口接至甯古塔以後約順所擬南北路綫之間酌設至伯都訥以西又迤邐過興安嶺至額爾古訥河濱本年先在吉林省內起辦弟謂自甯古塔至伯都訥中國已經

設電公司但爲通信起見只須給價發遞不必重複安設茹稱現設電綫係東西直行沿路分段接遞以便呼應若電局之綫則南繞吉林成三角形情形不合各等情查該公司旣允擔認設電專歸自用並以後將路外電桿移置路內似與合同第六條所載尙無違碍如蒙衙門核准卽請電知澄處以便轉飭該公司遵照統希代回堂憲鑒奪是幸其辦設電綫公司已派有匠目九人分起前往東省設電料件據稱運至海參崴由陸路用騾馬裝負入境合幷附聞

再據公司稱合同第四條載公司建造鐵路需用料件水路轉運中國諭令該管地方官盡力相助等因現查陸路須由吉林東界運入水路須由松花江運入乞轉請 國家飭知地方官照合同辦理弟以轉運事極繁重且關係免稅必須議定辦法俾有稽查公司以陸運艱滯不過暫辦將來大批料物俟船隻備齊卽當專由江運擬仿改訂陸路商章第二條俄官發給執照之例由總局自給行船執照在入中國界時附近卡倫呈驗以憑往來載運弟意欲照俄商運貨往天津章程將船內料件開註名色件數

聽卡倫官點數抽查以防承運人夾帶私貨該公司謂所運係承辦中國　國家工程之物非商貨可比一經點查易致稽延行程且料件大宗皆是鋼鐵所有名色噸數總局暨總監工往往不能預悉無可塡註合同並未載及查驗難以照辦弟謂合同載總辦隨時查察鐵路公司之事若僅憑總局自給船照究涉寬混以致屢議未合近據公司稱此事現經各董會議並詳詢總監工人等均云水運辦法惟有憑船驗照方能使轉運便捷如總辦嫌及寬混則可改由總辦給照並照合同聽總辦稽查現因亟候定議特派局董齊格勒面商情形弟思船照歸我繕給較爲正辦因與該董商明數端一公司運船暨拖帶之輪船皆須編列號數二每船皆掛公司旗幟三每船執照以一年爲限期滿繳銷另給四執照由總辦發交總局轉給五船入中國界第一關卡呈驗執照關卡官迅即驗訖放行六總辦有權派委員在卸載處所查驗物件七公司與船主訂立合同載明該船主具認裝運公司料件糧草之外不帶他貨月之廿二日准公司開送節略爲據弟亦將擬繕執照漢文稿譯洋交閱並聲明請示　國家再行辦發用

特詳陳商辦緣由并擬定執照底稿即希代回堂憲核准電示遵行再陸運一節該公司本係言明暫辦現據稱已有料件自洋遞運入境因即照案暫給護照飭令在照內註明車輛牲口數目一面咨會吉林將軍飭屬照合同辦理合併聲明

附錄俄外部照會

按照俄英法德奧義六國議定派令水師封禁克利德島海口自西三月二十一日即二月十九日晨八鐘始凡懸掛希臘國旗之船隻不准進口六國及局外之國之船隻經水師查驗所帶貨物並非接濟希臘軍營及運入內地者方准入口卸貨所有封禁地段按格林威治經綫在經度東二十三度二十四分及二十六度三十分之間緯度北三十五度四十八分及三十四度四十五分之間業經分告土耳其希臘國家爲此照會貴大臣請煩知照中國　國家爲荷

光緒二十三年二月二十　日

俄歷一千八百九十七年三月初十日

擬繕公司輪運船執照稿

爲給發執照事案照東省鐵路合同第四條內載凡該公司建造鐵路需用料件及水陸轉運之舟車夫馬並須用糧草其轉運各事應隨時由中國政府設法使其便捷又第七條內載凡該公司建造修理鐵路料件應免納各項稅釐各等因茲據公司總局報有俄國第　號拖帶運船之輪船運船一隻懸掛公司旂號載運公司建造鐵路需用料件糧草由黑龍江經由松花江前赴造路工所除責成該公司嚴飭船主戶人等不得夾帶私貨並於該船到埠聽候總辦處委員查驗外爲此給發執照仰該船主戶收執往來經過交界第一關卡呈驗即希驗訖發還迅速放行以昭睦誼須至執照者

致總理衙門總辦函 光緒二十三年三月

逕啓者二月二十八日泐奉使字一百十六號函計邀鑒入查吳克托穆擬商鐵路事件前據俄戶部威特述及改擬路線暨開採煤礦二端近日採訪尚有行用銀錢之事

查改路情形業於七月函內函陳布煤礦一節去秋成訂合同時威特本欲在第六條提明不在另議辦法之列弟駁以不歸另議則與開采沙石相同於理未允稅務司柯樂德曾言俄戶部慮屆時開見煤礦地方官苛捐作難若應繳官項我想不至不肯旋以說明轉請鈞署存記優待不列入合同遂不深談嗣奉衙門魚電（在上年八月）亦即轉告惟據西人游歷所記滿洲產煤之處多在吉林一帶現公司已派礦師阿乃爾脫勘覓煤礦以一年或半年爲期並許以如在附近松花江十五俄里內覓得礦地另予厚酬是目前礦地尙無實在可商竊意路礦本不應牽合爲一惟既有前說如公司所覓在造路地段數十里內則與合同附近鐵路語意相符祇可令該公司酌捐款項示與沙石之地有別准其采用如礦地距造路地段過遠此在合同所議之外斷難通融但公司以得煤爲亟惟有由我自辦准公司照開采成本購用以保主權特就管見揆度預備堂憲采擇又去臘羅啓泰曾以公司在東開工以後購物給傭需用制錢甚鉅擬備款請京局添鑄或准公司在洋代鑄弟以各省方患錢乏再經公司大批收兌恐碍商

市因告以代鑄似難邀允若備款添鑄可轉請總署備核至是復有用銀錢之議月前在總局會集蓋貝次詢弟可否請中國所收東省賦稅准用銀錢弟謂完納賦稅地方官另有章程雖總署亦不能擔當此事蓋貝次言我們但欲華官准將銀錢折算銀兩完納冀此錢易於通行弟謂恐亦有難處大約各口岸所用墨西哥銀圓率皆由漸流通公司如有此舉只可順民商之便不在請公家帮助蓋亦不再置論以上情節前函繕發期促特以續聞吳克過柏林亦與晤及茹格惟志句內亦可起行矣

再昨據林國祥呂文經同來稟見據稱近來鎊價昂貴所定薪水誠恐不敷在京臨行時曾面稟堂憲請另給房租火食等項蒙諭俟到洋稟請出使大臣酌辦等因查該員均甚樸實所稟諒無飾詞擬照監工陳恩燾前案將呂文經暨蔡灝元等四員每人每月酌給房租津貼五十馬又蔡灝元等四員薪水較少於租外加給火食津貼五十馬均自三月初一日起支從是日以後在監工處所不准再報住店房飯以昭核實除先行酌量借給外應請堂憲核准見復施行再林國祥等應歸英館支給亦經飭呂文經

面稟龔仰使核定卽可用英銀先林數核發合并陳明

致總理衙門總辦函 光緒二十三年五月

逕啓者上月十一日奉布使字第一百十八號函計邀鑒入弟擬偕通使以四月二十六日抵俄所有交卸各事已具另牘俄館交涉除帕米爾界議外目前現無專案商辦未竟之件帕事雖爲懸案然自癸巳春間弟與基斯敬約明兩不進兵以後事具十九年三月歌電是年六月調慶藹堂商分帕界不成仍循前議連歲邊情均臻安謐俄之爭帕專以防英前年英界既定於我無甚猜心因遂不甚注重而在我計算色勒庫爾山外之地爭拒本無把握卽催商議界亦無實益只可將來隨彼緩急與爲因應似尚不失爲中策耳海參崴派員一案計李家鏊當已赴差該埠近距京畿遇有公事自可徑行稟報衙門以取便捷然亦應與使館時相接洽應請衙門劄知該員兼歸出使俄奧和國大臣節制俾資呼應謹就舊政應告情形陳備堂憲鑒察至俄都水土實於各國爲最劣現在派使既無兼駐之邦常年在俄不能不於夏令移居郊園稍獲攝養每

歲另賃房屋爲費頗繁如可酌限成數准予開支他館不以爲例實爲公便敢於受代之際附籌及之吳克托木到京屢有電報致其戶部并電達俄主述我款待情事俄君臣極爲欣愜上月二十八日接到衙門儉電因業已交卸商同通使遵　旨恭譯照會俄外部轉陳俄主致謝業經會電復請代奏俄外部大臣模哈惟亦失業於上月實授矣鐵路公司船運設電二事前奉衙門諫電謹卽遵照事理轉飭公司總局遵辦據公司稱所需輪運各船係在洋成製運至俄穆爾合攏駛用約須秋後陸續備齊先擬租雇船隻以便赶運料件業於執照分別塡注咨會吉林等省將軍查照另牘備查弟以月之初六日啓行次日抵德日本定用金幣銀價因此大跌使館公私費用因爲吃虧而度支撥償借款本息虧耗甚鉅無策可爲補救彌用扼腕

致總理衙門總辦函 光緒二十三年六月

逕啓者五月初九日奉布使字一百十九號函計邀鑒入弟以上月二十五日奉衙門敬電欣悉呂鏡宇京卿已拜派使德和之　命當卽將鏡使簾仕階資大概開具節

署面交副外部羅特罕羅詢是否貴使另辦公文知照告以中國派使向案均係總署照會駐京公使應由海使轉貴部故但奉交節略備覽如貴部欲另辦公文亦無不可羅言如此容候該公使之信月朔日賡音泰晤其商股總辦云前日已接海使電報初七日弟晤羅特罕復又詢及據稱得海使來電業已轉達國主矣德外部大臣馬沙爾剛傲躁急與副宰相伯爵相結頗與前相畢司馬克立異然亦爲國中朝貴所嫉怨去冬因柏林巡捕都司在新報詆毀彼此搆訟將都司撤差牽纏人證近始結案馬亦憤悒得疾請假出游兩三月今已月餘矣德主現調駐羅馬教主處公使畢羅（十年前在外部充商股總辦）爲署大臣畢羅亦請假一月尚未到任仍以羅特罕代理其副宰相伯爵亦同時辭差揣此情形馬沙爾假滿亦必引退此人迭與商論兩國交涉輒覺使氣難近果去位亦於邦交有益也張堂憲以月之初五日道出柏林逕行赴俄歸程須留德數日游覽德國船礮諸廠弟擬月杪仍赴克新恒城飲服泉水因西醫云此水須連服一二年運導更爲有效大約在彼小住兩旬仍可照常辦公合併附聞

致總理衙門總辦函 光緒二十四年五月

逕啓者弟等與俄外部商訂專條業將迭次晤議情形隨時詳電在案兹將外部送到專條初稿暨弟等擬改之覆稿飭錄奉呈又外部二次來稿已將全文電達兹再譯錄清稿以備核對統希堂憲察鑒是幸

致總理衙門總辦函 光緒二十四年七月

逕啓者五月廿一日會同通使奉布一函計邀鑒入弟於廿八日自森都啓程業由有電具達西醫以紅海夏令炎熱蒸潮於肺家不適勸由西道內渡因於六月初八日在德國勃雷門海口乘德公司船渡大西洋十七日抵美國紐約海口換乘火車至英屬凡庫佛海口復於七月初六日乘英公司船渡太平洋於廿五日行抵上海廿七日抵嘉興本籍水陸跋涉稍形勞頓所患咳嗆等症未能減止自當趕緊調治冀慰堂憲廑注前奉衙門三月江電以和使照稱未遞卸任國書令弟於歸國時照案辦理旋於五月中旬查照洪任前案照會和蘭外部補請謁辭和主嗣由呂鏡使寄到彼部覆函謂

業經轉奏國主適因避暑外出不及延見特此道歉等語彼此往復均已如禮並以布

聞